Tusculum-Bücherei
Herausgeber: Hans Färber und Max Faltner

Griechische Gedichte

Mit Übertragungen deutscher Dichter
herausgegeben von **Horst Rüdiger**

HEIMERAN VERLAG MÜNCHEN

Auf dem Titelblatt:
Zeichnung von Peter Schimmel nach einer Münchner Vase

4. bearbeitete Auflage 1972
© Heimeran Verlag 1936
Archiv 72 ISBN 3 7765 2031 0

ULRICH RÜDIGER

1934—1970

ΕΥΨΥΧΕΙ

πάντα σὺν αὐτῷ·
ὡς τῆνος τέθνακε καὶ ἄνθεα πάντ' ἐμαράνθη.

AUS DEM VORWORT ZUR 1. AUFLAGE (1936)

Diese Sammlung enthält eine Auswahl griechischer Lyrik von der Frühzeit bis zum Übergang der griechischen Kultur in die römische und byzantinische Welt; ihr sind die Übertragungen der Verse durch deutsche Dichter vom Humanismus bis zur Gegenwart gegenübergestellt. Die griechische Lyrik hat in ihrer Sprachkraft, ihrem Formenreichtum, ihrer Empfindungstiefe seit den Anfängen vor mehr als zweieinhalb Jahrtausenden nichts von ihrer lebendigen Schönheit eingebüßt. Selbst die spielerische Anmut der späten Verse zeugt vom Verfall einer bewunderungswürdigen Epoche menschlicher Geschichte, so wie die heroische Würde der archaischen Dichtungen deren Blüte ankündigt.

Diese Kräfte für die Neuzeit wirksam gemacht zu haben, ist ein Verdienst des deutschen Geistes seit Winckelmann. Der Weg läuft vom unbeholfenen Nachstammeln anziehender Inhalte über die flüssige Aneignung lockender Formen bis zum Ziel aller echten Übertragung: der sinngetreuen Wiedergabe verwandter Sprachwerke durch die Mittel und Möglichkeiten der eigenen Sprache. Durch dieses Werk der Anverwandlung sind der deutsche Geist und die deutsche Sprache ihrer selbst Herr geworden, wie auf anderem Gebiet die Luthersche Bibelübersetzung zeigt. Nicht zuletzt durch die Eindeutschung griechischer Lyrik hat sich die deutsche Sprache an Umfang, Kraft und Glätte bis zu dem Grade erweitert und vertieft, daß sie der eigenen klassischen Schöpfungen fähig wurde. Umgekehrt sind die Übertragungen mehrfach der Ausdruck klassischer deutscher Sprachkunst.

VORWORT ZUR NEUAUFLAGE

Als die »Griechischen Gedichte« 1936 und die »Lateinischen Gedichte« 1937 erschienen, weckten sie freundliches Interesse, weil der ästhetische oder literarhistorische Wert der *Übersetzun-*

gen die Auswahl bestimmt hatte. Für manchen Leser mögen die
Sammlungen damals auch willkommener Anlaß zum Rückzug
aus einer unwillkommenen Gegenwart gewesen sein. So waren
sie zwar nicht gemeint gewesen, aber der Unterzeichnete hatte
nichts dagegen, wenn sie so verstanden wurden: Escapismus ist
nicht die schlechteste Rechtfertigung für die Liebe zur Literatur.
Das Auswahlprinzip machte indessen bald Schule; die Sammlungen wurden nachgeahmt und wiederholt rücksichtslos geplün-
dert. Dem Neudruck aber standen Hindernisse entgegen.

Nun, da sie überwunden sind, erscheinen die Anthologien im
wesentlichen unverändert. Da sich die Auswahl bewährt hat, ist
sie die gleiche geblieben. Ihr Prinzip bestimmt zum Teil auch den
Inhalt, besonders der »Griechischen Gedichte«. So ist etwa die
archaische Lyrik der Griechen erst verhältnismäßig spät, meist
nicht von Meistern der Sprache und oft auf Grund phantasievoller
Konjekturen der Herausgeber übersetzt worden. Sie ist hier also
weniger reich vertreten als die hellenistische Lyrik, an der sich
ganze Epochen — wie die Anakreontik — versucht haben. Auf diese
Weise entsteht ein Bild der griechischen Lyrik, das der heute üb-
lichen Wertung nicht immer entspricht. Doch obwohl ein Stück
wie Nonnos' »Geraubte Europa« gewiß kein Meisterwerk ist, soll
Bodmers Übersetzung in der Sammlung nicht fehlen, weil sie für
die Geschichte des Übersetzens und des Geschmacks gleich wichtig
ist. Wer spürte es nicht, wenn er den behäbig galanten Vers liest:
»Aber woher hast du die fräulein geraubet?«

Die Originale sind hingegen durch die *heute* maßgebenden kritischen Ausgaben ersetzt. Die Übersetzer haben freilich oft nach
älteren Texten gearbeitet. Doch abgesehen davon, daß es nur in
seltenen Fällen möglich wäre, mit Sicherheit festzustellen, welche
Vorlage ein Übersetzer benutzt hat, liegt der Reiz des Vergleichens
der Originale mit ihrer deutschen Wiedergabe nicht zuletzt darin,
daß man an Hand älterer Übersetzungen die Entwicklung des
Textverständnisses verfolgen kann. Ein lückenloses Verzeichnis
allzu freier Umdichtungen, tatsächlicher Übersetzungsfehler oder
durch die Vorlagen bedingter Abweichungen der deutschen Texte
von den Originalen würde einen umfangreichen kritischen Appa-
rat erfordern, der weder dem Ziel der Sammlung (die sich ja auch
für Übungszwecke eignet) noch dem Leser dienen könnte, welcher

sich des Vergnügens der eigenen Arbeit nicht beraubt sehen möchte. In noch höherem Maße gilt dies für einen Kommentar, der diesen Namen verdient; mit oberflächlichen Informationen aus Nachschlagewerken ist niemandem geholfen. So wird in den Anmerkungen nur gelegentlich auf andere Lesarten hingewiesen.

In einer Rezension der 1. Auflage schrieb Bruno Snell: »... eine gute Übersetzung mit dem Original zu vergleichen, wird sehr ergötzlich und erziehlich auch für den, der nicht darauf angewiesen ist, das Original erst durch eine Übersetzung zu verstehen«. Für den Philologen also *und* für den Liebhaber, dem die Übersetzung unentbehrlich ist, sind diese Anthologien bestimmt. Dies um so mehr, als die Philologie, einst die Königin der Geisteswissenschaften, gegenwärtig beiderseits des Atlantik auf dem besten Wege ist, eine esoterische Wissenschaft zu werden. Wenn die Weltuntergangspropheten meinen, damit sei das Ende des Humanismus angebrochen, so ist ihnen entgegenzuhalten: Einer Disziplin, die sich ihrer selbst bewußt ist, kann der Zwang zum Rückzug aus dem öffentlichen humanistischen Betrieb nicht ernstlich schaden. Er gibt ihr vielmehr Gelegenheit, sich darauf zu besinnen, was sie allzu lange versäumt hat: Ohne leblos gewordenem Bildungsstoff nachzutrauern, sollte sie, »sehnsüchtigster Gewalt, ins *Leben* ziehn die einzigste Gestalt«. Dazu bedarf es keiner ennuyierenden Programme über die Unentbehrlichkeit der humanistischen Bildung, sondern überzeugender Leistungen — »ohne paideia und furor paedagogicus« (Ernst Robert Curtius). Im ›Untergrund‹ bietet sich die Gelegenheit zur Bewährung.

Cornell University, 21. Februar 1971					*Horst Rüdiger*

HELLAS

Γῆ μὲν ἔαρ κόσμος πολυδένδρεον, αἰθέρι δ' ἄστρα,
  ʽΕλλάδι δ' ἥδε χθών, οἵδε δὲ τῇ πόλεῖ.

Unbekannter Dichter

Wie die Blumen die Erd' und wie die Sterne den Himmel
  zieren, so zieret Athen Hellas und Hellas die Welt.

Johann Gottfried Herder

ΑΔΕΣΠΟΤΟΝ

Πίνδαρε, Μουσάων ἱερὸν στόμα, καὶ λάλε Σειρήν
   Βακχυλίδη, Σαπφοῦς τ' Αἰολίδες χάριτες
γράμμα τ' Ἀνακρείοντος, Ὁμηρικὸν ὅς τ' ἀπὸ ῥεῦμα
   ἔσπασας οἰκείοις, Στησίχορ', ἐν καμάτοις,
ἥ τε Σιμωνίδεω γλυκερὴ σελίς, ἡδύ τε Πειθοῦς   5
   Ἴβυκε, καὶ παίδων ἄνθος ἀμησάμενε,
καὶ ξίφος Ἀλκαίοιο, τὸ πολλάκις αἷμα τυράννων
   ἔσπεισεν πάτρης θέσμια ῥυόμενον,
θηλυμελεῖς τ' Ἀλκμᾶνος ἀηδόνες, ἵλατε, πάσης
   ἀρχὴν οἱ λυρικῆς καὶ πέρας ἐστάσατε.   10

ΑΝΤΙΠΑΤΡΟΣ ΘΕΣΣΑΛΟΝΙΚΕΥΣ

Τάσδε θεογλώσσους Ἑλικὼν ἔθρεψε γυναῖκας
   ὕμνοις καὶ Μακεδὼν Πιερίας σκόπελος,
Πρήξιλλαν, Μοιρώ, Ἀνύτης στόμα, θῆλυν Ὅμηρον
   Λεσβιάδων Σαπφὼ κόσμον ἐϋπλοκάμων,
Ἤρινναν, Τελέσιλλαν ἀγακλέα, καὶ σέ, Κόριννα,   5
   θοῦριν Ἀθηναίης ἀσπίδα μελψαμέναν,
Νοσσίδα θηλύγλωσσον, ἰδὲ γλυκυαχέα Μύρτιν
   πάσας ἀενάων ἐργατίδας σελίδων.
ἐννέα μὲν Μούσας μέγας Οὐρανός, ἐννέα δ' αὐτάς
   Γαῖα τέκεν, θνατοῖς ἄφθιτον εὐφροσύναν.   10

UNBEKANNTER ÜBER DIE GRIECHISCHEN DICHTER

Pindar, du heiliger Mund der Musen, süße Sirene
 Unser Bacchylides, und Sappho die Grazie selbst,
Und Anakreons Lied, des Stesichorus fleißige Muse,
 Der des Homerus Quell leitet' in Strömen herab,
Und Simonides süßer Gesang, des Ibykus Svada,
 Der die Blume der Zier lieblicher Knaben gepflückt,
Und des Alcäus Schwert, der das Blut der Tyrannen zum Opfer
 Brachte, des Vaterlands Rechte der Freiheit geschützt,
Nachtigallen des Alkmans, seid mir alle gegrüßet,
 Die ihr der lyrischen Kunst Anfang und Ende gesteckt.

Johann Gottfried Herder

ANTIPATROS VON THESSALONIKE ÜBER DIE GRIECHISCHEN DICHTERINNEN

Göttliche Sängerinnen, die uns der Helikon schenkte
 Und Macedoniens steiler Pierischer Fels,
Du Praxilla und Myro, du süßer Mund der Anyte,
 Sappho, in Weibesgestalt uns wie ein zweiter Homer,
Und Erinna, und Telesilla, die edle Corinna,
 Die uns der Pallas Schild Männin in Tönen besang,
Nossis von weiblicher Zunge, und du süßtönende Myrto,
 Alle Mütter der Kunst, zarter unsterblicher Zier.
Neun Göttinnen, die Musen, erfreun den hohen Olympus,
 Neun erfreuen auch uns, die uns die Erde gebahr.

Johann Gottfried Herder

ΑΔΗΛΟΝ

Εἰς αἰῶνας, Ὅμηρε, καὶ ἐξ αἰῶνος ἀείδη
  οὐρανίης Μούσης δόξαν ἀειράμενος ...
εὗρε Φύσις, μόλις εὗρε· τεκοῦσα δ᾽ ἐπαύσατο μόχθων
εἰς ἕνα μοῦνον Ὅμηρον ὅλην τρέψασα μενοινήν.

ΥΜΝΟΙ ΟΜΗΡΙΚΟΙ

ΕΙΣ ΑΠΟΛΛΩΝΑ

Μνήσομαι οὐδὲ λάθωμαι Ἀπόλλωνος ἑκάτοιο,
ὅν τε θεοὶ κατὰ δῶμα Διὸς τρομέουσιν ἰόντα·
καὶ ῥά τ᾽ ἀναΐσσουσιν ἐπὶ σχεδὸν ἐρχομένοιο
πάντες ἀφ᾽ ἑδράων, ὅτε φαίδιμα τόξα τιταίνει.
Λητὼ δ᾽ οἴη μίμνε παραὶ Διὶ τερπικεραύνῳ,   5
ἥ ῥα βιόν τ᾽ ἐχάλασσε καὶ ἐκλήϊσε φαρέτρην,
καὶ οἱ ἀπ᾽ ἰφθίμων ὤμων χείρεσσιν ἑλοῦσα
τόξον ἀνεκρέμασε πρὸς κίονα πατρὸς ἑοῖο
πασσάλου ἐκ χρυσέου· τὸν δ᾽ εἰς θρόνον εἷσεν ἄγουσα.
τῷ δ᾽ ἄρα νέκταρ ἔδωκε πατὴρ δέπαϊ χρυσείῳ   10
δεικνύμενος φίλον υἱόν, ἔπειτα δὲ δαίμονες ἄλλοι
ἔνθα καθίζουσιν· χαίρει δέ τε πότνια Λητώ,
οὕνεκα τοξοφόρον καὶ καρτερὸν υἱὸν ἔτικτεν.
χαῖρε μάκαιρ᾽ ὦ Λητοῖ, ἐπεὶ τέκες ἀγλαὰ τέκνα
Ἀπόλλωνά τ᾽ ἄνακτα καὶ Ἄρτεμιν ἰοχέαιραν,   15
τὴν μὲν ἐν Ὀρτυγίῃ, τὸν δὲ κραναῇ ἐνὶ Δήλῳ,
κεκλιμένη πρὸς μακρὸν ὄρος καὶ Κύνθιον ὄχθον,
ἀγχοτάτω φοίνικος ὑπ᾽ Ἰνωποῖο ῥεέθροις.

Πῶς τάρ σ᾽ ὑμνήσω πάντως εὔυμνον ἐόντα;
πάντῃ γάρ τοι, Φοῖβε, νομὸς βεβλήαται ᾠδῆς,   20

UNBESTIMMTER DICHTER ÜBER HOMEROS

HOMER

Zeiten hinab und Zeiten hinan, tönt ewig Homerus
  Einiges Lied; ihn krönt jeder Olympische Kranz.
Lange sann die Natur, und schuf; und als sie geschaffen:
  ruhete sie und sprach: »Einen Homerus der Welt!«

Johann Gottfried Herder

HOMERISCHE HYMNEN

AUF DIE GEBURT DES APOLLO

Dein gedenk' ich, Apollo, du Fernetreffer, und werde
Nie vergessen dein Lob zu verkünden. In Jupiters Hause
Fürchten die Götter dich alle, sie heben, wie du hereintrittst,
Von den Stühlen sich auf, den kommenden Sieger zu ehren.
Leto aber allein bleibt sitzen neben dem Donnrer,
Spannt den Bogen dir ab und schließt den Köcher, sie löset
Von der glänzenden Schulter die Waffen dir los und hänget
An dem Pfeiler des Vaters sie auf am goldenen Nagel,
Leitet zum Sitze den Gott. Es reicht der Vater im goldnen
Becher Nektar dem Sohn und grüßt ihn freundlich, die andern
Götter setzen sich auch, es freut sich Leto, die große,
Ihres herrlichen Sohns. Gegrüßet, selige Leto,
Sei uns, Mutter herrlicher Kinder! Apollo den König,
Artemis hast du geboren, die Freundin treffender Pfeile,
Auf Ortygia diese, auf Delos jenen, der rauhen
Insel; am großen Gebirge, dem Cynthischen Hügel, gebarst du,
An die Palme gelehnt. Der Inopus rauschte vorüber.
Wie besing' ich, o Phöbus, dich liederreichen? Es kommen
Alle Lieder von dir, die auf der nährenden Erde,

ἡμὲν ἀν' ἤπειρον πορτιτρόφον ἠδ' ἀνὰ νήσους.
πᾶσαι δὲ σκοπιαί τοι ἅδον καὶ πρώονες ἄκροι
ὑψηλῶν ὀρέων ποταμοί θ' ἅλα δὲ προρέοντες,
ἀκταί τ' εἰς ἅλα κεκλιμέναι λιμένες τε θαλάσσης.
ἦ ὥς σε πρῶτον Λητὼ τέκε χάρμα βροτοῖσι,   25
κλινθεῖσα πρὸς Κύνθου ὄρος κραναῇ ἐνὶ νήσῳ
Δήλῳ ἐν ἀμφιρύτῃ; ἑκάτερθε δὲ κῦμα κελαινὸν
ἐξήει χέρσον δὲ λιγυπνοίοις ἀνέμοισιν·
ἔνθεν ἀπορνύμενος πᾶσι θνητοῖσιν ἀνάσσεις.
ὅσσους Κρήτη τ' ἐντὸς ἔχει καὶ δῆμος Ἀθηνῶν   30
νῆσός τ' Αἰγίνη ναυσικλειτή τ' Εὔβοια
Αἰγαί τ' Εἰρεσίαι τε καὶ ἀγχιάλη Πεπάρηθος
Θρηΐκιός τ' Ἄθόως καὶ Πηλίου ἄκρα κάρηνα
Θρηΐκίη τε Σάμος Ἴδης τ' ὄρεα σκιόεντα
Σκῦρος καὶ Φώκαια καὶ Αὐτοκάνης ὄρος αἰπὺ   35
Ἴμβρος τ' εὐκτιμένη καὶ Λῆμνος ἀμιχθαλόεσσα
Λέσβος τ' ἠγαθέη Μάκαρος ἕδος Αἰολίωνος
καὶ Χίος, ἣ νήσων λιπαρωτάτη εἰν ἁλὶ κεῖται,
παιπαλόεις τε Μίμας καὶ Κωρύκου ἄκρα κάρηνα
καὶ Κλάρος αἰγλήεσσα καὶ Αἰσαγέης ὄρος αἰπὺ   40
καὶ Σάμος ὑδρηλὴ Μυκάλης τ' αἰπεινὰ κάρηνα
Μίλητός τε Κόως τε, πόλις Μερόπων ἀνθρώπων,
καὶ Κνίδος αἰπεινὴ καὶ Κάρπαθος ἠνεμόεσσα
Νάξος τ' ἠδὲ Πάρος Ῥήναιά τε πετρήεσσα,
τόσσον ἔπ' ὠδίνουσα Ἑκηβόλον ἵκετο Λητώ,   45
εἴ τίς οἱ γαιέων υἱεῖ θέλοι οἰκία θέσθαι.
αἱ δὲ μάλ' ἐτρόμεον καὶ ἐδείδισαν, οὐδέ τις ἔτλη
Φοῖβον δέξασθαι καὶ πιοτέρη περ ἐοῦσα
πρίν γ' ὅτε δή ῥ' ἐπὶ Δήλου ἐβήσετο πότνια Λητώ,
καί μιν ἀνειρομένη ἔπεα πτερόεντα προσηύδα·   50

Δῆλ' εἰ γάρ κ' ἐθέλοις ἕδος ἔμμεναι υἱος ἐμοῖο
Φοίβου Ἀπόλλωνος, θέσθαι τ' ἔνι πίονα νηόν·
ἄλλος δ' οὔ τις σεῖό ποθ' ἅψεται, οὐδέ σε λήσει,
οὐδ' εὔβων σέ γ' ἔσεσθαι ὀίομαι οὔτ' εὔμηλον,
οὐδὲ τρύγην οἴσεις, οὔτ' ἄρ φυτὰ μυρία φύσεις.   55
αἱ δέ κ' Ἀπόλλωνος ἑκαέργου νηὸν ἔχησθα,
ἄνθρωποί τοι πάντες ἀγινήσουσ' ἑκατόμβας

Auf den Inseln des Meers den Menschen festlich erschallen.
Freie Gipfel gefallen dir wohl der höchsten Gebirge,
Nach dem Meere sich stürzende Flüsse, die offnen, gekrümmten,
Weitgestreckten Ufer des Meers, die Buchten und Häfen.
Sing' ich, wie dich Leto gebar, dich Freude der Menschen,
An den Cynthischen Hügel gelehnt, im rauhen, vom Meere
Ringsumflossenen Delos; es trieben die säuselnden Winde
Die bewegliche Fluth von allen Seiten an's Ufer.

Dort entsprangst du, beherrschest nunmehr die Sterblichen alle,
Welche Kreta, welche der Gau Athens ernähret,
Und Aigina, die Insel, Euböa schiffreich, und Aigai,
Eiresiai, Peparethos am Meere, der thrakische Athos,
Pelions hohes Gebirg, die thrakische Samos, des Ida's
Schattige Rücken, und Skyros, Phokaia, dann der erhabne
Berg Autokanes, Imbrus, bewohnt von vielen, und Lemnos
Unwirthbares Gestade, die göttliche Lesbos, der sel'ge
Sitz Aiolions, Chius, die schönste der Inseln im Meere,
Mimas steinig, und Korykos hoch, die herrliche Klaros,
Dann Aisagee's hohes Gebirg, das gewässerte Samos,
Mykale's steiles Gebirge, Miletus, Koos, die hohe
Knidus, die stürmische Karpathos, Naxus, und Paros,
Und Rhenaia, die steinige; schmerzlich verlegen durchwandert
Diese Länder und Insuln, den Sohn zu gebären, die Göttin,
Suchet Wohnung dem Sohn, allein die Länder erbebten.
Keines wagte, das fruchtbarste nicht, Apollen zu tragen.
Endlich stiegst du auf Delos, verehrte Leto, und sagtest:

Delos, willst du der Sitz des Sohnes, den ich gebäre,
Phöb' Apollens werden und seinem herrlichen Tempel
Platz gewähren? — Fürwahr, dich wird kein andrer verlangen
In Besitz zu nehmen; denn weder Stieren beförderst
Du, noch Schafen den Wuchs, und es gedeihet der Weinstock
Weder auf dir, noch gedeihet der Trieb der unendlichen Pflanzen.
Ehret dich aber Apollo's, des herrlichen, Tempel, so bringen
Hekatomben die Menschen dir alle versammelt; es duftet

ἐνθάδ' ἀγειρόμενοι, κνίσῃ δέ τοι ἄσπετος αἰεὶ
δημοῦ ἀναΐξει, βοσκήσεις θ' οἵ κέ σ' ἔχωσι
χειρὸς ἀπ' ἀλλοτρίης, ἐπεὶ οὔ τοι πῖαρ ὑπ' οὔδας.   60

ˇΩς φάτο· χαῖρε δὲ Δῆλος, ἀμειβομένη δὲ προσηύδα·
Λητοῖ κυδίστη θύγατερ μεγάλου Κοίοιο,
ἀσπασίη κεν ἐγώ γε γονὴν ἑκάτοιο ἄνακτος
δεξαίμην· αἰνῶς γὰρ ἐτήτυμόν εἰμι δυσηχὴς
ἀνδράσιν· ὧδε δέ κεν περιτιμήεσσα γενοίμην.   65
ἀλλὰ τόδε τρομέω Λητοῖ ἔπος, οὐδέ σε κεύσω·
λίην γάρ τινά φασιν ἀτάσθαλον Ἀπόλλωνα
ἔσσεσθαι, μέγα δὲ πρυτανευσέμεν ἀθανάτοισι
καὶ θνητοῖσι βροτοῖσιν ἐπὶ ζείδωρον ἄρουραν.
τῷ ῥ' αἰνῶς δείδοικα κατὰ φρένα καὶ κατὰ θυμὸν   70
μὴ ὁπότ' ἂν τὸ πρῶτον ἴδῃ φάος ἠελίοιο
νῆσον ἀτιμήσας, ἐπεὶ ἦ κραναήπεδός εἰμι,
ποσσὶ καταστρέψας ὤσῃ ἁλὸς ἐν πελάγεσσιν.
ἔνθ' ἐμὲ μὲν μέγα κῦμα κατὰ κρατὸς ἅλις αἰεὶ
κλύσσει, ὁ δ' ἄλλην γαῖαν ἀφίξεται ἥ κεν ἅδῃ οἱ   75
τεύξασθαι νηόν τε καὶ ἄλσεα δενδρήεντα·
πουλύποδες δ' ἐν ἐμοὶ θαλάμας φῶκαί τε μέλαιναι
οἰκία ποιήσονται ἀκηδέα χήτεϊ λαῶν·
ἀλλ' εἴ μοι τλαίης γε θεὰ μέγαν ὅρκον ὀμόσσαι,
ἐνθάδε μιν πρῶτον τεύξειν περικαλλέα νηὸν   80
ἔμμεναι ἀνθρώπων χρηστήριον, αὐτὰρ ἔπειτα

•

πάντας ἐπ' ἀνθρώπους, ἐπεὶ ἦ πολυώνυμος ἔσται.

ˇΩς ἄρ' ἔφη· Λητὼ δὲ θεῶν μέγαν ὅρκον ὄμοσσεν·
ἴστω νῦν τάδε γαῖα καὶ οὐρανὸς εὐρὺς ὕπερθεν
καὶ τὸ κατειβόμενον Στυγὸς ὕδωρ, ὅς τε μέγιστος   85
ὅρκος δεινότατός τε πέλει μακάρεσσι θεοῖσιν·
ἦ μὴν Φοίβου τῇδε θυώδης ἔσσεται αἰεὶ
βωμὸς καὶ τέμενος, τίσει δέ σέ γ' ἔξοχα πάντων.

Αὐτὰρ ἐπεὶ ῥ' ὄμοσέν τε τελεύτησέν τε τὸν ὅρκον,

Immer glänzend der Rauch des dampfenden Opfers, dich schützen,
Bist du die Wohnung des Gotts, die Götter für feindlichen Händen.
Nun bedenke, wie wenig du sonst durch Früchte berühmt bist.

Also sprach sie; es freute sich Delos und sagte dagegen:
Leto, herrlichste Tochter des großen Kronions, wie gerne
Nähm' ich den treffenden Gott bei seiner Geburt auf! Die Menschen
Reden Übels von mir, ich weiß es, aber ich würde
Dann auf's höchste verehrt. Allein die prophetischen Worte
Fürcht' ich, Leto, verberge dir's nicht. Sie sagen, es werde
Grimmig aus dir ein Verderber entstehn und über die Götter,
Über alle Menschen gebieten, das fürcht' ich; erblickt er
Erst das Licht, so verachtet er mich und mein rauhes Gestade,
Tritt mit den Füßen mich weg und in die Tiefe des Meeres,
Daß die Wellen mir über und über den Scheitel bedecken,
Geht und findet alsdann sich eine gefällige Wohnung,
Baut den Tempel daselbst und pflanzt die schattigen Haine.
Mich umkriechen Polypen, die schwarzen Kälber des Meeres
Machen sich Höhlen in mir, und mich vergessen die Völker.
Darum betheure mit heiligem Schwur, erhabene Göttin,
Daß er hier den Tempel erbaut, den Sterblichen allen,
Die mit vielen Namen ihn nennen, Orakel verkündigt.

Leto hört' es und schwur sogleich die heiligen Schwüre:
Wisse die Erde, der Himmel da droben, es wisse der schwarze
Drunten fließende Styx (die seligen Götter verbindet
Diese Betheurung des heiligen Eids): im Tempel des Phöbus,
Hier an seinem Altar soll's ewig duften, vor allen
Ländern und Inseln des Meers soll er dich immer verehren.

Nach vollendetem Schwur erfreute sich Delos, erwartend

Δῆλος μὲν μάλα χαῖρε γόνῳ ἑκάτοιο ἄνακτος,   90
Λητὼ δ' ἐννῆμάρ τε καὶ ἐννέα νύκτας ἀέλπτοις
ὠδίνεσσι πέπαρτο. θεαὶ δ' ἔσαν ἔνδοθι πᾶσαι
ὅσσαι ἄρισται ἔσαν, Διώνη τε 'Ρείη τε
'Ιχναίη τε Θέμις καὶ ἀγάστονος 'Αμφιτρίτη,
ἄλλαι τ' ἀθάναται, νόσφιν λευκωλένου "Ηρης·   95
ἧστο γὰρ ἐν μεγάροισι Διὸς νεφεληγερέταο.
μούνη δ' οὐκ ἐπέπυστο μογοστόκος Εἰλείθυια·
ἧστο γὰρ ἄκρῳ 'Ολύμπῳ ὑπὸ χρυσέοισι νέφεσσιν
"Ηρης φραδμοσύνῃς λευκωλένου, ἥ μιν ἔρυκε
ζηλοσύνῃ ὅ τ' ἄρ' υἱὸν ἀμύμονά τε κρατερόν τε   100
Λητὼ τέξεσθαι καλλιπλόκαμος τότ' ἔμελλεν.

Αἱ δ' 'Ιριν προὔπεμψαν ἐϋκτιμένης ἀπὸ νήσου
ἀξέμεν Εἰλείθυιαν, ὑποσχόμεναι μέγαν ὅρμον
χρυσείοισι λίνοισιν ἐερμένον ἐννεάπηχυν·
νόσφιν δ' ἤνωγον καλέειν λευκωλένου "Ηρης   105
μή μιν ἔπειτ' ἐπέεσσιν ἀποστρέψειεν ἰοῦσαν.
αὐτὰρ ἐπεὶ τό γ' ἄκουσε ποδήνεμος ὠκέα 'Ιρις
βῆ ῥα θέειν, ταχέως δὲ διήνυσε πᾶν τὸ μεσηγύ.
αὐτὰρ ἐπεί ῥ' ἵκανε θεῶν ἕδος αἰπὺν "Ολυμπον
αὐτίκ' ἄρ' Εἰλείθυιαν ἀπὸ μεγάροιο θύραζε   110
ἐκπροκαλεσσαμένη ἔπεα πτερόεντα προσηύδα
πάντα μάλ' ὡς ἐπέτελλον 'Ολύμπια δώματ' ἔχουσαι.
τῇ δ' ἄρα θυμὸν ἔπειθεν ἐνὶ στήθεσσι φίλοισι,
βὰν δὲ ποσὶ τρήρωσι πελειάσιν ἴθμαθ' ὁμοῖαι.
εὖτ' ἐπὶ Δήλου ἔβαινε μογοστόκος Εἰλείθυια,   115
τὴν τότε δὴ τόκος εἷλε, μενοίνησεν δὲ τεκέσθαι.
ἀμφὶ δὲ φοίνικι βάλε πήχεε, γοῦνα δ' ἔρεισε
λειμῶνι μαλακῷ, μείδησε δὲ γαῖ' ὑπένερθεν·
ἐκ δ' ἔθορε πρὸ φόως δέ, θεαὶ δ' ὀλόλυξαν ἅπασαι.
ἔνθα σὲ ἤϊε Φοῖβε θεαὶ λόον ὕδατι καλῷ   120
ἁγνῶς καὶ καθαρῶς, σπάρξαν δ' ἐν φάρεϊ λευκῷ
λεπτῷ νηγατέῳ· περὶ δὲ χρύσεον στρόφον ἧκαν.
οὐδ' ἄρ' 'Απόλλωνα χρυσάορα θήσατο μήτηρ,
ἀλλὰ Θέμις νέκταρ τε καὶ ἀμβροσίην ἐρατεινὴν
ἀθανάτῃσιν χερσὶν ἐπήρξατο· χαῖρε δὲ Λητὼ   125
οὕνεκα τοξοφόρον καὶ καρτερὸν υἱὸν ἔτικτεν.

Seines Gottes. Allein von schmerzlichen Wehen gequälet,
Litt neun Tag' und Nächte die Göttin. Es waren die andern
Göttlichen Frauen zu ihr, die herrlichsten, alle gekommen:
Rhea, ferner Dione, dazu die forschende Themis,
Amphitrite mit ihnen, die Göttin seufzender Wogen,
Andre mehr der unsterblichen Frauen. Es weilte mit Vorsatz
Here, sitzend im Hause Kronions, beschäftigte künstlich
Dich, gebärenden Frauen erwünschteste Eileithyia;
Dir verbarg sie die Schmerzen der leidenden Göttin, mißgönnte
Jupiters herrlichen Sohn der ringellockichten Leto.

Aber die göttlichen Frauen versendeten Iris von Delos,
Eileithyia zu holen, die Helferin, ließen zusammen
Eine köstliche Schnur um den Hals, von goldenem feinem
Drahte, künstlich geflochten, ihr, lang neun Ellen, versprechen.
Heimlich solle sie Iris berufen, daß Here nicht etwa
Merkte die Absicht und hinderlich wäre der scheidenden Göttin.
Schnell entfernte sich Iris mit leichten Füßen und legte
Zwischen Himmel und Erde den Raum in Kurzem zurücke,
Kam zum Sitze der Götter, dem hohen Olympus, und winkte
Eileithyien heraus vor die Thüre des göttlichen Hauses,
Sagte mit eilenden Worten ihr alles, was die erhabnen
Frauen ernstlich befohlen; und sie bewegte das Herz ihr.
Beide gingen wie schüchterne Tauben und kamen nach Delos.
Da Eileithyia, die Helferin, Delos betreten,
Wirkten die Wehen gewaltig, es nahte Leto's Entbindung.
Mit den Armen umschloß die Göttin den Palmbaum; die Füße
Stemmte sie gegen das Gras, die Erde lächelte. Mächtig
Sprang an's Licht der göttliche Sohn, es jauchzten die Frauen,
Wuschen heilig und rein im klaren Wasser, o Phöbus,
Deine Glieder und wickelten dich in glänzende, zarte,
Neue weiße Gewande, die goldene Binde darüber.
Und es tränkete nicht die Mutter den göttlichen Knaben,
Themis reichte mit göttlichen Händen ihm Nektar zu saugen
Und Ambrosia hin, zur Freude Leto's, der großen,
Die den herrlichen Sohn nach vielen Sorgen geboren.

Αὐτὰρ ἐπεὶ δὴ Φοῖβε κατέβρως ἄμβροτον εἶδαρ,
οὔ σέ γ᾽ ἔπειτ᾽ ἴσχον χρύσεοι στρόφοι ἀσπαίροντα,
οὐδ᾽ ἔτι δεσμά σ᾽ ἔρυκε, λύοντο δὲ πείρατα πάντα.
αὐτίκα δ᾽ ἀθανάτῃσι μετηύδα Φοῖβος ᾽Απόλλων·   130

εἴη μοι κίθαρίς τε φίλη καὶ καμπύλα τόξα,
χρήσω δ᾽ ἀνθρώποισι Διὸς νημερτέα βουλήν.

῾Ως εἰπὼν ἐβίβασκεν ἀπὸ χθονὸς εὐρυοδείης
Φοῖβος ἀκερσεκόμης ἑκατηβόλος· αἱ δ᾽ ἄρα πᾶσαι
θάμβεον ἀθάναται, χρυσῷ δ᾽ ἄρα Δῆλος ἅπασα   135
βεβρίθει καθορῶσα Διὸς Λητοῦς τε γενέθλην,
γηθοσύνῃ ὅτι μιν θεὸς εἵλετο οἰκία θέσθαι
νήσων ἠπείρου τε, φίλησε δὲ κηρόθι μᾶλλον.
ἤνθησ᾽ ὡς ὅτε τε ῥίον οὔρεος ἄνθεσιν ὕλης ...

ΕΙΣ ΑΦΡΟΔΙΤΗΝ

Αἰδοίην χρυσοστέφανον καλὴν ᾽Αφροδίτην
ᾄσομαι, ἣ πάσης Κύπρου κρήδεμνα λέλογχεν
εἰναλίης, ὅθι μιν Ζεφύρου μένος ὑγρὸν ἀέντος
ἤνεικεν κατὰ κῦμα πολυφλοίσβοιο θαλάσσης
ἀφρῷ ἔνι μαλακῷ· τὴν δὲ χρυσάμπυκες ῏Ωραι   5
δέξαντ᾽ ἀσπασίως, περὶ δ᾽ ἄμβροτα εἵματα ἕσσαν,
κρατὶ δ᾽ ἐπ᾽ ἀθανάτῳ στεφάνην εὔτυκτον ἔθηκαν
καλὴν χρυσείην, ἐν δὲ τρητοῖσι λοβοῖσιν
ἄνθεμ᾽ ὀρειχάλκου χρυσοῖό τε τιμήεντος,
δειρῇ δ᾽ ἀμφ᾽ ἁπαλῇ καὶ στήθεσιν ἀργυφέοισιν   10
ὅρμοισι χρυσέοισιν ἐκόσμεον οἷσί περ αὐταὶ
῏Ωραι κοσμείσθην χρυσάμπυκες ὁππότ᾽ ἴοιεν
ἐς χορὸν ἱμερόεντα θεῶν καὶ δώματα πατρός.
αὐτὰρ ἐπεὶ δὴ πάντα περὶ χροΐ κόσμον ἔθηκαν
ἦγον ἐς ἀθανάτους· οἱ δ᾽ ἠσπάζοντο ἰδόντες   15
χερσί τ᾽ ἐδεξιόωντο καὶ ἠρήσαντο ἕκαστος
εἶναι κουριδίην ἄλοχον καὶ οἴκαδ᾽ ἄγεσθαι,
εἶδος θαυμάζοντες ἰοστεφάνου Κυθερείης.

Aber kaum genoß er die Kost der unsterblichen Götter,
Als die goldenen Binden nicht mehr den Strebenden hielten,
Bande der sterblichen Jugend, die Knoten lös'ten sich alle.
Und die göttlichen Frauen vernahmen die Rede des Knaben:
Lieben werd' ich Cither und Bogen, den Rathschluß Kronions
Werd' ich wahrhaft und treu den Menschen allen verkünden.

Also sprach er und schritt die weiten Wege hernieder,
Phöbus, der lockige Gott, der Fernetreffer. Es staunten
Die unsterblichen Frauen, und wie von Golde beladen
Glänzte Delos für Freuden, den Sohn Kronions und Leto's
Endlich schauend, den Gott, der sie vor allen erwählet,
Allen Ländern und Inseln, sich einen Tempel zu bauen.
Und es ergriff sie gewaltige Liebe, sie leuchtete freundlich,
Wie im Frühling der Rücken des Berges von blühenden Wäldern.

Johann Wolfgang von Goethe

An Aphrodite

Aphrodite, die goldbekränzte, schöne, besing ich,
Sie, die rings die Höhen des meerumflossenen Kypros
Alle beherrscht, wohin sie des Zephyrs schwellender, feuchter
Windhauch über die Wogen des lautaufrauschenden Meeres
Trug im schmeichelnden Schaum. Die Horen im goldenen Stirnreif
Nahmen sie freudig auf, sie hüllend in göttliche Kleider,
Taten ihr auf das unsterbliche Haupt den prächtigen, goldnen,
Schöngefertigten Kranz, und in die durchstochenen Ohren
Fügten sie Blüten aus Messing und aus gepriesenem Golde.
Ihren zarten Hals und den silberschneeigen Busen
Schmückten sie mit goldnem Geschmeide, mit dem sie ja selber
Prangen, die Horen im goldenen Stirnreif, wenn zu der Götter
Lieblichem Reigen sie schreiten und zu dem Hause des Vaters.
Aber nachdem sie mit Schmuck den Leib der Göttin umkleidet,
Führten sie zu den Unsterblichen sie. Die sahen sie, boten
Freudig zum Willkomm ihr die Hände, und jeglicher wünschte
Sie als ehelich Weib zu seiner Behausung zu leiten,
Staunend über die Schönheit der veilchenbekränzten Kythere.

Χαῖρ' ἑλικοβλέφαρε γλυκυμείλιχε, δὸς δ' ἐν ἀγῶνι
νίκην τῷδε φέρεσθαι, ἐμὴν δ' ἔντυνον ἀοιδήν.   20
αὐτὰρ ἐγὼ καὶ σεῖο καὶ ἄλλης μνήσομ' ἀοιδῆς.

ΕΙΣ ΔΙΟΝΥΣΟΝ

'Αμφὶ Διώνυσον Σεμέλης ἐρικυδέος υἱὸν
μνήσομαι, ὡς ἐφάνη παρὰ θῖν' ἁλὸς ἀτρυγέτοιο
ἀκτῇ ἐπὶ προβλῆτι νεηνίῃ ἀνδρὶ ἐοικὼς
πρωθήβῃ· καλαὶ δὲ περισσείοντο ἔθειραι
κυάνεαι, φᾶρος δὲ περὶ στιβαροῖς ἔχεν ὤμοις   5
πορφύρεον· τάχα δ' ἄνδρες ἐϋσσέλμου ἀπὸ νηὸς
λῃσταὶ προγένοντο θοῶς ἐπὶ οἴνοπα πόντον
Τυρσηνοί· τοὺς δ' ἦγε κακὸς μόρος· οἱ δὲ ἰδόντες
νεῦσαν ἐς ἀλλήλους, τάχα δ' ἔκθορον, αἶψα δ' ἑλόντες
εἶσαν ἐπὶ σφετέρης νηὸς κεχαρημένοι ἦτορ.   10
υἱὸν γάρ μιν ἔφαντο διοτρεφέων βασιλήων
εἶναι, καὶ δεσμοῖς ἔθελον δεῖν ἀργαλέοισι.
τὸν δ' οὐκ ἴσχανε δεσμά, λύγοι δ' ἀπὸ τηλόσ' ἔπιπτον
χειρῶν ἠδὲ ποδῶν· ὁ δὲ μειδιάων ἐκάθητο
ὄμμασι κυανέοισι, κυβερνήτης δὲ νοήσας   15
αὐτίκα οἷς ἑτάροισιν ἐκέκλετο φώνησέν τε·

Δαιμόνιοι τίνα τόνδε θεὸν δεσμεύεθ' ἑλόντες
καρτερόν; οὐδὲ φέρειν δύναταί μιν νηῦς εὐεργής.
ἢ γὰρ Ζεὺς ὅδε γ' ἐστὶν ἢ ἀργυρότοξος 'Απόλλων
ἠὲ Ποσειδάων· ἐπεὶ οὐ θνητοῖσι βροτοῖσιν   20
εἴκελος, ἀλλὰ θεοῖς οἳ 'Ολύμπια δώματ' ἔχουσιν.
ἀλλ' ἄγετ' αὐτὸν ἀφῶμεν ἐπ' ἠπείροιο μελαίνης
αὐτίκα, μηδ' ἐπὶ χεῖρας ἰάλλετε μή τι χολωθεὶς
ὄρσῃ ἀργαλέους τ' ἀνέμους καὶ λαίλαπα πολλήν.

"Ως φάτο· τὸν δ' ἀρχὸς στυγερῷ ἠνίπαπε μύθῳ·   25
δαιμόνι' οὖρον ὅρα, ἅμα δ' ἱστίον ἕλκεο νηὸς
σύμπανθ' ὅπλα λαβών· ὅδε δ' αὖτ' ἄνδρεσσι μελήσει.
ἔλπομαι ἢ Αἴγυπτον ἀφίξεται ἢ ὅ γε Κύπρον

Heil dir, die Augenschöne, du Liebliche. Laß mich im Wettkampf
Hier den Sieg erringen, gib Segen meinem Gesange.
Ich aber werde deiner und andrer Gesänge gedenken.

Thassilo von Scheffer

Auf Dionysos

Von Dionysos sing' ich, der herrlichen Semele Sohne,
Jetzo, wie er erschien am Gestad' ödwogender Meerfluth,
Auf vorspringendem Ufer, dem Jüngling gleichend von Ansehn,
Welcher heranreift; und es umwallten ihn herrliche Locken
Dunkelen Haars, und es hüllte der Purpurmantel die starken
Schultern ihm ein. Bald kamen jedoch auf trefflichem Schiffe
Schnell Seeräuber, Tyrrhener, in purpurdunkeler Meerfluth
Segelnd heran; doch führte Verderben sie; aber sie winkten,
Jenen erblickend, einander und lauerten; dann ihn ergreifend
Brachten sie hurtig ihn hin auf's Schiff, sich im Innersten freuend,
Denn sie vermutheten, daß er vom göttlichen Stamme der Herr-
                                                        scher
Sey, und sie trachteten ihn mit beschwerlichen Fesseln zu binden.
Aber das Band hielt nicht, und weit von den Händen und Füßen
Fielen die Wieden ihm weg; doch er mit lachendem Blick im
Dunkelen Aug' saß da; und der Steuerer, solches gewahrend,
Rief gleich seinen Gefährten, und redete folgende Worte:

»Ihr Unseligen, was doch fesselt ihr diesen, den starken
Gott da? Nimmer vermag ja das stattliche Schiff ihn zu tragen.
Denn Zeus, oder Apollon mit silbernem Bogen ja ist es,
Oder Poseidon auch; da nicht er den sterblichen Menschen
Gleich ist, sondern den Göttern, olympischer Häuser Bewohnern.
Aber wohlan, entlassen wir ihn denn gleich an das dunkle
Land; und erhebet die Hand nicht gegen ihn, daß er im Zorn nicht
Stürmende Wind' uns mög' und gewaltige Wetter erregen.«

Sprach es; der Führer jedoch schalt ihn mit den finsteren Worten:
»Schau du nur nach dem Wind! und die Taue zusammengenom-
                                                        men,
Auf mit dem Segelgewand! für den doch werden wir sorgen.
Nach Aegypten gelangt er, so hoff' ich es, oder nach Kypros,

ἢ ἐς Ὑπερβορέους ἢ ἑκαστέρω· ἐς δὲ τελευτὴν
ἔκ ποτ' ἐρεῖ αὐτοῦ τε φίλους καὶ κτήματα πάντα   30
οὕς τε κασιγνήτους, ἐπεὶ ἡμῖν ἔμβαλε δαίμων.

Ὥς εἰπὼν ἱστόν τε καὶ ἱστίον ἕλκετο νηός.
ἔμπνευσεν δ' ἄνεμος μέσον ἱστίον, ἀμφὶ δ' ἄρ' ὅπλα
καττάνυσαν· τάχα δέ σφιν ἐφαίνετο θαυμητὰ ἔργα.
οἶνος μὲν πρώτιστα θοὴν ἀνὰ νῆα μέλαιναν   35
ἡδύποτος κελάρυζ' εὐώδης, ὤρνυτο δ' ὀδμὴ
ἀμβροσίη· ναύτας δὲ τάφος λάβε πάντας ἰδόντας.
αὐτίκα δ' ἀκρότατον παρὰ ἱστίον ἐξετανύσθη
ἄμπελος ἔνθα καὶ ἔνθα, κατεκρημνῶντο δὲ πολλοὶ
βότρυες· ἀμφ' ἱστὸν δὲ μέλας εἱλίσσετο κισσὸς   40
ἄνθεσι τηλεθάων, χαρίεις δ' ἐπὶ καρπὸς ὀρώρει·
πάντες δὲ σκαλμοὶ στεφάνους ἔχον· οἱ δὲ ἰδόντες
νῆ' ἤδη τότ' ἔπειτα κυβερνήτην ἐκέλευον
γῇ πελάαν· ὁ δ' ἄρα σφι λέων γένετ' ἔνδοθι νηός
δεινὸς ἐπ' ἀκροτάτης, μέγα δ' ἔβραχεν, ἐν δ' ἄρα μέσσῃ   45
ἄρκτον ἐποίησεν λασιαύχενα σήματα φαίνων·
ἂν δ' ἔστη μεμαυῖα, λέων δ' ἐπὶ σέλματος ἄκρου
δεινὸν ὑπόδρα ἰδών· οἱ δ' εἰς πρύμνην ἐφόβηθεν,
ἀμφὶ κυβερνήτην δὲ σαόφρονα θυμὸν ἔχοντα
ἔσταν ἄρ' ἐκπληγέντες· ὁ δ' ἐξαπίνης ἐπορούσας   50
ἀρχὸν ἕλ', οἱ δὲ θύραζε κακὸν μόρον ἐξαλύοντες
πάντες ὁμῶς πήδησαν ἐπεὶ ἴδον εἰς ἅλα δῖαν,
δελφῖνες δ' ἐγένοντο· κυβερνήτην δ' ἐλεήσας
ἔσχεθε καί μιν ἔθηκε πανόλβιον εἶπέ τε μῦθον·

Θάρσει † δῖ' ἑκάτωρ τῷ ἐμῷ κεχαρισμένε θυμῷ·   55
εἰμὶ δ' ἐγὼ Διόνυσος ἐρίβρομος ὃν τέκε μήτηρ
Καδμηῒς Σεμέλη Διὸς ἐν φιλότητι μιγεῖσα.

Oder zu Hyperboreern, und weiterhin; aber am Ende
Wird er uns wohl die Verwandten und sämmtlichen Schätze
gestehen,
Wie auch seine Geschwister; dieweil ihn ein Gott uns gegeben.«

Sprach es, und stellte den Mast und that auseinander das Segel.
Wind nun blies in die Mitte des Segelgewands, und das Tauwerk
Spannten sie vest; bald aber begaben sich seltsame Dinge.
Nämlich es rieselte erst in dem hurtigen, dunkelen Schiffe
Lieblicher Wein jezt hin, süßhauchender, und es erhub sich
Göttlicher Duft; doch Schrecken ergriff, wie sie's sahen, die
Schiffer.
Und bald breiteten bis zu dem äußersten Rande des Segels
Hier und dort Weinreben sich aus, und Trauben die Fülle
Hingen herab; um den Mast auch rankete dunkeler Epheu,
Sprossend mit Blüthen empor, und es keimt' anmuthige Frucht
dran;
Alle die Bänke bekamen Umwindungen; jene befahlen
Aber, es sehend, dem Steurer sofort, an das Ufer zu fahren
Gleich mit dem Schiff; Dionysos jedoch ward jetzo zum grausen
Leu'n an dem Ende des Schiffs und brüllete, doch in der Mitte
Schuf er ein Bärthier, rauch und zottelig, Wunder verrichtend.
Dieß stand gierig nun auf; doch dort auf der äußersten Bank
stand
Graunvoll schielend der Leu; und bang zu dem Hinterverdeck
flohn
Jene, zum Steuerer, hin, der begabt mit gesundem Verstand war,
Tretend in Angst um denselben; geschwind doch stürzte der Löwe
Drauf und packte den Führer; und sie, um dem Tod zu ent-
rinnen,
Stürzten zumal, wie sie's sahen, hinaus in die heilige Meerfluth,
Wo zu Delphinen sie wurden; des Steurers jedoch sich erbarmend,
Hielt er denselben zurück, und er macht' ihn glücklich und
sagte:

»Sey nur, Steurer, getrost, der du lieb mir bist in dem Herzen;
Wiss', ich bin Dionysos, der lärmende, welchen geboren
Semele, Kadmos' Tochter, dem Zeus in Umarmung gesellet.« —

Χαῖρε τέκος Σεμέλης εὐώπιδος· οὐδέ πη ἔστι
σεῖό γε ληθόμενον γλυκερὴν κοσμῆσαι ἀοιδήν.

ΕΙΣ ΠΑΝΑ

Ἀμφί μοι Ἑρμείαο φίλον γόνον ἔννεπε Μοῦσα,
αἰγιπόδην δικέρωτα φιλόκροτον ὅσ τ' ἀνὰ πίση
δενδρήεντ' ἀμυδις φοιτᾷ χορατήθεσι νύμφαις
αἵ τε κατ' αἰγίλιπος πέτρης στείβουσι κάρηνα
Πᾶν' ἀνακεκλόμεναι νόμιον θεὸν ἀγλαέθειρον   5
αὐχμήενθ', ὃς πάντα λόφον νιφόεντα λέλογχε
καὶ κορυφὰς ὀρέων καὶ πετρήεντα κέλευθα.
φοιτᾷ δ' ἔνθα καὶ ἔνθα διὰ ῥωπήϊα πυκνά,
ἄλλοτε μὲν ῥείθροισιν ἐφελκόμενος μαλακοῖσιν,
ἄλλοτε δ' αὖ πέτρῃσιν ἐν ἠλιβάτοισι διοιχνεῖ,   10
ἀκροτάτην κορυφὴν μηλοσκόπον εἰσαναβαίνων.
πολλάκι δ' ἀργινόεντα διέδραμεν οὔρεα μακρά,
πολλάκι δ' ἐν κνημοῖσι διήλασε θῆρας ἐναίρων
ὀξέα δερκόμενος· τότε δ' ἕσπερος ἔκλαγεν οἶον
ἄγρης ἐξανιών, δονάκων ὕπο μοῦσαν ἀθύρων   15
νήδυμον· οὐκ ἂν τόν γε παραδράμοι ἐν μελέεσσιν
ὄρνις ἥ τ' ἔαρος πολυανθέος ἐν πετάλοισι
θρῆνον ἐπιπροχέουσ' ἀχέει μελίγηρυν ἀοιδήν.
σὺν δέ σφιν τότε νύμφαι ὀρεστιάδες λιγύμολποι
φοιτῶσαι πυκνὰ ποσσὶν ἐπὶ κρήνῃ μελανύδρῳ   20
μέλπονται, κορυφὴν δὲ περιστένει οὔρεος ἠχώ·
δαίμων δ' ἔνθα καὶ ἔνθα χορῶν τοτὲ δ' ἐς μέσον ἕρπων
πυκνὰ ποσὶν διέπει, λαῖφος δ' ἐπὶ νῶτα δαφοινὸν
λυγκὸς ἔχει λιγυρῇσιν ἀγαλλόμενος φρένα μολπαῖς
ἐν μαλακῷ λειμῶνι τόθι κρόκος ἠδ' ὑάκινθος   25
εὐώδης θαλέθων καταμίσγεται ἄκριτα ποίῃ.
ὑμνεῦσιν δὲ θεοὺς μάκαρας καὶ μακρὸν Ὄλυμπον·
οἷόν θ' Ἑρμείην ἐριούνιον ἔξοχον ἄλλων
ἔννεπον ὡς ὅ γ' ἅπασι θεοῖς θοὸς ἄγγελός ἐστι
καί ῥ' ὅ γ' ἐς Ἀρκαδίην πολυπίδακα, μητέρα μήλων,   30
ἐξίκετ', ἔνθα τέ οἱ τέμενος Κυλληνίου ἐστίν.

Sey mir gegrüßt, o Sprößling der Semele! Nimmer geziemt's ja,
Daß man süßen Gesang anordne, deiner vergessend.

Eduard Mörike nach älteren Übersetzern

AN PAN

Von dem lieben Sohn des Hermes singe mir, Muse,
Ihm, dem lärmerfreuten, bocksfüßigen, doppeltgehörnten,
Der auf waldiger Wiese sich tummelt mit tanzenden Nymphen.
Schweifen sie doch dahin auf felsigen Häuptern der Berge,
Rufen Pan, den weidenden Gott, den glänzend behaarten,
Struppig rauhen, dem alle schneeigen Gipfel zu eigen
Und der Gebirge felsige Häupter und steinigen Pfade.
Schweifend eilt er hin und her durch dichte Gebüsche,
Bald wird er gelockt von weichen, schmeichelnden Fluten,
Bald auch tummelt er sich in schroffen Felsen und klettert
Auf ihre steilsten Gipfel, um nach den Herden zu spähen,
Oft durchzieht er die schimmernd weißen, weiten Gebirge,
Oft durchjagt er die Schluchten, um wilde Tiere zu töten,
Spähenden Blicks, und erst am Abend beginnt er zu tönen
Nach beendeter Jagd und spielt so liebliche Weise
Auf der Schalmei; es sänge wohl keine süßeren Lieder
Je ein Vogel, der aus den Zweigen im blühenden Frühling
Seine Klage entströmen läßt in schmelzenden Klängen.
Nymphen der Berge umeilen ihn nun mit hellem Gesange,
Schwingen mit flüchtigen Schritten am dunkeln Wasser der Quelle
Singende Reigen, es tönt vom Gipfel des Berges der Nachhall.
Tanzend wiegt sich der Gott bald hier, bald dort; in der Mitte
Waltet sein flüchtiger Schritt, ihm hängt von der Schulter des
                                                          Luchses
Rötliches Fell, ihm jauchzt das Herz bei den frohen Gesängen
Auf der weichen Wiese, wo Hyazinthen und Krokos
Untereinander die Au mit süßen Düften durchblühen.
Selige Götter besingen sie und den hohen Olympos,
Und vor allen andern dem Segenspender Hermeias
Gilt ihr Lied, wie er allen Göttern ein eilender Bote,
Wie nach Arkadien er, der quellenden Mutter des Wildes,
Einst gelangt zu seinem kyllenischen Tempelgebiete.

ἔνθ' ὅ γε καὶ θεὸς ὢν ψαφαρότριχα μῆλ' ἐνόμευεν
ἀνδρὶ πάρα θνητῷ· θάλε γὰρ πόθος ὑγρὸς ἐπελθὼν
νύμφῃ ἐϋπλοκάμῳ Δρύοπος φιλότητι μιγῆναι·
ἐκ δ' ἐτέλεσσε γάμον θαλερόν, τέκε δ' ἐν μεγάροισιν   35
Ἑρμείῃ φίλον υἱὸν ἄφαρ τερατωπὸν ἰδέσθαι,
αἰγιπόδην δικέρωτα πολύκροτον ἡδυγέλωτα·
φεῦγε δ' ἀναΐξασα, λίπεν δ' ἄρα παῖδα τιθήνη·
δεῖσε γὰρ ὡς ἴδεν ὄψιν ἀμείλιχον ἠϋγένειον.
τὸν δ' αἶψ' Ἑρμείας ἐριούνιος εἰς χέρα θῆκε   40
δεξάμενος, χαῖρεν δὲ νόῳ περιώσια δαίμων.
ῥίμφα δ' ἐς ἀθανάτων ἕδρας κίε παῖδα καλύψας
δέρμασιν ἐν πυκινοῖσιν ὀρεσκῴοιο λαγωοῦ·
πὰρ δὲ Ζηνὶ καθῖζε καὶ ἄλλοις ἀθανάτοισιν,
δεῖξε δὲ κοῦρον ἑόν· πάντες δ' ἄρα θυμὸν ἔτερφθεν   45
ἀθάνατοι, περίαλλα δ' ὁ Βάκχειος Διόνυσος·
Πᾶνα δέ μιν καλέεσκον ὅτι φρένα πᾶσιν ἔτερψε.

Καὶ σὺ μὲν οὕτω χαῖρε ἄναξ, ἵλαμαι δέ σ' ἀοιδῇ·
αὐτὰρ ἐγὼ καὶ σεῖο καὶ ἄλλης μνήσομ' ἀοιδῆς.

ΕΙΣ ΓΗΝ ΜΗΤΕΡΑ ΠΑΝΤΩΝ

Γαῖαν παμμήτειραν ἀείσομαι ἠϋθέμεθλον
πρεσβίστην, ἣ φέρβει ἐπὶ χθονὶ πάνθ' ὁπόσ' ἐστίν·
ἠμὲν ὅσα χθόνα δῖαν ἐπέρχεται ἠδ' ὅσα πόντον
ἠδ' ὅσα πωτῶνται, τάδε φέρβεται ἐκ σέθεν ὄλβου.
ἐκ σέο δ' εὔπαιδές τε καὶ εὔκαρποι τελέθουσι   5
πότνια, σεῦ δ' ἔχεται δοῦναι βίον ἠδ' ἀφελέσθαι
θνητοῖς ἀνθρώποισιν· ὁ δ' ὄλβιος ὅν κε σὺ θυμῷ
πρόφρων τιμήσῃς· τῷ τ' ἄφθονα πάντα πάρεστι.
βρίθει μέν σφιν ἄρουρα φερέσβιος, ἠδὲ κατ' ἀγροὺς
κτήνεσιν εὐθηνεῖ, οἶκος δ' ἐμπίπλαται ἐσθλῶν·   10
αὐτοὶ δ' εὐνομίῃσι πόλιν κάτα καλλιγύναικα
κοιρανέουσ', ὄλβος δὲ πολὺς καὶ πλοῦτος ὀπηδεῖ·
παῖδες δ' εὐφροσύνῃ νεοθηλέϊ κυδιόωσι,
παρθενικαί τε χοροῖς φερεσανθέσιν εὔφρονι θυμῷ

Dort, obwohl ein Gott, hat er des sterblichen Mannes
Schafe geweidet, es keimte in ihm ja zehrendes Sehnen,
Liebend sich zu gesellen zu Dryops lockiger Tochter.
Blühende Hochzeit feierte er, dem Hermes gebar sie
In der Grotte den Sohn, doch war sein Anblick gar seltsam:
Ziegenfüßig, doppelgehörnt, voll Lachen und Lärmen.
Aufsprang seine Mutter, entfloh, das Kindlein verlassend,
Angstvoll, wie sie sein wildes und bärtiges Antlitz gewahrte.
Schnell nahm ihn Hermeias, der Segenspender, und hegte
Ihn im Arm, und es freute der Gott sich über die Maßen.
Hüllte das Kind in dichte Felle von Hasen des Bergwalds
Und enteilte mit ihm zu den Sitzen der Himmlischen hurtig;
Niedersaß er bei Zeus und bei den anderen Göttern,
Zeigte ihnen den Sohn, und die Himmlischen freuten sich alle,
Aber ganz besonders der bakchische Gott Dionysos:
Pan, so nannten sie ihn, weil alle seiner sich freuten.

Heil sei dir, o Gott, sei gnädig meinem Gesange.
Ich aber werde deiner und andrer Gesänge gedenken.

Thassilo von Scheffer

An die Mutter Aller

Erde du Mutter Aller, du Festgegründete, singen
Will ich, Aelteste dich, du aller Lebenden Amme!

Allen, welche das Land betreten, die Waßer bewohnen
Giebst du Nahrung aus deiner Füll', und dem Fittiggeschlechte;
Kinderseelig, und reich an Früchten, ist alles, o Hehre,
Nur von dir! Dein ists dem sterblichen Menschen zu geben
Und zu rauben das Leben. Ihn den du mit segnenden Bliken
Anschaust, wohl dem Beglükten! ihm mangelt keine der Haben,
Seine Felder schwellen mit Lebenernährenden Saaten,
Mastvieh weidet auf seiner Trift, es starren von Prunke
Seine Häuser; er herscht in den Städten voll blühender Weiber,
Herscht mit mildem Gesez! Ihm folgen Segen und Reichthum;
Jünglinge jauchzen umher von junger Freude belebet,
Blühende Jungfraun spielen in Reigentänzen und pflüken,

παίζουσαι σκαίρουσι κατ' ἄνθεα μαλθακὰ ποίης,   15
οὕς κε σὺ τιμήσῃς σεμνὴ θεὰ ἄφθονε δαῖμον.

Χαῖρε θεῶν μήτηρ, ἄλοχ' Οὐρανοῦ ἀστερόεντος,
πρόφρων δ' ἀντ' ᾠδῆς βίοτον θυμήρε' ὄπαζε·
αὐτὰρ ἐγὼ καὶ σεῖο καὶ ἄλλης μνήσομ' ἀοιδῆς.

ΚΑΛΛΙΝΟΣ

Μέχρις τεῦ κατάκεισθε; κότ' ἄλκιμον ἕξετε θυμόν,
   ὦ νέοι; οὐδ' αἰδεῖσθ' ἀμφιπερικτίονας
ὧδε λίην μεθιέντες; ἐν εἰρήνῃ δὲ δοκεῖτε
   ἧσθαι, ἀτὰρ πόλεμος γαῖαν ἅπασαν ἔχει.

*

   καί τις ἀποθνήσκων ὕστατ' ἀκοντισάτω.   5
τιμῆέν τε γάρ ἐστι καὶ ἀγλαὸν ἀνδρὶ μάχεσθαι
   γῆς πέρι καὶ παίδων κουριδίης τ' ἀλόχου
δυσμενέσιν· θάνατος δὲ τότ' ἔσσεται, ὁππότε κεν δή
   Μοῖραι ἐπικλώσωσ'· ἀλλά τις ἰθὺς ἴτω
ἔγχος ἀνασχόμενος καὶ ὑπ' ἀσπίδος ἄλκιμον ἦτορ   10
   ἔλσας, τὸ πρῶτον μειγνυμένου πολέμου.
οὐ γάρ κως θάνατόν γε φυγεῖν εἱμαρμένον ἐστίν
   ἄνδρ', οὐδ' εἰ προγόνων ᾖ γένος ἀθανάτων.
πολλάκι δηϊοτῆτα φυγὼν καὶ δοῦπον ἀκόντων
   ἔρχεται, ἐν δ' οἴκῳ μοῖρα κίχεν θανάτου.   15
ἀλλ' ὁ μὲν οὐκ ἔμπης δήμῳ φίλος οὐδὲ ποθεινός,
   τὸν δ' ὀλίγος στενάχει καὶ μέγας, ἤν τι πάθῃ·
λαῷ γὰρ σύμπαντι πόθος κρατερόφρονος ἀνδρός
   θνήσκοντος, ζώων δ' ἄξιος ἡμιθέων·
ὥσπερ γάρ μιν πύργον ἐν ὀφθαλμοῖσιν ὁρῶσιν·   20
   ἔρδει γὰρ πολλῶν ἄξια μοῦνος ἐών.

Freudiges Herzens, Blumen der Wies' und bekränzen das Haar sich.
Ach beglüke sie ferner du hehre segnende Göttin!

Heil dir Mutter der Götter, o Weib des Sternebesä'ten
Himmels! Gib mir zum Lohn des Gesangs ein ruhiges Leben!
Dein will ich gedenken, und andrer Feiergesänge!

Christian zu Stolberg

KALLINOS

Wollt ihr ewig schlafen den Schlaf des Feigen, erwekt euch
    Nicht des Nachbarn Hohn, euch nicht des Kühneren Muth?
O der Schande des Säumens! Ihr wähnt im Frieden zu ruhen
    Thoren, wütet der Krieg nicht in den Landen umher?
Rüstet euch, Jünglinge, streitet, und sieget! und du dem der Tod
                                   nah't
    Furchtbar sei er dir nicht, züke noch sterbend dein Schwert!

Streitet Männer und Jünglinge! Schön ists und herlich zu streiten
    Schön! für die Stadt und das Land, schön! für die Kinder daheim.
Schön! für das Weib der Jugend! Wolan in die blutige Feldschlacht
    Dringet! Schüttelt den Speer, schreklich ertöne der Schild;
Trozt der Gefahr und dem Tod'! er droht euch umsonst bis des
                                   Schiksals
    Hand entscheidend das Knaul eures Lebens zerreißt;
Aber nicht Einer entrinnt ihm auch dann! So fielen der Menschen
    Loose! Gebeuts das Geschik, stirbt der Unsterblichen Sohn!
Ihn der dem Waffengetümmel entfloh und den zischenden Pfeilen
    Oft verfolgte der Tod ihn in sein Haus, und er starb.
Ihn beweint nicht die Lieb' und nicht die Sehnsucht des Volkes,
    Aber den Helden beweint Jüngling, und Jungfrau, und Greis;
Wie ein Halbgott war er geehrt und geliebt; in des Bürgers
    Auge war er der Thurm, war er die Schanze der Stadt;
Denn er vollbracht', allein, der Thaten mehr als ein Kriegsheer
    Da er noch lebte, nun fleußt Aller Thräne für ihn!

Christian zu Stolberg

ΤΥΡΤΑΙΟΣ

Τεθνάμεναι γὰρ καλὸν ἐνὶ προμάχοισι πεσόντα
    ἄνδρ' ἀγαθὸν περὶ ᾗ πατρίδι μαρνάμενον,
τὴν δ' αὐτοῦ προλιπόντα πόλιν καὶ πίονας ἀγρούς
    πτωχεύειν πάντων ἔστ' ἀνιηρότατον,
πλαζόμενον σὺν μητρὶ φίλῃ καὶ πατρὶ γέροντι   5
    παισί τε σὺν μικροῖς κουριδίῃ τ' ἀλόχῳ.
Ἐχθρὸς μὲν γὰρ τοῖσι μετέσσεται, οὕς κεν ἵκηται
    χρησμοσύνῃ τ' εἴκων καὶ στυγερῇ πενίῃ,
αἰσχύνει τε γένος, κατὰ δ' ἀγλαὸν εἶδος ἐλέγχει,
    πᾶσα δ' ἀτιμίη καὶ κακότης ἕπεται.   10
Εἰ δ' οὕτως ἀνδρός τοι ἀλωμένου οὐδεμί' ὥρη
    γίγνεται, οὔτ' αἰδὼς οὔτ' ὀπίσω γένεος,
θυμῷ γῆς περὶ τῆσδε μαχώμεθα καὶ περὶ παίδων
    θνήσκωμεν ψυχέων μηκέτι φειδόμενοι.
Ὦ νέοι, ἀλλὰ μάχεσθε παρ' ἀλλήλοισι μένοντες,   15
    μηδὲ φυγῆς αἰσχρῆς ἄρχετε μηδὲ φόβου,
ἀλλὰ μέγαν ποιεῖσθε καὶ ἄλκιμον ἐν φρεσὶ θυμόν,
    μηδὲ φιλοψυχεῖτ' ἀνδράσι μαρνάμενοι·
τοὺς δὲ παλαιοτέρους, ὧν οὐκέτι γούνατ' ἐλαφρά,
    μὴ καταλείποντες φεύγετε, τοὺς γεραιούς.   20
Αἰσχρὸν γὰρ δὴ τοῦτο μετὰ προμάχοισι πεσόντα
    κεῖσθαι πρόσθε νέων ἄνδρα παλαιότερον
ἤδη λευκὸν ἔχοντα κάρη πολιόν τε γένειον
    θυμὸν ἀποπνείοντ' ἄλκιμον ἐν κονίῃ,
αἱματόεντ' αἰδοῖα φίλαισ' ἐν χερσὶν ἔχοντα —   25
    αἰσχρὰ τά γ' ὀφθαλμοῖς καὶ νεμεσητὸν ἰδεῖν —
καὶ χρόα γυμνωθέντα· νέοισι δὲ πάντ' ἐπέοικεν,
    ὄφρ' ἐρατῆς ἥβης ἀγλαὸν ἄνθος ἔχῃ·
ἀνδράσι μὲν θηητὸς ἰδεῖν, ἐρατὸς δὲ γυναιξί
    ζωὸς ἐών, καλὸς δ' ἐν προμάχοισι πεσών.   30
Ἀλλά τις εὖ διαβὰς μενέτω ποσὶν ἀμφοτέροισι
    στηριχθεὶς ἐπὶ γῆς, χεῖλος ὀδοῦσι δακών.

TYRTAIOS

Erstes Kriegslied

Schön ist der Tod wenn der edle Krieger im vordersten Treffen
  Für das Vaterland ficht, und für das Vaterland stirbt!
Aber der Schanden größte beschimpfet den Feigen, er fliehet
  Stadt, und Acker, und Haus, bettelt schmähliges Brod,
Irrend schleicht er umher mit Weib und Kindern, und weinend
  Folgt die Mutter ihm nach, und sein Vater der Greis;
Seiner harren Verachtung, und Haß, wohin ihn der Armut
  Kummer zu wandern gebeut, harren Jammer und Noth;
Er ist des edlen Stamms und der blühenden Jugend Entehrung,
  Seinem Fußtritt folgt Schmach und quälender Hohn.
Also irrt er umher! die Gestalt und Schöne des Mannes
  Ist entflohen, und bald wird von ihm fliehen die Schaam.

Muthig laßt uns, und ohne des Lebens zu schonen, uns streiten,
  Laßt für das Vaterland uns sterben, für Kinder und Weib!
O ihr Jünglinge kämpft, und stehet standhaft, gedenket
  Nicht der schändlichen Furcht, nicht der schändlichen Flucht!
Heget hohen und feurigen Muth im Herzen, und liebt das
  Süße Leben nicht mehr, Streiter als Sieg und als Ruhm!
Seid, ihr Jünglinge, seid der Schuz der Väter! es wanket
  Zwar der Greise Knie, aber es stärkt sie der Muth.
Schmach verfolget der Jünglinge Schaar, wenn im vordersten Treffen
  Unvertheidigt von ihr, sinket der kühnere Greis,
Ach es liegen im Staube die weißen Locken, der weiße
  Bart im Staub', und es raubt gierig die Rüstung der Feind!
Nun entfleucht ihm der Geist mit dem lezten Odem, und sterbend
  Dekt er mit blutiger Hand sorgsam die Blöße sich zu.

Aber ihm, den die Blume der Jugend noch schmüket, geziemet
  Da wo ihm Wunden und Tod dräuen, den Feind zu bestehn,
Männer und Weiber priesen ihn schön da er lebte, gestorben
  Ist er des Helden Tod, auch noch im Tod ist er schön!

Dringt mit gewaltigem Schritt in den Feind, mit gebißener Lippe
  Steht dann, Krieger, den Fuß eingewurzelt, und kämpft!

Christian zu Stolberg

Αλλ' — Ἡρακλῆος γὰρ ἀνικήτου γένος ἐστέ —
  θαρσεῖτ' — οὔ πω Ζεὺς αὐχένα λοξὸν ἔχει —
μηδ' ἀνδρῶν πληθὺν δειμαίνετε μηδὲ φοβεῖσθε,
  ἰθὺς δ' ἐς προμάχους ἀσπίδ' ἀνὴρ ἐχέτω,
ἐχθρὴν μὲν ψυχὴν θέμενος, θανάτου δὲ μελαίνας   5
  Κῆρας ⟨ὁμῶς⟩ αὐγαῖσ' ἠελίοιο φίλας.
Ἴστε γὰρ ὡς Ἄρεος πολυδακρύου ἔργ' ἀίδηλα·
  εὖ δ' ὀργὴν ἐδάητ' ἀργαλέου πολέμου
καὶ μετὰ φευγόντων τε διωκόντων τ' ἐγένεσθε,
  ὦ νέοι, ἀμφοτέρων δ' ἐς κόρον ἠλάσατε.   10
Οἳ μὲν γὰρ τολμῶσι παρ' ἀλλήλοισι μένοντες
  ἔς τ' αὐτοσχεδίην καὶ προμάχους ἰέναι,
παυρότεροι θνήσκουσι, σαοῦσι δὲ λαὸν ὀπίσσω·
  τρεσσάντων δ' ἀνδρῶν πᾶσ' ἀπόλωλ' ἀρετή.
Οὐδεὶς ἄν ποτε ταῦτα λέγων ἀνύσειεν ἕκαστα,   15
  ὅσσ', ἢν αἰσχρὰ πάθῃ, γίγνεται ἀνδρὶ κακά·
ἀργαλέον γὰρ ὄπισθε μετάφρενόν ἐστι δαΐζειν
  ἀνδρὸς φεύγοντος δηίῳ ἐν πολέμῳ·
αἰσχρὸς δ' ἐστὶ νέκυς κακκείμενος ἐν κονίῃσι
  νῶτον ὄπισθ' αἰχμῇ δουρὸς ἐληλαμένος.   20
Ἀλλά τις εὖ διαβὰς μενέτω ποσὶν ἀμφοτέροισι
  στηριχθεὶς ἐπὶ γῆς, χεῖλος ὀδοῦσι δακών,
μηρούς τε κνήμας τε κάτω καὶ στέρνα καὶ ὤμους
  ἀσπίδος εὐρείης γαστρὶ καλυψάμενος·
δεξιτερῇ δ' ἐν χειρὶ τινασσέτω ὄβριμον ἔγχος,   25
  κινείτω δὲ λόφον δεινὸν ὑπὲρ κεφαλῆς·
ἔρδων δ' ὄβριμα ἔργα διδασκέσθω πολεμίζειν
  μηδ' ἐκτὸς βελέων ἐστάτω ἀσπίδ' ἔχων.
Ἀλλά τις ἐγγὺς ἰὼν αὐτοσχεδὸν ἔγχεϊ μακρῷ
  ἢ ξίφει οὐτάζων δήιον ἄνδρ' ἑλέτω·   30

Zweites Kriegslied

An die Spartaner

Helden Geschlecht, ihr Söhne des unbesiegten Häraklâs,
    Streitet mit kühnem Vertraun, Zeus blikt segnend auf uns!
Scheut nicht die Mengen der Feinde, noch späh't sie mit ängstlichem
                                               Auge,
    Jeder erhebe den Schild, stürz in die blutige Schlacht!

Männer verachtet das Leben! Euch flamme die Fakel des Todes
    Schön wie der Sonne Stral der sich vom Anfang erhebt!
Ha ihr seid in den Thaten des Blutvergießenden Aräs
    Seid in des grimmigen Kriegs Wut und Vertilgung bewährt!

Ihr auch, Jünglinge, kennet der Schlachten Getümmel, ihr ranntet
    Oft in den harrenden Feind, jagtet ihn oft in die Flucht!
Klein ist der Sinkenden Zahl! und dennoch streiten die Helden
    Da wo vom Blute das Schwert wütender träuft, und der Speer.
Klein ist der Sinkenden Zahl! der Glüklichen Zahl! die Erretter
    Sind sie des Volkes, ihr Tod bringet uns Freiheit und Heil!

Aber keiner vermag zu nennen die Schande des Flüchtlings,
    Jegliche Tugend verließ ihn, da ihm bebte das Herz!
O des Thoren! er wähnt zu entfliehn, doch es haschet die Lanze
    Seinen Rüken, er stürzt jammernd im Laufe dahin.
Greuel erreget sein Leichnam, er liegt im Staub', auf dem Bauche,
    Und es entquillet o Schmach! ihm aus dem Rüken das Blut.

Krieger! dringt mit gewaltigem Schritt in den Feind, mit gebißner
    Lippe! Steht dann und kämpft, fest wie die Eiche, den Fuß.
Eure Schultern und Brust, und Knie', und Schenkel, und Beine,
    Schirme der Schild der des Pfeils lacht, und des tönenden Wurfs;
Hoch in der Rechten drohe die wankende Lanze; der Helmbusch
    Wehe Kühlung euch, Schreken dem Feinde herab!
Mächtige Thaten der Schlacht volbringet! sie lerne der Jüngling,
    Lerne Wunden und Tod muthig verachten wie ihr!

Nahet der Feind, so wähle der Streiter den Streiter, so wüte
    Gegen das Schwert das Schwert, gegen den Speer der Speer,

καὶ πόδα πὰρ ποδὶ θεὶς καὶ ἐπ' ἀσπίδος ἀσπίδ' ἐρείσας,
    ἐν δὲ λόφον τε λόφῳ καὶ κυνέην κυνέῃ
καὶ στέρνον στέρνῳ πεπλημένος ἀνδρὶ μαχέσθω,
    ἢ ξίφεος κώπην ἢ δόρυ μακρὸν ἑλών.
'Υμεῖς δ', ὦ γυμνῆτες, ὑπ' ἀσπίδος ἄλλοθεν ἄλλος   35
    πτώσσοντες μεγάλοις βάλλετε χερμαδίοις
δούρασί τε ξεστοῖσιν ἀκοντίζοντες ἐς αὐτούς
    τοῖσι πανόπλοισι πλησίον ἱστάμενοι.

ΙΟΥΛΙΑΝΟΣ

Νῦν πλέον ἢ τὸ πάροιθε πύλας κρατεροῖο βερέθρου
    ὄμμασιν ἀγρύπνοις τρισσέ, φύλασσε, κύον.
εἰ γὰρ φέγγος ἔλειπον ἀλυσκάζουσαι Ἰάμβων
    ἄγριον Ἀρχιλόχου φλέγμα Λυκαμβιάδες,
πῶς οὐκ ἂν προλίποι σκοτίων πυλεῶνας ἐναύλων   5
    νεκρὸς ἅπας φεύγων τάρβος ἐπεσβολίης;

ΑΡΧΙΛΟΧΟΣ

Θυμέ, θύμ' ἀμηχάνοισι κήδεσιν κυκώμενε,
ἄνα δέ, δυσμενέων δ' ἀλέξευ προσβαλὼν ἐναντίον
στέρνον, ἐνδόκοισιν ἐχθρῶν πλησίον κατασταθεὶς
ἀσφαλέως· καὶ μήτε νικέων ἀμφάδην ἀγάλλεο
μηδὲ νικηθεὶς ἐν οἴκῳ καταπεσὼν ὀδύρεο   5
ἀλλὰ χαρτοῖσίν τε χαῖρε καὶ κακοῖσιν ἀσχάλα
μὴ λίην· γίνωσκε δ' οἷος ῥυσμὸς ἀνθρώπους ἔχει.

Gegen den Helmbusch flattre der Helmbusch, ungestüm strebe
  Gegen den Fuß der Fuß, gegen den Schild der Schild!
Also kämpfet, ihr Krieger, im heißen Getümmel, es schlage
  Ruhmbegierig die Brust gegen die feindliche Brust!

Aber ihr die der Panzer nicht dekt, mit fliegenden Füßen
  Streifet umher doch nicht fern von der Geharnischten Schaar,
Unsre Schilde verbergen euch dann, und es staunen die Feinde
  Ueber Stein und Geschoß das unerwartet sie trift.

Christian zu Stolberg

IULIANOS ÜBER ARCHILOCHOS

Wachender Hund der Hölle, verdopple nun alle die Augen
  Deiner Häupter und blick' achtsamer nun um dich her;
Denn Archilochus kommt: hat er mit seinen Iamben
  Aus dem Leben gescheucht Menschen in Todes Gewalt,
Wer wird nicht zu entfliehen sich mühn dem Reiche der Schatten,
  Wenn er mit hönendem Ton furchtbar die Stimme erhebt!

Johann Gottfried Herder

ARCHILOCHOS

Sei getrost, mein Herz, in deinen rettungslosen
Leiden! auf! ermanne dich, und dringe vorwärts
In die Speere deiner Feinde, die den Tod dir
Dräuen. Nur der Muth giebt Sicherheit! doch siegst du,
O so hemme deiner Freude wildes Jauchzen!
Siegen deine Feinde, laß du dann von deinem
Jammer dich nicht, kraftloswinselnd, niederschlagen!

Nur dich deßen stets zu freuen, was der Freude
Werth ist, strebe du, und dich im Unglük durch der
Menschen immer wandelbares Loos zu trösten!

Christian zu Stolberg

ΑΛΚΜΑΝ

Εὕδουσι δ' ὀρέων κορυφαί τε καὶ φάραγγες
πρώονές τε καὶ χαράδραι
φῦλά τ' ἑρπέτ' ὅσα τρέφει μέλαινα γαῖα
θῆρές τ' ὀρεσκώιοι καὶ γένος μελισσᾶν
καὶ κνώδαλ' ἐν βένθεσσι πορφυρέας ἁλός·   5
εὕδουσι δ' οἰωνῶν φῦλα τανυπτερύγων.

ΠΛΑΤΩΝ

Ἐννέα τὰς Μούσας φασίν τινες. ὡς ὀλιγώρως.
   ἢν ἰδέ· καὶ Σαπφὼ Λεσβόθεν, ἡ δεκάτη.

ΣΑΠΦΩ

Πο]ικιλόθρο[ν' ἀθανάτ' 'Αφρόδιτα,
παῖ] Δ[ί]ος δολ[όπλοκε, λίσσομαί σε,
μή μ'] ἄσαισι [μηδ' ὀνίαισι δάμνα,
   πότν]ια, θῦ[μον,

ἀλλ]ὰ τυίδ' ἔλ[θ', αἴ ποτα κἀτέρωτα   5
τὰ]ς ἔμας αὔ[δας ἀίοισα πήλοι
ἔκ]λυες, πάτρο[ς δὲ δόμον λίποισα
   χ]ρύσιον ἦλθ[ες

ἄρ]μ' ὑπασδε[ύξαισα· κάλοι δέ σ' ἆγον
ὤ]κεες στροῦ[θοι περὶ γᾶς μελαίνας   10
πύ]κνα δίν[νεντες πτέρ' ἀπ' ὠράνωἴθε-
   ρο]ς διὰ μέσσω·

αἶ]ψα δ' ἐξίκο[ντο· σὺ δ', ὦ μάκαιρα,
μειδιαί[σαισ' ἀθανάτωι προσώπωι
ἤ]ρε' ὄττ[ι δηὖτε πέπονθα κὦττι   15
   δη]ὖτε κ[άλ]η[μμι

ALKMAN

Nun ruhen der Berge Gipfel und Schluchten,
Die Matten und Täler der Flüsse,
Alles Gewürm, das die dunkle Erde ernährt,
Das Wild im Wald am Gebirg
Und die schwärmenden Völker der Bienen,
Die Ungetüme am Grunde des purpurnen Meeres;
Nun ruhen die vielen breitgefiederten Vögel.

Horst Rüdiger

PLATON ÜBER SAPPHO

Unrecht zählen die Dichter nur neun der Musen; die zehnde
   Sei die Sappho; sie singt, wie eine Muse nur sang.

Johann Gottfried Herder

SAPPHO

Golden thronende Aphrodite,
Listenersinnende Tochter des Zeus,
Nicht mit Angst und Sorgen belaste,
Hocherhabne dies pochende Herz!

Sondern komm, wenn jemals dir lieblich
Meiner Leier Saiten getönt,
Deren Klängen du öfters lauschtest,
Verlassend des Vaters goldenes Haus.

Du bespanntest den schimmernden Wagen,
Und deiner Sperlinge fröhliches Paar,
Munter schwingend die schwärzlichen Flügel.
Trug dich vom Himmel zur Erde herab.

Und du kamst; mit lieblichem Lächeln,
Göttliche! auf der unsterblichen Stirn,
Fragtest du, was die Klagende quäle?
Warum erschalle der Flehenden Ruf?

κ]ὤττι [μοι μάλιστα θέλω γένεσθαι
μ]αινόλαι [θύμωι· τίνα δηὖτε πείθω
.].σάγην [ἐς σὰν φιλότατα; τίς σ’, ὦ
   Ψά]πφ’, [ἀδικήει;   20

κα]ὶ γ[ὰρ αἰ φεύγει, ταχέως διώξει,
⟨αἰ δὲ δῶρα μὴ δέκετ’, ἀλλὰ δώσει,⟩
⟨αἰ δὲ μὴ φίλει, ταχέως φιλήσει⟩
   ⟨κωὐκ ἐθέλοισα.⟩

⟨Ἔλθε μοι καὶ νῦν, χαλέπαν δὲ λῦσον⟩   25
⟨ἐκ μερίμναν, ὄσσα δέ μοι τέλεσσαι⟩
⟨θῦμος ἰμέρρει, τέλεσον, σὺ δ’ αὔτα⟩
   ⟨σύμμαχος ἔσσο.⟩

                         *

Φαίνεταί μοι κῆνος ἴσος θέοισιν
ἔμμεν’ ὤνηρ, ὄττις ἐνάντιός τοι
ἰσδάνει καὶ πλάσιον ἆδυ φωνεί-
   σας ὐπακούει

καὶ γελαίσας ἰμέροεν, τό μ’ ἦ μὰν   5
καρδίαν ἐν στήθεσιν ἐπτόαισεν,
ὠς γὰρ ἔς σ’ ἴδω βρόχε’ ὤς με φώναι-
   σ’ οὐδ’ ἒν ἔτ’ εἴκει,

ἀλλ’ ἄκαν μὲν γλῶσσα †ἔαγε λέπτον
δ’ αὔτικα χρῶι πῦρ ὐπαδεδρόμηκεν,   10
ὀππάτεσσι δ’ οὐδ’ ἒν ὄρημμ’, ἐπιρρόμ-
   βεισι δ’ ἄκουαι,

†έκαδε μ’ ἴδρως ψῦχρος κακχέεται† τρόμος δὲ
παῖσαν ἄγρει, χλωροτέρα δὲ ποίας
ἔμμι, τεθνάκην δ’ ὀλίγω ’πιδεύης   15
   φαίνομ’ †αι

ἀλλὰ πᾶν τόλματον ἐπεὶ †καὶ πένητα†

                         *

Was das schwärmende Herz begehre?
Wen sich sehne die klopfende Brust
Sanft zu bestricken im Netz der Liebe?
Wer ist's Sappho, der dich verletzt?

Flieht er dich jetzt, bald wird er dir folgen,
Verschmäht er Geschenke, er gibt sie noch selbst,
Liebt er dich nicht, gar bald wird er lieben
Folgsam gehorchend jeglichem Wink.

Komm auch jetzt und löse den Kummer,
Der mir lastend den Busen beengt,
Hilf mir erringen nach was ich ringe,
Sei mir Gefährtin im lieblichen Streit.

Franz Grillparzer

»Gleich den Göttern scheint mir der Mann zu seyn, der
deiner Schönheit Pracht gegenüber sitzet,
und zu dem du beugest den Nacken, der dein süßes Geflüster
höret, und das Lächeln voll Lustbegierde.
Ha, mir hat's das Herz in der Brust erschrecket!
denn so bald ich dich nur erblickte: kam auch nichts mir von
Laut mehr,
sondern war gebrochen die Zung; ein feines
Feuer unterlief mir die Haut urplötzlich;
vor den Augen wird es mir dunkel; und mir braust's in den Ohren;
kalte Schweiße rinnen herab auf einmal;
ganz ergreift ein Zittern mich; blasser bin ich
wie Heu, und als stürb ich in wenig, bleibet aus mir der Athem.
Alles muß gewagt seyn — —«

Wilhelm Heinse

Ο]ἰ μὲν ἰππήων στρότον οἰ δὲ πέσδων
οἰ δὲ νάων φαῖσ' ἐπ[ὶ] γᾶν μέλαι[ν]αν
ἔ]μμεναι κάλλιστον, ἔγω δὲ κῆν' ὄτ-
   τω τις ἔραται·

πά]γχυ δ' εὔμαρες σύνετον πόησαι   5
π]άντι τ[ο]ῦτ', ἀ γὰρ πόλυ περσκέθοισα
κάλλος [ἀνθ]ρώπων Ἐλένα [τὸ]ν ἄνδρα
   τὸν [   ].στον

καλλ[ίποι]σ' ἔβα 'ς Τροΐαν πλέοι[σα
κωὐδ[ὲ πα]ῖδος οὐδὲ φίλων το[κ]ήων   10
πά[μπαν] ἐμνάσθη, ἀλλὰ παράγαγ' αὔταν
        ]σαν...

                    *

Δέδυκε μὲν ἀ σελάννα
καὶ Πληΐαδες· μέσαι δέ
νύκτες, παρὰ δ' ἔρχετ' ὤρα·
ἔγω δὲ μόνα κατεύδω.

                    *

  .   .   .   .   .
τεθνάκην δ' ἀδόλως θέλω·
ἀ με ψισδομένα κατελίμπανεν

πόλλα καὶ τόδ' ἔειπ.[
ὤιμ' ὠς δεῖνα πεπ[όνθ]αμεν,
Ψάπφ', ἦ μάν σ' ἀέκοισ' ἀπυλιμπάνω.   5

τὰν δ' ἔγω τάδ' ἀμειβόμαν·
χαίροισ' ἔρχεο κἄμεθεν
μέμναισ', οἶσθα γὰρ ὠς σε πεδήπομεν·

αἰ δὲ μή, ἀλλά σ' ἔγω θέλω
ὄμναισαι[...(.)].[...(.)]..αι   10
..[   ] καὶ κάλ' ἐπάσχομεν·

Einer meint: die Reiter, ein andrer: Fußvolk,
mancher: Schiffe seien der dunklen Erde
schönstes Gut, doch ich: wenn das Herz nach einem
    trachtet in Liebe.

Leicht zu fassen ist es und sonder Mühe
jedem klar, denn sie, die so viel erblickte,
Männerschönheit, Helena, mußt' als Gatten
    wählen den Schönsten,

der zu Grunde richtete Trojas Stärke.
Nicht des Kindes dachte sie, nicht der Eltern,
nein, sie ließ sich leiten von Aphrodite,
    voller Verliebtheit . . .

Hans Rupé

Schon flüchtet Selana, die reine,
Schon taucht ihr unter, Plejaden,
Die Nacht und die Stunden laden:
Ich ruhe noch immer alleine.

August von Platen

.   .   .   .   .

Ja, ich wünsche mir bloß den Tod!
Heftig hat sie geweint, als sie von mir ging,

und mir dieses gesagt dazu:
»Ach, was haben wir auszustehn,
Sappho, wirklich, ungern verlaß' ich dich!«

Ich erwiderte ihr darauf:
»Reise glücklich und denke mein,
denn du weißt ja, wir haben dich sehr gehegt.

Wenn aber nicht, so will ich doch
dich erinnern; du hast vielleicht
schon vergessen, wie schön unser Leben war,

πο[   ]οις Ϊων
καὶ βρ[όδων   ]κίων τ' ΰμοι
κα .. [   ] πὰρ ἔμοι περεθήκαο

καὶ πό[λλαις ὑπα]θύμιδας   15
πλέκ[ταις ἀμφ' ἀ]πάλαι δέραι
ἀνθέων .[   ] πεποημμέναις

καὶ π .....[   ] . μύρωι
βρεθείωι .[   ]ρυ[..]ν
ἐξαλείψαο κα[ὶ βασ]ιληίωι   20

καὶ στρώμν[αν ἐ]πὶ μολθάκαν
ἀπάλαν πα .[   ]...ων
ἐξίης πόθο[   ] . νίδων ...

                              *

  .   .   .   .
              ]σαρδ .[..]
      πόλ]λακι τυίδε [ν]ῶν ἔχοισα

ὠσπ .[...].ώομεν, .[...]. .χ[..]
σε †θεασικελαν ἀρι-
γνωτασε† δὲ μάλιστ' ἔχαιρε μόλπαι·   5

νῦν δὲ Λύδαισιν ἐμπρέπεται γυναί-
κεσσιν ὣς ποτ' ἀελίω
δύντος ἀ βροδοδάκτυλος †μήνα

πάντα περ⟨ρ⟩έχοισ' ἄστρα· φάος δ' ἐπί-
σχει θάλασσαν ἐπ' ἀλμύραν   10
ἴσως καὶ πολυανθέμοις ἀρούραις·

ἀ δ' ⟨ἐ⟩έρσα κάλα κέχυται τεθά-
λαισι δὲ βρόδα κἄπαλ' ἄν-
θρυσκα καὶ μελίλωτος ἀνθεμώδης·

wie du Veilchen und Rosen viel
hier zu Kränzen gebunden hast
und die Locken und Flechten damit geschmückt

und die duftende Kette dann
dir gelegt um den zarten Hals,
die aus Frühlingsblumen geflochten war.

Salben hattest du vielerlei,
Königsnarde von Wohlgeruch,
deinen Leib zu bestreichen . . .

und auf sanften Kissen . . .
fandest du Ruhe . . . . . .
. . . .

Hans Rupé

.   .   .   .   .   .
. . . . . . von Sardes aus
denkt Arignota oft herüber.

Als wir zusammen lebten, da hat sie dich
stets einer Göttin gleich geehrt,
und am meisten erfreuten sie deine Lieder.

Jetzt aber glänzt sie unter den lydischen
Frauen, wie nach des Helios
Niedertauchen der Mond mit Rosenfingern,

Alle Sterne verdunkelnd, ergießt sein Licht
über das salzige Meer zugleich
und die blumengeschmückten Gartenfluren.

Reiner Tau ist gefallen, in Blüte stehn
Rosen, saftige Gräser und
honigduftender Klee, der blumengleiche.

πόλλα δὲ ζαφοίταισ' ἀγάνας ἐπι-   15
μνάσθεισ' Ἄτθιδος ἱμέρωι
λέπταν ποι φρένα κ[.]ρ... βόρηται·

κῆθι δ' ἔλθην ἄμμ.[..].ισα τόδ' οὐ
νῶντ' ἀ[..]υστονυμ[(.)] πόλυς
γαρύει [..(.)]αλον[.....(.)].ο μέσσον ...   20

*

Γλύκηα μᾶτερ, οὖτοι δύναμαι κρέκην τὸν ἴστον
πόθωι δάμεισα παῖδος βραδίναν δι' Ἀφροδίταν

*

(νύμφη).   παρθενία, παρθενία, ποῖ με λίποισα †οἴχηι;
(παρθενία).   †οὐκέτι ἦξω πρὸς σέ, οὐκέτι ἦξω†.

*

Ἔρος δηὖτέ μ' ὁ λυσιμέλης δόνει,
γλυκύπικρον ἀμάχανον ὄρπετον ...

Ἄτθι, σοὶ δ' ἔμεθεν μὲν ἀπήχθετο
φροντίσδην, ἐπὶ δ' Ἀνδρομέδαν πόται

*

θέλω τί τ' εἴπην, ἀλλά με κωλύει
αἴδως..............
αἰ δ' ἦχες ἔσλων ἵμερον ἢ κάλων
καὶ μή τί τ' εἴπην γλῶσσ' ἐκύκα κάκον,
αἴδως †κέν σε οὐκ† ἦχεν ὄππα-   5
τ' ἀλλ' ἔλεγες †περὶ τὼ δικαίω†

Unstät geht sie umher, die Erinnerung
macht ihr zartes Gemüt so bang,
Sehnsucht drückt ihr Herz nach der sanften Atthis.

»Kommt hierher!« so ruft sie laut nach uns, (doch wir
können es nicht verstehen; die Nacht
schweigt, die alles vernimmt mit vielen Ohren

Über das Meer ...)

Hans Rupé

Ich kann nicht, süsse Mutter,
Nicht mein Gewebe weben.
Mich quält ein schöner Knabe,
Die böse Liebe quält mich.

Johann Gottfried Herder

O Mädchenthum, o Mädchenthum,
Wo gehst du hin von mir?
Ich komm nicht mehr, ich komm nicht mehr,
Ich komme nie zu dir.

Johann Gottfried Herder

Ach, die Gliederlösende böse Liebe quält mich,
Lieblichbitter singet der untrefbare Vogel,
Liebster Attis, du warst mir einst so spröde,
Nur auf Andromeden dein Herz gerichtet.

Johann Gottfried Herder

Alkaios. Ich möchte dir etwas sagen, aber die Schaam verwehrt
es mir.
Sappho. Wenn es Verlangen nach Gutem und Schönem wäre,
so würde Schaam deine Augen nicht ergriffen, deine Zunge
nicht gezittert haben, Böses zu sagen; du würdest von etwas
Gerechtem reden.

Wilhelm Heinse

ΑΛΚΑΙΟΣ

Ἀσυννέτημμι τῶν ἀνέμων στάσιν,
τὸ μὲν γὰρ ἔνθεν κῦμα κυλίνδεται,
τὸ δ' ἔνθεν, ἄμμες δ' ὂν τὸ μέσσον
νᾶϊ φορήμμεθα σὺν μελαίναι

χείμωνι μόχθεντες μεγάλωι μάλα·   5
πὲρ μὲν γὰρ ἄντλος ἰστοπέδαν ἔχει,
λαῖφος δὲ πὰν ζάδηλον ἤδη,
καὶ λάκιδες μέγαλαι κὰτ αὖτο...

*

Ὕει μὲν ὁ Ζεῦς, ἐκ δ' ὀράνω μέγας
χείμων, πεπάγαισιν δ' ὑδάτων ῥόαι...
⟨　　　 ἔνθεν　　　　　　　　　⟩
⟨　　　　　　　　　　　　　　　⟩

κάββαλλε τὸν χείμων', ἐπὶ μὲν τίθεις   5
πῦρ ἐν δὲ κέρναις οἶνον ἀφειδέως
μέλιχρον, αὐτὰρ ἀμφὶ κόρσαι
μόλθακον ἀμφι⟨　　　 ⟩ γνόφαλλον

ΣΟΛΩΝ

Μνημοσύνης καὶ Ζηνὸς Ὀλυμπίου ἀγλαὰ τέκνα,
　 Μοῦσαι Πιερίδες, κλῦτέ μοι εὐχομένῳ·
ὄλβον μοι πρὸς θεῶν μακάρων δότε καὶ πρὸς ἀπάντων
　 ἀνθρώπων αἰεὶ δόξαν ἔχειν ἀγαθήν·
εἶναι δὲ γλυκὺν ὧδε φίλοισ', ἐχθροῖσι δὲ πικρόν,   5
　 τοῖσι μὲν αἰδοῖον, τοῖσι δὲ δεινὸν ἰδεῖν.

ALKAIOS

Das lecke Staatsschiff

Nicht mehr zu deuten weiß ich der Winde Stand,
Denn bald von dorther wälzt sich die Wog' heran,
    Und bald von dort, und wir inmitten
    Treiben dahin, wie das Schiff uns fortreißt,

Mühselig ringend wider des Sturms Gewalt;
Denn schon des Masts Fußende bespült die Flut,
    Und vom zerborstnen Segel trostlos
    Flattern die mächtigen Fetzen abwärts.

Emanuel Geibel

Aus den Trinkliedern

Zeus kommt im Regen, mächtig vom Himmel braust
Der Wintersturm, schon stockt der Gewässer Lauf
    Im scharfen Frost, und kaum im Wetter
    Hält der bewipfelte Forst sich aufrecht.

Beut Trotz dem Eiswind! Schür auf dem Herd empor
Die Lohe, schenk süßpurpurnen Traubensaft,
    Schenk reichlich und zum Trunk gelagert
    Lehne das Haupt in die weichen Kissen.

Emanuel Geibel

SOLON

An die Musen

Ihr, der Gedächtniß und des Oympischen Jupiters holde
    Töchter, o Musen hört, höret des Flehenden Wunsch.
Schenkt ihm Glück von den seligen Göttern, und unter den
                               Menschen
    Allenthalben und stets guten und redlichen Ruhm;
Daß er geliebt den Freunden, den Feinden bitter-gefürchtet,
    Jenen der Ehrfurcht werth, diesen ein Schrecklicher sei.

χρήματα δ' ἱμείρω μὲν ἔχειν, ἀδίκως δὲ πεπᾶσθαι
    οὐκ ἐθέλω· πάντως ὕστερον ἦλθε δίκη.
πλοῦτον δ'ὃν μὲν δῶσι θεοί, παραγίγνεται ἀνδρί
    ἔμπεδος ἐκ νεάτου πυθμένος ἐς κορυφήν·   10
ὃν δ' ἄνδρες μετίωσιν ὑφ' ὕβριος, οὐ κατὰ κόσμον
    ἔρχεται, ἀλλ' ἀδίκοισ' ἔργμασι πειθόμενος
οὐκ ἐθέλων ἕπεται, ταχέως δ' ἀναμίσγεται ἄτη·
    ἀρχὴ δ' ἐξ ὀλίγου γίγνεται ὥς τε πυρός
φλαύρη μὲν τὸ πρῶτον, ἀνιηρὴ δὲ τελευτᾷ·   15
    οὐ γὰρ δὴ⟨ν⟩ θνητοῖσ' ὕβριος ἔργα πέλει...

*

Πολλοὶ γὰρ πλουτοῦσι κακοί, ἀγαθοὶ δὲ πένονται·
    ἀλλ' ἡμεῖς αὐτοῖσ' οὐ διαμειψόμεθα
τῆς ἀρετῆς τὸν πλοῦτον, ἐπεὶ τὸ μὲν ἔμπεδον αἰεί,
    χρήματα δ' ἀνθρώπων ἄλλοτε ἄλλος ἔχει.

*

Εἰ δὲ πεπόνθατε λυγρὰ δι' ὑμετέρην κακότητα,
    μὴ θεοῖσιν τούτων μοῖραν ἐπαμφέρετε·
αὐτοὶ γὰρ τούτους ηὐξήσατε ῥύματα δόντες
    καὶ διὰ ταῦτα κακὴν ἔσχετε δουλοσύνην.
ὑμέων δ' εἰς μὲν ἕκαστος ἀλώπεκος ἴχνεσι βαίνει,   5
    σύμπασιν δ' ὑμῖν χαῦνος ἔνεστι νόος·
εἰς γὰρ γλῶσσαν ὁρᾶτε καὶ εἰς ἔπη αἱμύλου ἀνδρός.
    εἰς ἔργον δ' οὐδὲν γιγνόμενον βλέπετε.

*

Οὐδὲ μάκαρ οὐδεὶς πέλεται βροτός, ἀλλὰ πόνηροι
    πάντες, ὅσους θνητοὺς ἥλιος καθορᾷ.

Güter begehrt' ich wohl; doch sie zu haben mit Unrecht
  Mag ich nicht; da zuletzt sicher die Rache sie raubt.
Nur den die Götter uns gaben, der Reichthum bleibt und bestehet
  Vest vom Grunde des Baus, oben zum Gipfel hinauf.
Jener andere, den die Menschen ehren, er kommt zwar,
  Vom Unrecht angelockt, von der unseligen Müh',
Aber unwillig kommt er und hinter ihm schleichet die Strafe,
  Die im Stillen beginnt, die wie ein feuriger Funk'
Zündet; im Anfang' klein, doch endend in bitteren Schmerzen;
  Denn kein Frevel gelingt lange den Sterblichen wohl.

Johann Gottfried Herder

AUSGLEICHUNG

Oft zwar ist die Gemeinheit reich und es darben die Edlen,
  Doch wir gäben im Tausch nimmer für ihren Besitz
Unsre Gesinnung dahin; denn ewiglich bleibt sie ein Schatz uns,
  Aber das irdische Gut wechselt beständig den Herrn.

Emanuel Geibel

AN DIE ATHENER

WIDER PISISTRATUS

Wenn ihr Schweres erfuhrt durch eigene Schuld und Verkehrtheit,
  Klagt um euer Geschick nicht die Unsterblichen an,
Selbst ja zogt ihr sie groß und machtet sie stark, die Tyrannen,
  Und nun seufzt ihr dafür unter dem schmählichen Joch.
Einzeln zwar geht jeder von euch auf der Fährte des Fuchses,
  Aber sobald ihr gesamt handelt, verläßt euch der Sinn;
Denn ihr traut auf die Rede des Manns und die schillernden Worte,
  Doch blind seid ihr für das, was euch vor Augen geschieht.

Emanuel Geibel

Keiner ist glüklich der Sterblichen, Keiner, Kummer belastet
  Ist das ganze Geschlecht welches die Sonne bescheint!

Christian zu Stolberg

ΜΙΜΝΕΡΜΟΣ

Τίς δὲ βίος, τί δὲ τερπνὸν ἄτερ χρυσῆς ᾿Αφροδίτης·
    τεθναίην, ὅτε μοι μηκέτι ταῦτα μέλοι,
κρυπταδίη φιλότης καὶ μείλιχα δῶρα καὶ εὐνή·
    οἷ᾽ ἥβης ἄνθεα γίγνεται ἁρπαλέα
ἀνδράσιν ἠδὲ γυναιξίν· ἐπεὶ δ᾽ ὀδυνηρὸν ἐπέλθῃ   5
    γῆρας, ὅ τ᾽ αἰσχρὸν ὁμῶς καὶ κακὸν ἄνδρα τιθεῖ,
αἰεί μιν φρένας ἀμφὶ κακαὶ τείρουσι μέριμναι,
    οὐ δ᾽ αὐγὰς προσορῶν τέρπεται ἠελίου,
ἀλλ᾽ ἐχθρὸς μὲν παισίν, ἀτίμαστος δὲ γυναιξίν·
    οὕτως ἀργαλέον γῆρας ἔθηκε θεός.   10

*

᾿Ηέλιος μὲν γὰρ πόνον ἔλλαχεν ἤματα πάντα,
    οὐ δέ κοτ᾽ ἄμπαυσις γίγνεται οὐδεμία
ἵπποισίν τε καὶ αὐτῷ, ἐπεὶ ῥοδοδάκτυλος ᾿Ηώς
    ᾿Ωκεανὸν προλιποῦσ᾽ οὐρανὸν εἰσαναβῇ·
τὸν μὲν γὰρ διὰ κῦμα φέρει πολυήρατος εὐνή   5
    κο(ι)ίλη ᾿Ηφαίστου χερσὶν ἐληλαμένη

MIMNERMOS

Jugend und Alter

Ohne Liebe,
Was ist Menschenleben?
Unter aller Sonne, was ist Süßes
Ohne dich, o Liebe?

Ohne Liebe
Will ich lieber sterben:
Ohne Mädchen, Kuß und weiche Rosen,
Lieber will ich sterben!

Laßt uns eilen,
Holde, liebe Freunde,
Mädchen, Jünglinge! Der Jugend Rose
Traurig nicht verwelken!

Hoch im Alter
Drücken uns nur Sorgen!
Können dann nicht mehr, ach liebe Sonne,
Nicht uns mehr erfreuen!

Mädchen hassen,
Jünglinge verachten
Uns im Alter. Ach, elendes Alter,
Lieber will ich sterben!

Johann Gottfried Herder

Helios

Wahrlich, ein mühvoll Amt muß Helios täglich verwalten;
   Auch kein einziges Mal ist ja den Rossen und ihm
Innezuhalten vergönnt, sobald zur Höhe des Himmels
   Aus des Okeanos Flut Eos, die rosige, stieg.
Aber ihn trägt bei Nacht durch die Woge das wonnige Lager,
   Das aus lauterem Gold künstlich Hephästos gewölbt;

χρυσοῦ τιμήεντος, ὑπόπτερος, ἄκρον ἐφ' ὕδωρ
   εὕδονθ' ἁρπαλέως χώρου ἀφ' Ἑσπερίδων
γαῖαν ἐς Αἰθιόπων, ἵνα δὴ θοὸν ἅρμα καὶ ἵπποι
   ἕστασ', ὄφρ' Ἠὼς ἠριγένεια μόλῃ...   10

ΘΕΟΓΝΙΣ

Φοῖβε ἄναξ, ὅτε μέν σε θεὰ τέκε πότνια Λητώ   (5)
   φοίνικος ῥαδινῆς χερσὶν ἐφαψαμένη
ἀθανάτων κάλλιστον ἐπὶ τροχοειδέι λίμνῃ,
   πᾶσα μὲν ἐπλήσθη Δῆλος ἀπειρεσίη
ὀδμῆς ἀμβροσίης, ἐγέλασσε δὲ Γαῖα πελώρη,   5
   γήθησεν δὲ βαθὺς πόντος ἁλὸς πολιῆς.   (10)

*

Μοῦσαι καὶ Χάριτες, κοῦραι Διός, αἵ ποτε Κάδμου   (15)
   ἐς γάμον ἐλθοῦσαι καλὸν ἀείσατ' ἔπος,
'ὅττι καλόν, φίλον ἐστί· τὸ δ' οὐ καλὸν οὐ φίλον ἐστί,'
   τοῦτ' ἔπος ἀθανάτων ἦλθε διὰ στομάτων.

*

Μηδένα τῶνδ' ἀέκοντα μένειν κατέρυκε παρ' ἡμῖν
   μηδὲ θύραζε κέλευ' οὐκ ἐθέλοντ' ἰέναι,
μηδ' εὕδοντ' ἐπέγειρε, Σιμωνίδη, ὅντιν' ἂν ἡμῶν
   θωρηχθέντ' οἴνῳ μαλθακὸς ὕπνος ἕλῃ,   (470)
μηδὲ τὸν ἀγρυπέοντα κέλευ' ἀέκοντα καθεύδειν.   5
   'πᾶν γὰρ ἀναγκαῖον χρῆμ' ἀνιηρὸν ἔφυ.'
τῷ πίνειν δ' ἐθέλοντι παρασταδὸν οἰνοχοείτω·
   οὐ πάσας νύκτας γίνεται ἁβρὰ παθεῖν...

*

Ἦλθον μὲν γὰρ ἔγωγε καὶ εἰς Σικελήν ποτε γαῖαν,
   ἦλθον δ' Εὐβοίης ἀμπελόεν πεδίον

Über den Spiegel des Meers auf eilenden Fittichen schwebend
　Trägt es den Schlummernden sanft fort von Hesperiens Strand
Zum Äthiopengestad, wo sein das Gespann mit dem Wagen
　Harrt, bis wieder des Tags dämmernde Frühe sich naht.

Emanuel Geibel

THEOGNIS

DIE GEBURT DES APOLLO

Als dich, Herrscher Apoll, dort unter dem wipfelnden Palmbaum,
　Den sie mit Armen umschlang, Leto, die Hehre, gebar,
Dort am Auge des Sees, dich aller Unsterblichen Schönsten,
　Ward von ambrosischem Duft Delos' geheiligtes Rund
Bis an die Ufer erfüllt, und es lachten umher die Gefilde,
　Und es erglänzte vor Lust blauer die Tiefe des Meers.

Emanuel Geibel

Musen und Chariten, Töchter des Zeus, die ihr einst zu des Kadmos
　Hochzeit kommend, allda sanget ein solches Gedicht:
»Lieb ist alles, was schön; nicht lieb ist aber, was nicht schön;«
　Solches Gedicht sandt' aus euer unsterblicher Mund.

August Wilhelm von Schlegel

GESELLSCHAFTSREGEL

Nötige nie beim Feste den Gast, ungern zu verweilen,
　Noch auch mahn' ihn zu gehn, eh' es ihm selber gefällt.
Auch wenn einer der Zecher, vielleicht vom Weine gepanzert,
　Sanft in Schlummer verfiel, wecke den Schläfer nicht auf;
Noch verweise, bevor er es wünscht, aufs Lager den Muntren;
　Denn im tiefsten Gemüt ärgert uns jeglicher Zwang.
Aber dem Durstigen sei stets nah mit dem Kruge der Mundschenk;
　Nicht allnächtlich wie heut ist ihm zu schwärmen vergönnt.

Emanuel Geibel

HEIMWEH

Wohl begrüßt' ich dereinst Siziliens prangende Fluren
　Und des Euböergestads üppiges Traubengefild,

Σπάρτην δ' Εὐρώτα δονακοτρόφου ἀγλαὸν ἄστυ·   (785)
   καί μ' ἐφίλευν προφρόνως πάντες ἐπερχόμενον·
ἀλλ' οὔτις μοι τέρψις ἐπὶ φρένας ἦλθεν ἐκείνων.   5
   οὕτως οὐδὲν ἄρ' ἦν φίλτερον ἄλλο πάτρης.

                          *

Εἰρήνη καὶ πλοῦτος ἔχοι πόλιν, ὄφρα μετ' ἄλλων   (885)
   κωμάζοιμι· κακοῦ δ' οὐκ ἔραμαι πολέμου.

                          *

Ὄρνιθος φωνήν, Πολυπαΐδη, ὀξὺ βοώσης
   ἤκουσ', ἥτε βροτοῖσ' ἄγγελος ἦλθ' ἀρότου
ὡραίου· καί μοι κραδίην ἐπάταξε μέλαιναν,
   ὅττι μοι εὐανθεῖς ἄλλοι ἔχουσιν ἀγρούς,   (1200)
οὐδέ μοι ἡμίονοι κυφὸν ἕλκουσιν ἄροτρον   5
   τῆς ἄλλης †μνηστῆσ† εἵνεκα ναυτιλίης.

                     ΙΒΥΚΟΣ

      Ἦρι μὲν αἵ τε Κυδώνιαι
      μηλίδες ἀρδόμεναι ῥοᾶν
      ἐκ ποταμῶν, ἵνα Παρθένων
      κῆπος ἀκήρατος, αἵ τ' οἰνανθίδες
      αὐξόμεναι σκιεροῖσιν ὑφ' ἔρνεσιν   5
      οἰναρέοις θαλέθοισιν· ἐμοὶ δ' ἔρος
      οὐδεμίαν κατάκοιτος ὥραν.
      †τε† ὑπὸ στεροπᾶς φλέγων
      Θρηΐκιος Βορέας

Sparta sah ich, die glänzende Stadt am beschilften Eurotas,
  Und wohin ich auch kam, ehrten sie freundlich den Gast.
Aber die Sehnsucht nicht in der Brust mir konnt' es beschwichten
  So vor jeglichem Land war mir das heimische süß.

Emanuel Geibel

Frieden und Wohlstand walt' in der Stadt, auf daß ich mit Andern
  Festschmaus feire, mich sehnt's nicht nach verderblichem Krieg.

Eduard Mörike nach Wilhelm Ernst Weber

In der Verbannung

Hör' ich den schrillenden Ruf des fernher ziehenden Kranichs,
  Welcher, ein Bote der Saat, jährlich im Herbst uns erscheint,
Trifft es mich jetzt wie ein Schlag, und im düsteren Herzen ge-
                                                        denk' ich,
  Wie mir der Fremde daheim waltet im reichen Gefild,
Ach, und die Mäuler für m i c h nicht mehr hinziehen die Pflugschar,
  Seit mich das Unglücksschiff in die Verbannung entführt.

Emanuel Geibel

IBYKOS

Frühlingsgesang

Frühling ward es und wieder blüht,
Vom sanftströmenden Bach getränkt,
Der Kydonische Apfelbaum,
Wo jungfräulicher Nymphen Schar
Tief im Dunkel des Haines spielt
Und die Blüte der Rebe schwillt
  Unter schattendem Weinlaub.

Doch nicht achtet der lieblichen
Jahrszeit Eros und läßt mich ruhn,
Nein, wie thrakischer Wintersturm
Widerleuchtend von Blitzesschein

ἀίσσων παρὰ Κύπριδος ἀζαλέ-   10
 αις μανίαισιν ἐρεμνὸς ἀθαμβὴς
ἐγκρατέως πεδόθεν †φυλάσσει†
ἡμετέρας φρένας

ΣΙΜΩΝΙΔΗΣ

ΕΙΣ ΤΟΥΣ ΣΚΟΠΑΔΑΣ

Ἄνθρωπος ἐὼν μή ποτε φάσῃς ὃ τι γίνεται αὔριον,
μηδ' ἄνδρα ἰδὼν ὄλβιον ὅσσον χρόνον ἔσσεται·
ὠκεῖα γὰρ οὐδὲ τανυπτερύγου μυίας
οὕτως ἀ μετάστασις.

*

    ὅτε λάρνακι
ἐν δαιδαλέαι
ἄνεμός τε †μην† πνέων
κινηθεῖσά τε λίμνα δείματι
ἔρειπεν, οὐκ ἀδιάντοισι παρειαῖς   5
ἀμφί τε Περσέι βάλλε φίλαν χέρα
εἶπέν τ'· ὦ τέκος οἷον ἔχω πόνον·
σὺ δ' ἀωτεῖς, γαλαθηνῶι
δ' ἤθεϊ κνοώσσεις
ἐν ἀτερπέι δούρατι χαλκεογόμφωι   10
⟨τῶι⟩δε νυκτιλαμπεῖ,
κυανέωι δνόφωι ταθείς·
ἄχναν δ' ὕπερθε τεᾶν κομᾶν
βαθεῖαν παριόντος
κύματος οὐκ ἀλέγεις, οὐδ' ἀνέμου   15
φθόγγον, πορφυρέαι
κείμενος ἐν χλανίδι, πρόσωπον καλόν.
εἰ δέ τοι δεινὸν τό γε δεινὸν ἦν,
καί κεν ἐμῶν ῥημάτων
λεπτὸν ὑπεῖχες οὖας.   20
κέλομαι δ', εὗδε βρέφος,

Fällt er, Kyprias wilder Sohn,
Mit blindsengender Wut mich an
Und erschüttert gewaltsam mir
    Die Grundfesten des Herzens.

Emanuel Geibel

SIMONIDES

MENSCHENGLÜCK

Nie sag' ein Mensch, was werden wird,
Noch den er sieht, wie lang er leben werde;
Die Flügelschwingende Mücke
Verändert so schnell sich nicht, wie der Menschen Glück.

Johann Gottfried Herder

DANAE UND PERSEUS,
VON ACRISIUS DEN WELLEN PREISGEGEBEN

Da nun rauschend der Sturm den künstlichen Kasten
Rings umbrauste, und das tief strudelnde Meer,
Sank sie vor Furcht, und mit thränenbethauetem
Angesicht schlang sie um Perseus
Den verlangenden Arm, und sprach: o Kind,
Wievel erduld' ich; Du aber schlummerst,
Schläfst in Säuglings Träumen so süss
Hier in der Wohnung des Harms, der ehernen, leuchtenden,
Hier im grausvollen Dunkel. Es kümmert Dich nicht
Des Gewässers brausendes Wogen
Ueber dem verwilderten lockigten Haar, nicht des Sturmes
Donnernde Stimme. Sorglos in Deinem
Purpurgewande ruhst Du so da, schönes Antlitz.
Aber wenn dies Furchtbare furchtbar Dir
Wäre, wenn ein zartes Ohr meinen Worten Du
Liehest, dann rief' ich: schlummre, Kind, es schlummre

εὑδέτω δὲ πόντος, εὑδέτω δ' ἄμετρον κακόν·
μεταβουλία δέ τις φανείη,
Ζεῦ πάτερ, ἐκ σέο·
ὅττι δὲ θαρσαλέον ἔπος εὔχομαι   25
ἢ νόσφι δίκας,
σύγγνωθί μοι

*

Ἑλλήνων προμαχοῦντες Ἀθηναῖοι Μαραθῶνι
χρυσοφόρων Μήδων ἐστόρεσαν δύναμιν.

*

Ὦ ξεῖν', ἄγγειλον Λακεδαιμονίοισ', ὅτι τῇδε
κείμεθα τοῖς κείνων ῥήμασι πειθόμενοι.

———

Ὦ ξεῖν', ἄγγειλον Λακεδαιμονίοισ', ὅτι τῇδε
κείμεθα τοῖς κείνων ῥήμασι πειθόμενοι.

———

Ὦ ξεῖν', ἄγγειλον Λακεδαιμονίοισ', ὅτι τῇδε
κείμεθα τοῖς κείνων ῥήμασι πειθόμενοι.

———

Ὦ ξεῖν', ἄγγειλον Λακεδαιμονίοισ', ὅτι τῇδε
κείμεθα τοῖς κείνων ῥήμασι πειθόμενοι.

———

Ὦ ξεῖν', ἄγγειλον Λακεδαιμονίοισ', ὅτι τῇδε
κείμεθα τοῖς κείνων ῥήμασι πειθόμενοι.

Der Ocean, es schlummre das unermessliche Unglück.
Des Vaters Rathschluss sinke, vereitelt von Dir,
Waltender Zeus, und wenn ich zu kühn zu Dir sprach,
O so fleh' ich um Perseus willen, vergieb mir!

Wilhelm von Humboldt

MARATHON

Hier bei Marathon warfen, für Hellas im Kampf, die Athener
Siegreich Mediens goldprunkendes Heer in den Staub.

Emanuel Geibel

Wanderer, sag's zu Sparta, daß, seinen Gesetzen gehorchend,
wir erschlagen hier liegen.

Johann Gottfried Herder

GRABSCHRIFT DER DREIHUNDERT SPARTANER DIE BEI THERMOPÜLÄ FIELEN

Wandrer sag' es in Sparta: Wir sind im Streite gefallen,
Haben, gehorsam, erfüllt unsers Landes Gesez.

Christian zu Stolberg

———

Fremdling, gehe nach Sparta und sage, du hast uns gesehen
Hier begraben, weil wir seinen Gesetzen gehorcht.

Georg Christoph Tobler

———

Wanderer, kommst du nach Sparta, verkündige dorten, du habest
Uns hier liegen gesehn, wie das Gesetz es befahl.

Friedrich von Schiller

———

DIE THERMOPYLENKÄMPFER

Wanderer, meld' es daheim Lakedämons Bürgern: erschlagen
Liegen wir hier, noch im Tod ihrem Gebote getreu.

Emanuel Geibel

ΘΕΟΚΡΙΤΟΣ

Θᾶσαι τὸν ἀνδριάντα τοῦτον, ὦ ξένε,
    σπουδᾷ, καὶ λέγ᾽ ἐπὴν ἐς οἶκον ἔνθῃς·
᾽᾽Ανακρέοντος εἰκόν᾽ εἶδον ἐν Τέῳ
    τῶν πρόσθ᾽ εἴ τι περισσὸν ᾠδοποιῶν.᾽
προσθεὶς δὲ χὤτι τοῖς νέοισιν ἄδετο   5
    ἐρεῖς ἀτρεκέως ὅλον τὸν ἄνδρα.

ΑΝΑΚΡΕΩΝ

Γουνοῦμαί σ᾽, ἐλαφηβόλε,
ξανθὴ παῖ Διός, ἀγρίων
    δέσποιν᾽ Ἄρτεμι θηρῶν,
ἥ κου νῦν ἐπὶ Ληθαίου
δίνῃσιν θρασυκαρδίων   5
ἀνδρῶν ἐσκατορᾷς πόλιν
χαίρουσ᾽· οὐ γὰρ ἀνημέρους
    ποιμαίνεις πολιήτας.

                    •

Ὧναξ, ᾧ δαμάλης Ἔρως
καὶ Νύμφαι κυανώπιδες
    πορφυρέη τ᾽ Ἀφροδίτη
συμπαίζουσιν, ἐπιστρέφεαι δ᾽
ὑψηλὰς ὀρέων κορυφάς,   5
γουνοῦμαί σε, σὺ δ᾽ εὐμενὴς
ἔλθ᾽ ἡμίν, κεχαρισμένης δ᾽
    εὐχωλῆς ἐπακούειν.
Κλευβούλῳ δ᾽ ἀγαθὸς γενεῦ
σύμβουλος, τὸν ἐμὸν δ᾽ ἔρωτ᾽,   10
    ὦ Δεύνυσε, δέχεσθαι.

                    •

THEOKRITOS ÜBER ANAKREON

Auf Anakreons Bildseule

Betrachte dieses Marmorbild, o fremder Mann
  Ernstvoll, sage darauf, wann heim du kehrest:
Anakreons Gestalt in Teos sah ich einst,
  Der, wenn einer der alten Sänger, groß war.
Erzählst du noch, wie mancher Jüngling ihn gefreut,
  O dann sprichst du genau den ganzen Mann aus.

Johann Heinrich Voß

ANAKREON

An Artemis

Flehend nah' ich dir, Jägerin,
Zeus' blondlockige Artemis,
  O Wild-schirmende Göttin!
Komm zum raschen Lethäos nun!
Huldreich wende die Blicke du
Auf hochherziger Männer Stadt:
Denn roh schaltende Bürger nicht
  Sind es, welche du schützest.

Eduard Mörike

An Dionysos

Herrscher! der du mit Eros' Macht,
Mit schwarzaugigen Nymphen und
  Ihr, der purpurnen Kypris,
Fröhlich spielest und gern umher
Auf hochgipfligen Bergen schweifst:
Auf den Knieen dich fleh' ich an,
Sei mir hold, Dionysos, komm,
  Meinem Wunsche dich neigend.
O sprich du Kleobulos selbst
Zu mit göttlichem Rath, laß dir
  Meine Liebe gefallen!

Eduard Mörike

Ὦ παῖ παρθένιον βλέπων,
διζημαί σε, σὺ δ' οὐ κλύεις
οὐκ εἰδώς, ὅτι τῆς ἐμῆς
    ψυχῆς ἡνιοχεύεις.

*

Σφαίρῃ δηὖτέ με πορφυρέῃ
βάλλων χρυσοκόμης Ἔρως
νήνι ποικιλοσαμβάλῳ
    συμπαίζειν προκαλεῖται.
ἡ δ', ἔστιν γὰρ ἀπ' εὐκτίτου   5
Λέσβου, τὴν μὲν ἐμὴν κόμην,
λευκὴ γάρ, καταμέμφεται,
    πρὸς δ' ἄλλην τινὰ χάσκει.

*

Ἄγε δή, φέρ' ἡμίν, ὦ παῖ,
κελέβην, ὅκως ἄμυστιν
προπίω, τὰ μὲν δέκ' ἐγχέας
ὕδατος, τὰ πέντε δ' οἴνου
κυάθους, ὡς ἀνυβρίστως   5
    ἀνὰ δηὖτε βασσαρήσω...

*

Ἠρίστησα μὲν ἰτρίου λεπτοῦ μικρὸν ἀποκλάς,
οἴνου δ' ἐξέπιον κάδον, νῦν δ' ἀβρῶς ἐρόεσσαν
ψάλλω πηκτίδα τῇ φίλῃ κωμάζων παιδὶ †ἀβρῇ.

*

Πῶλε Θρηκίη, τί δή με λοξὸν ὄμμασιν βλέπουσα
νηλεῶς φεύγεις, δοκέεις δέ μ' οὐδὲν εἰδέναι σοφόν,

ἴσθι τοι, καλῶς μὲν ἄν τοι τὸν χαλινὸν ἐμβάλοιμι,
ἡνίας δ' ἔχων στρέφοιμί ⟨σ'⟩ ἀμφὶ τέρματα δρόμου.

O jungfräulichen Blickes du,
Knab', ich suche dich, doch du hörst
Nicht, unwissend, daß mein Gemüth
   Du kannst lenken am Zügel.

August Wilhelm von Schlegel

Auf mich werfend den Purpurball
Winkt mir Eros im Goldgelock,
Mit dem farbig beschuhten Kind
   Spielend mich zu ergötzen.
Doch sie ist aus der herrlichen
Lesbos, und es mißfällt ihr mein
Graues Haar, denn ein andres gibt's,
   Dem sie brünstiglich nachschaut.

Eduard Mörike

Den Pokal, mein Sohn! Ein Trunk soll
Mir gedeihn, ein voller! doch nimm
Nur den Becher Wassers zehnfach
Und vom Lautern schöpfe fünfmal.
Denn nicht überkühn und maßlos
Mit dem Gott zu schwärmen denk' ich.

Eduard Mörike

Vom Dünnkuchen zum Morgenbrot
   Erst ein Stückchen mir brach ich;
Trank auch Wein einen Krug dazu;
   Und zur zärtlichen Laute
Greif' ich jetzo, dem zartesten
   Kind ein Ständchen zu bringen.

Eduard Mörike

Thrakisch Füllen, warum wirfst du doch auf mich so schräge Blicke?
Grausam fliehst du mich, du traust mir wohl des Klugen wenig zu?

Aber wisse nur, ich wollte dich auf's allerbeste zäumen,
Und dich fest im Zügel haltend lenken um das Ziel der Bahn.

νῦν δὲ λειμῶνάς τε βόσκεαι κοῦφά τε σκιρτῶσα παίζεις·   5
δεξιὸν γὰρ Ἱπποπείρην οὐκ ἔχεις ἐπεμβάτην.

*

Οὐ φίλος ὃς κρητῆρι παρὰ πλέῳ οἰνοποτάζων
   νείκεα καὶ πόλεμον δακρυόεντα λέγει,
ἀλλ' ὅστις Μουσέων τε καὶ ἀγλαὰ δῶρ' Ἀφροδίτης
   συμμίσγων ἐρατῆς μνήσκεται εὐφροσύνης.

ΣΚΟΛΙΑ ΑΤΤΙΚΑ

Ἐν μύρτου κλαδὶ τὸ ξίφος φορήσω
ὥσπερ Ἁρμόδιος καὶ Ἀριστογείτων
ὅτε τὸν τύραννον κτανέτην
ἰσονόμους τ' Ἀθήνας ἐποιησάτην.

Φίλταθ' Ἁρμόδι', οὔ τί πω τέθνηκας,
νήσοις δ' ἐν μακάρων σέ φασιν εἶναι,
ἵνα περ ποδώκης Ἀχιλεὺς
Τυδείδην τέ †φασι τὸν ἐσθλόν† Διομήδεα.

Ἐν μύρτου κλαδὶ τὸ ξίφος φορήσω
ὥσπερ Ἁρμόδιος καὶ Ἀριστογείτων
ὅτ' Ἀθηναίης ἐν θυσίαις
ἄνδρα τύραννον Ἵππαρχον ἐκαινέτην.

ΑΝΤΙΠΑΤΡΟΣ ΘΕΣΣΑΛΟΝΙΚΕΥΣ

Νεβρείων ὁπόσον σάλπιγξ ὑπερίαχεν αὐλῶν
   τόσσον ὑπὲρ πάσας ἔκραγε σεῖο χέλυς,

Jetzt noch weidest du im Grünen, spielst umher in leichten
Sprüngen,
Denn es mangelt noch ein Reiter, der der Schule kundig ist.

Eduard Mörike

Der sei nicht mein Genoß, der mir zum Weine beim vollen
  Becher von Fehden erzählt und von dem leidigen Krieg;
Vielmehr der in geselligem Frohsinn gerne der Musen
  Und Aphrodites holdseliger Gaben gedenkt.

Eduard Mörike

ATTISCHE TRINKLIEDER

Schmüken will ich das Schwerdt! mit der Myrthe Ranken!
  Wie Harmodios einst, und Aristogiton
    Da sie den Tyrannen
      Schlugen, da der Athener
        Gleicher Rechte Genosse ward.

Liebster Harmodios, du starbest nicht
  Denn sie sagen du seist auf der Seel'gen Inseln
    Wo der Renner Achilles,
      Wo mit ihm Diomedes
        Tydeus treflicher Sprosse wohnt.

Schmüken will ich das Schwerdt! mit der Myrthe Ranken!
  Wie Harmodios einst und Aristogiton
    Da sie bei Athenes
      Opferfest den Tyrannen
        Hipparch, den Tyrannen ermordeten.

Friedrich Hölderlin

ANTIPATROS VON THESSALONIKE
ÜBER PINDAROS

PINDAR

Wie die Tuba den Klang der kleinen ländlichen Flöte
  übertönet: so tönt, Pindar, dein hoher Gesang

οὐδὲ μάτην ἁπαλοῖς ξουθὸς περὶ χείλεσιν ἑσμός
   ἔπλασε κηρόδετον, Πίνδαρε, σεῖο μέλι.
μάρτυς ὁ Μαινάλιος κερόεις θεὸς ὕμνον ἀείσας   5
   τὸν σέο καὶ νομίων λησάμενος δονάκων.

ΠΙΝΔΑΡΟΣ

ΙΕΡΩΝΙ ΣΥΡΑΚΟΥΣΙΩΙ ΚΕΛΗΤΙ

Ἄριστον μὲν ὕδωρ, ὁ δὲ χρυσὸς αἰθόμενον πῦρ   Α'
ἅτε διαπρέπει νυκτὶ μεγάνορος ἔξοχα πλούτου·
εἰ δ' ἄεθλα γαρύεν
ἔλδεαι, φίλον ἦτορ,
μηκέτ' ἀελίου σκόπει   5
ἄλλο θαλπνότερον ἐν ἁμέρᾳ φαεν-
   νὸν ἄστρον ἐρήμας δι' αἰθέρος,
μηδ' Ὀλυμπίας ἀγῶνα φέρτερον αὐδάσομεν·
ὅθεν ὁ πολύφατος ὕμνος ἀμφιβάλλεται
σοφῶν μητίεσσι, κελαδεῖν
Κρόνου παῖδ' ἐς ἀφνεὰν ἱκομένους   10
μάκαιραν Ἱέρωνος ἑστίαν,

θεμιστεῖον ὃς ἀμφέπει σκᾶπτον ἐν πολυμήλῳ
Σικελίᾳ δρέπων μὲν κορυφὰς ἀρετᾶν ἄπο πασᾶν,
ἀγλαΐζεται δὲ καί
μουσικᾶς ἐν ἀώτῳ,   15
οἷα παίζομεν φίλαν
ἄνδρες ἀμφὶ θαμὰ τράπεζαν. ἀλλὰ Δω-
   ρίαν ἀπὸ φόρμιγγα πασσάλου

Ueber alle Gesänge. Vergebens trugen die Bienen
   dir, dem Kinde, nicht schon Honig im Schlummer herbey:
Selbst der Mänalische Pan vergisset seine Gesänge,
   singt statt ihrer anjetzt, Pindar, dein heiliges Lied.

Johann Gottfried Herder

PINDAROS

An Hieron, aus Syrakus,
den Sieger zu Pferde

Das edelste ist das Wasser; gleich dem
Leuchten der lodernden Flamme
zur Zeit der Nacht, strahlt das Gold vor allem
männererhebenden Reichthum.
Willst Du Kämpfe besingen,
liebe Seele, so schau nach keinem
mehr erwärmenden
heller leuchtenden Tagsgestirne,
in der Wüste des
Aethers, als nach der Sonne;
so lasst uns keinen edlern Kampf,
als den Oylmpischen, preisen,
(von wo sich um der Dichter Begeistrung der schallende Hymnus,
zu der Feier Kronions,
windet) wenn Hierons reicher,
seeliger Heerd uns versammelt,

der in der triftengesegneten Sikelien Fluren der Herrschaft
gerechtes Scepter führt, brechend jeder
Tugend holdselige Blüthe.
Auch die Weihe der Musen
schmükt ihn, wie wir im trauten Kreise
an dem Mahle der
Freunde oft ihn umspielen. Aber
nimm die Dorische
Leier jezt von der Säule,

λάμβαν', εἴ τί τοι Πίσας τε καὶ Φερενίκου χάρις
νόον ὑπὸ γλυκυτάταις ἔθηκε φροντίσιν,
ὅτε παρ' 'Αλφεῷ σύτο δέμας   20
ἀκέντητον ἐν δρόμοισι παρέχων,
κράτει δὲ προσέμειξε δεσπόταν,

Συρακόσιον ἱπποχάρ-
   μαν βασιλῆα· λάμπει δέ οἱ κλέος
ἐν εὐάνορι Λυδοῦ Πέλοπος ἀποικίᾳ·
τοῦ μεγασθενὴς ἐράσσατο Γαιάοχος   25
Ποσειδάν, ἐπεί νιν καθαροῦ λέβη-
   τος ἔξελε Κλωθώ,
ἐλέφαντι φαίδιμον ὦμον κεκαδμένον.
ἦ θαύματα πολλά, καί πού τι καὶ βροτῶν
φάτις ὑπὲρ τὸν ἀλαθῆ λόγον   28b
δεδαιδαλμένοι ψεύδεσι ποικίλοις
   ἐξαπατῶντι μῦθοι.

Χάρις δ', ἅπερ ἅπαντα τεύχει τὰ μείλιχα θνατοῖς,   Β'
ἐπιφέροισα τιμὰν καὶ ἄπιστον ἐμήσατο πιστόν   31
ἔμμεναι τὸ πολλάκις·
ἀμέραι δ' ἐπίλοιποι
μάρτυρες σοφώτατοι.
ἔστι δ' ἀνδρὶ φάμεν ἐοικὸς ἀμφὶ δαι-   35
   μόνων καλά· μείων γὰρ αἰτία.
υἱὲ Ταντάλου, σὲ δ' ἀντία προτέρων φθέγξομαι,
ὁπότ' ἐκάλεσε πατὴρ τὸν εὐνομώτατον
ἐς ἔρανον φίλαν τε Σίπυλον,
ἀμοιβαῖα θεοῖσι δεῖπνα παρέχων,
τότ' 'Αγλαοτρίαιναν ἁρπάσαι,   40

wenn Deine Seele Pisas Glanz,
wenn Pherenikos sie in der
Begeistrung süsse Sorge senkt,
wie an Alpheos Gestade,
frei vom Stachel, er hinflog,
strekkend im Laufe den Leib, und
seinen Gebieter zum Siege

trug, den Syrakusischen, rosse-
freuenden König. Es glänzt sein
Ruhm bei des Lydischen Pelops
grossgesinntem Pflanzvolk, für den der
übermächtige Erdumgürter Poseidon
liebend entglomm, als ihn Klotho aus
leuchtendem Kessel emporhob, die
Schulter strahlend von Elfenbeine gebildet.
Wundergeschichten und Sagen,
mit der Erdichtung Gewebe
vielfach geschmükt, fesseln dem Pfade
schlichterer Wahrheit entführend
oftmals der Sterblichen Sinne.

Der Dichtung Zauberreiz, welcher jede
süssere Anmuth den Menschen
gewähret, macht oft, der Wahrheit überredendes Ansehn ihm leihend,
auch Unglaubliches glaublich.
Doch der sicherste Zeuge ist die
Zukunft. Gutes zu
reden ziemt es von Göttern Menschen,
und geringer ist
dann des Irrthums Vergehen.
Sohn Tantalos, entgegen der
Sage besing ich Dich, singe
dass, als Dein Vater einst, die Be-
wirthung erwiedernd, die Götter
zum gesezlichen Mahl, zur
reizenden Sipylos lud, der
Dreizakgeschmükte Dich raubte,

δαμέντα φρένας ἱμέρῳ, χρυσέαισί τ' ἀν' ἵπποις
ὕπατον εὐρυτίμου ποτὶ δῶμα Διὸς μεταβᾶσαι·
ἔνθα δευτέρῳ χρόνῳ
ἦλθε καὶ Γανυμήδης
Ζηνὶ τωῦτ' ἐπὶ χρέος.   45
ὡς δ' ἄφαντος ἔπελες, οὐδὲ ματρὶ πολ-
    λὰ μαιόμενοι φῶτες ἄγαγον,
ἔννεπε κρυφᾷ τις αὐτίκα φθονερῶν γειτόνων,
ὕδατος ὅτι τε πυρὶ ζέοισαν εἰς ἀκμάν
μαχαίρᾳ τάμον κατὰ μέλη,
τραπέζαισί τ' ἀμφὶ δεύτατα κρεῶν   50
σέθεν διεδάσαντο καὶ φάγον.

ἐμοὶ δ' ἄπορα γαστρίμαρ-
    γον μακάρων τιν' εἰπεῖν· ἀφίσταμαι·
ἀκέρδεια λέλογχεν θαμινὰ κακαγόρους.
εἰ δὲ δή τιν' ἄνδρα θνατὸν Ὀλύμπου σκοποὶ
ἐτίμασαν, ἦν Τάνταλος οὗτος· ἀλ-   55
    λὰ γὰρ καταπέψαι
μέγαν ὄλβον οὐκ ἐδυνάσθη, κόρῳ δ' ἕλεν
ἄταν ὑπέροπλον, ἄν τοι πατὴρ ὕπερ
κρέμασε καρτερὸν αὐτῷ λίθον,   57b
τὸν αἰεὶ μενοινῶν κεφαλᾶς βαλεῖν
    εὐφροσύνας ἀλᾶται.

ἔχει δ' ἀπάλαμον βίον τοῦτον ἐμπεδόμοχθον   Γ'
μετὰ τριῶν τέταρτον πόνον, ἀθανάτους ὅτι κλέψαις   60
ἁλίκεσσι συμπόταις
νέκταρ ἀμβροσίαν τε
δῶκεν, οἷσιν ἄφθιτον

und dass, von sehnender Lust das Herz durch-
glüht, er mit goldenen Rossen
empor zu des allverehrten Zeus er-
habenem Size Dich führte,
wohin früher auch Gany-
medes kam, einst von Zeus zum Liebling
erschn. Als aber
Du auf einmal verschwandest, und Dich
nicht der Mutter die
ängstlich Suchenden brachten;
da flüstert' im Verborgnen gleich
einer der neidischen Nachbarn,
sie hätten Deine Glieder am
Feuer im siedenden Wasser
mit dem Erze zerschnitten,
hätten die Stükke dann um die
Tafel vertheilt und gegessen.

Aber ich mag wütenden Hungers
keinen der Seeligen zeihen.
Schaudervoll beb' ich zurük. Un-
segen erntet oft der Verläumder.
Und wenn je des Olympos Wächter der Menschen
Einen geehrt, so war Tantalos
dieser, allein er vermochte das
hohe Glük nicht zu tragen. Sättigung stürzte
ihn in die schrekliche Quaal, die
über ihn hängte der Vater —
jenen gewaltgen Fels. Ewig sein Haupt mit
schmetterndem Sturze bedrohend,
raubt er ihm jegliche Freude.

Mit dreien der vierte, duldet er diess
jammerbeladene Leben,
die ewigmühende Arbeit, weil er,
raubend den Himmlischen, Nektar
und Ambrosia, womit sie
unvergänglich ihn machten, seiner

θέν νιν. εἰ δὲ θεὸν ἀνήρ τις ἔλπεταί
   ⟨τι⟩ λαθέμεν ἔρδων, ἁμαρτάνει.
τοὖνεκα {οἱ} προῆκαν υἱὸν ἀθάνατοί ⟨οἱ⟩ πάλιν   65
μετὰ τὸ ταχύποτμον αὖτις ἀνέρων ἔθνος.
πρὸς εὐάνθεμον δ' ὅτε φυάν
λάχναι νιν μέλαν γένειον ἔρεφον,
ἑτοῖμον ἀνεφρόντισεν γάμον

Πισάτα παρὰ πατρὸς εὔδοξον Ἱπποδάμειαν   70
σχεθέμεν. ἐγγὺς {δ'} ἐλθὼν πολιᾶς ἁλὸς οἶος ἐν ὄρφνᾳ
ἄπυεν βαρύκτυπον
Εὐτρίαιναν· ὁ δ' αὐτῷ
πὰρ ποδὶ σχεδὸν φάνη.
τῷ μὲν εἶπε· 'Φίλια δῶρα Κυπρίας   75
   ἄγ' εἴ τι, Ποσείδαον, ἐς χάριν
τέλλεται, πέδασον ἔγχος Οἰνομάου χάλκεον,
ἐμὲ δ' ἐπὶ ταχυτάτων πόρευσον ἁρμάτων
ἐς Ἆλιν, κράτει δὲ πέλασον.
ἐπεὶ τρεῖς τε καὶ δέκ' ἄνδρας ὀλέσαις
μναστῆρας ἀναβάλλεται γάμον   80

θυγατρός. ὁ μέγας δὲ κίν-
   δυνος ἄναλκιν οὐ φῶτα λαμβάνει.
θανεῖν δ' οἶσιν ἀνάγκα, τά κέ τις ἀνώνυμον
γῆρας ἐν σκότῳ καθήμενος ἕψοι μάταν,
ἁπάντων καλῶν ἄμμορος; ἀλλ' ἐμοὶ
   μὲν οὗτος ἄεθλος
ὑποκείσεται· τὺ δὲ πρᾶξιν φίλαν δίδοι.'   85
ὣς ἔννεπεν· οὐδ' ἀκράντοις ἐφάψατο

Trinkgelage Ge-
nossen gab. Wer, Verborgnes sinnend,
den Unsterblichen
zu entrinnen hofft, irrt. Darum sendeten die Götter ihm
wieder den Sohn vom Olymp zum
kurzdauernden Geschlechte der
Menschen herab. Als nun in der
Jugend Reife der Bart das
Kinn ihm umschattete, strebt er
nach der bereiten Vermählung,

von Pisas Herrscher die hochberühmte
Hippodameia im Kampf zu
erringen. Nahend dem grauen Meere
einsam um Mitternacht, rief er
dem lauttosenden Erder-
schüttrer; und es erschien alsbald ihm
nahe stehend der
Gott. Da sprach er zu ihm: »wenn irgend
Dich noch Küpriens
holde Gaben erfreuen,
so hemme, Poseidaon, Oi-
nomaos eherne Lanze,
führe mich auf beflügeltem
Wagen in Elis Gefilde,
und verleih mir den Sieg. Denn
dreizehn der liebenden Männer
mordend, verschiebt er der Tochter

Heirath. Zweifelvolle Gefahr sinkt
nicht auf des Schwächlings Haupt. Wes des
Todes Nothwendigkeit harret,
was verzehrte — schleichend im Dunkel —
der vergebens ein ruhmentbehrendes Alter,
jegliches Schmukkes beraubt? Ich will
jezt diese Arbeit bestehen; doch
Du verleihe des Strebens süsses Gelingen.«
Sprachs, und es krönte die Bitte

ἔπεσι. τὸν μὲν ἀγάλλων θεός   86 b
ἔδωκεν δίφρον τε χρύσεον πτεροῖ-
    σίν τ' ἀκάμαντας ἵππους.

ἕλεν δ' Οἰνομάου βίαν παρθένον τε σύνευνον·   Δ'
ἔτεκε λαγέτας ἐξ ἀρεταῖσι μεμαότας υἱούς.
νῦν δ' ἐν αἱμακουρίαις   90
ἀγλααῖσι μέμικται,
'Αλφεοῦ πόρῳ κλιθείς,
τύμβον ἀμφίπολον ἔχων πολυξενω-
    τάτῳ παρὰ βωμῷ· τὸ δὲ κλέος
τηλόθεν δέδορκε τᾶν 'Ολυμπιάδων ἐν δρόμοις
Πέλοπος, ἵνα ταχυτὰς ποδῶν ἐρίζεται   95
ἀκμαί τ' ἰσχύος θρασύπονοι·
ὁ νικῶν δὲ λοιπὸν ἀμφὶ βίοτον
ἔχει μελιτόεσσαν εὐδίαν

ἀέθλων γ' ἕνεκεν· τὸ δ' αἰεὶ παράμερον ἐσλόν
ὕπατον ἔρχεται παντὶ βροτῶν. ἐμὲ δὲ στεφανῶσαι   100
κεῖνον ἱππίῳ νόμῳ
Αἰοληΐδι μολπᾷ
χρή· πέποιθα δὲ ξένον
μή τιν' ἀμφότερα καλῶν τε ἴδριν †ἅ-
    μα καὶ δύναμιν κυριώτερον
τῶν γε νῦν κλυταῖσι δαιδαλωσέμεν ὕμνων πτυχαῖς.   105
θεὸς ἐπίτροπος ἐὼν τεαῖσι μήδεται
ἔχων τοῦτο κᾶδος, 'Ιέρων,

holde Gewährung. Ihn ehrend
gab ihm der Gott den goldenen Wagen,
gab ihm der Rosse Gespann mit
nimmer ermüdendem Flügel.

Und er besiegte Oinomaos Macht,
nahm zu des Bettes Genossin
die Jungfrau, und erzeugte mit ihr sechs
Führer der Völker, von jeder
Tugend sorgsam gepflegt. Jezt,
an Alpheos Gestade ruhend,
ehrt ihn glänzende
Todtenfeier auf hocherhöhtem
Grabmahl, nahe am
fremdlingwimmelnden Altar.
Weit leuchtet des Olympischen
Kampfes Ruhm, da wo in Pelops
Rennbahn der Füsse Schnelligkeit
wetteifernd kämpft, und die Reife
arbeitseliger Stärke.
Aber dem Sieger umkränzt mit
heiterer Wonne die Palme

der Tage Ueberrest. Dieser nimmer
weichende Schmuk ist das Höchste,
was irgend einen Sterblichen krönt. Mir
aber geziemet es, Jenem
in Aeolischer Weise
rossepreisende Siegeshymnen
schön zum Kranze zu
flechten. Nimmer besing' ich wieder
mit des schallenden
Hymnos Fall einen Gastfreund —
soviel jezt leben — jegliches
Schönen so kundig, so mächtig
herrschend, als er. Ein schüzender
Gott bewacht, Hieron, — diess ist
seine Sorgfalt — Dein Streben.

μερίμναισιν· εἰ δὲ μὴ ταχὺ λίποι,
ἔτι γλυκυτέραν κεν ἔλπομαι

σὺν ἅρματι θοῷ κλεῖ-   110
   ζειν ἐπίκουρον εὑρὼν ὁδὸν λόγων
παρ' εὐδείελον ἐλθὼν Κρόνιον. ἐμοὶ μὲν ὦν
Μοῖσα καρτερώτατον βέλος ἀλκᾷ τρέφει·
†ἄλλοισι δ' ἄλλοι μεγάλοι· τὸ δ' ἔ-
   σχατον κορυφοῦται
βασιλεῦσι. μηκέτι πάπταινε πόρσιον.
εἴη σέ τε τοῦτον ὑψοῦ χρόνον πατεῖν,   115
ἐμέ τε τοσσάδε νικαφόροις   115b
ὁμιλεῖν πρόφαντον σοφίᾳ καθ' Ἑλ-
   λανας ἐόντα παντᾷ.

                                    •

                    ΘΗΡΩΝΙ ΑΚΡΑΓΑΝΤΙΝΩΙ ΑΡΜΑΤΙ

Ἀναξιφόρμιγγες ὕμνοι,   Α'
τίνα θεόν, τίν' ἥρωα, τίνα δ' ἄνδρα κελαδήσομεν;
ἤτοι Πίσα μὲν Διός· Ὀλυμπιάδα
   δ' ἔστασεν Ἡρακλέης
ἀκρόθινα πολέμου·
Θήρωνα δὲ τετραορίας ἕνεκα νικαφόρου   5
γεγωνητέον, ὄπι δίκαιον ξένων,
   ἔρεισμ' Ἀκράγαντος,
εὐωνύμων τε πατέρων ἄωτον ὀρθόπολιν·

καμόντες οἳ πολλὰ θυμῷ
ἱερὸν ἔσχον οἴκημα ποταμοῦ, Σικελίας τ' ἔσαν   10
ὀφθαλμός, αἰὼν δ' ἔφεπε μόρσιμος,

Wendet er plözlich sich nicht, so
hoffe ich, bald noch den süssren

Sieg im schnellen Wagen zu feiern;
leitende Pfade des Liedes
bahnend, zu Kronions hohem,
sonnenreichem Gipfel zu gehn. Mir
nährt die Muse der Pfeile stärksten mit Kraft. In
Andrem sind andere groß. Doch das
Höchste erhebt sich den Königen.
Weiter schweife der Blik nicht. Dir sei in dieser
schwindelnden Höhe zu wandern
lang noch vergönnet, und mir, mich
unter die Siegerringer zu mischen,
glänzend vor allen Hellenen
durch der Begeisterung Weisheit.

Wilhelm von Humboldt

Ihr Herrscher auf Harfen, ihr Hymnen!
Welchen Gott, welchen Heroen
Welchen Mann auch werden wir singen?
Da Pisa Jupiters ist,
Die Olympias aber
Gestiftet Herakles hat,
Das Erstlingsopfer des Kriegs:
Tyron aber der Tetraoria
Wegen der siegbringenden
Auszurufen ist mit der Stimme,
Der gerechte Fremdling,
Die Mauer Agragants,
Und wohlbenahmter Väter
Blüthe, der Stifter ist in der Stadt,

Erduldend die vieles mit Muth
Das Heilige hatten, das Haus
Des Flusses. Sikelias waren sie
Auge. Die Zeit geleitete
Die zuvorbestimmte Reichtum

πλοῦτόν τε καὶ χάριν ἄγων
γνησίαις ἐπ' ἀρεταῖς.
ἀλλ' ὦ Κρόνιε παῖ 'Ρέας, ἕδος 'Ολύμπου νέμων
ἀέθλων τε κορυφὰν πόρον τ' 'Αλφεοῦ,
   ἰανθεὶς ἀοιδαῖς   15
εὔφρων ἄρουραν ἔτι πατρίαν σφίσιν κόμισον

λοιπῷ γένει. τῶν δὲ πεπραγμένων
ἐν δίκᾳ τε καὶ παρὰ δίκαν ἀποίητον οὐδ' ἂν
Χρόνος ὁ πάντων πατὴρ
   δύναιτο θέμεν ἔργων τέλος·
λάθα δὲ πότμῳ σὺν εὐδαίμονι γένοιτ' ἄν.   20
ἐσλῶν γὰρ ὑπὸ χαρμάτων πῆμα θνᾴσκει
παλίγκοτον δαμασθέν,

ὅταν θεοῦ Μοῖρα πέμπῃ   Β'
ἀνεκὰς ὄλβον ὑψηλόν. ἕπεται δὲ λόγος εὐθρόνοις
Κάδμοιο κούραις, ἔπαθον αἱ μεγάλα·   25
   πένθος δὲ πίτνει βαρύ
κρεσσόνων πρὸς ἀγαθῶν.
ζώει μὲν ἐν 'Ολυμπίοις ἀποθανοῖσα βρόμῳ
κεραυνοῦ τανυέθειρα Σεμέλα, φιλεῖ
   δέ μιν Παλλὰς αἰεί
{φιλέοντι δὲ Μοῖσαι}
καὶ Ζεὺς πατήρ, μάλα φιλεῖ δὲ παῖς ὁ κισσοφόρος·   30

λέγοντι δ' ἐν καὶ θαλάσσᾳ
μετὰ κόραισι Νηρῆος ἁλίαις βίοτον ἄφθιτον
'Ινοῖ τετάχθαι τὸν ὅλον ἀμφὶ χρόνον.

Und Wohlgefallen bringend,
Die gediegenen Tugenden.
Aber, o Kronischer Sohn Rheas
Den Siz des Olympos verwaltend
Und der Preise Gipfel
Und den Ausgang des Alpheus
Erfreut von Gesängen
Wohlmeinend des Felds noch des väterlichen
Für jene nehme dich an

   Beim künftigen Geschlecht; den wirklichen aber
Im Recht und außer dem Recht
Unmöglich nicht
Chronos, von allen der Vater
Möge bestimmen den Werken ein Ende.
Vergessenheit aber im Schiksaal im wohlergehenden werde:
Denn unter edelen Freuden
Das Laid erstirbt das wiedergrollende gebändigt

   Wenn Gottes Wille sendet
Von oben her erhabenen Reichtum.
Es folget aber das Wort den wohlthronenden
Des Kadmos Töchtern, gelitten
Haben die Großes. Der Jammer
Aber fällt schwer
Auf größeres Gut.
Es lebt wohl unter Olympiern
Gestorben im Donner
Des Blizes die langgelokete
Semele; es liebt
Sie aber Pallas allezeit
Und Zevs der Vater am meisten; auch liebt
Der Sohn, der Epheutragende.

   Sie sagen aber im Meer auch
Mit den Mädchen des Nereus
Den kristallenen ein Leben unsterblich
Der Ino sei beschieden geworden
     die ganze Zeit umher. Freilich

ἤτοι βροτῶν γε κέκριται
πεῖρας οὔ τι θανάτου,
οὐδ' ἡσύχιμον ἀμέραν ὁπότε παῖδ' ἀελίου   35
ἀτειρεῖ σὺν ἀγαθῷ τελευτάσομεν·
   ῥοαὶ δ' ἄλλοτ' ἄλλαι
εὐθυμιᾶν τε μέτα καὶ πόνων ἐς ἄνδρας ἔβαν.

οὕτω δὲ Μοῖρ', ἅ τε πατρώϊον
τῶνδ' ἔχει τὸν εὔφρονα πότμον, θεόρτῳ σὺν ὄλβῳ   40
ἐπί τι καὶ πῆμ' ἄγει,
   παλιντράπελον ἄλλῳ χρόνῳ·
ἐξ οὗπερ ἔκτεινε Λᾷον μόριμος υἱός
συναντόμενος, ἐν δὲ Πυθῶνι χρησθέν
παλαίφατον τέλεσσεν.

ἰδοῖσα δ' ὀξεῖ' Ἐρινύς   Γ' 45
ἔπεφνέ οἱ σὺν ἀλλαλοφονίᾳ γένος ἀρήϊον·
λείφθη δὲ Θέρσανδρος ἐριπέντι Πολυ-
   νείκει, νέοις ἐν ἀέθλοις
ἐν μάχαις τε πολέμου
τιμώμενος, Ἀδραστιδᾶν θάλος ἀρωγὸν δόμοις·
ὅθεν σπέρματος ἔχοντα ῥίζαν πρέπει   50
   τὸν Αἰνησιδάμου
ἐγκωμίων τε μελέων λυρᾶν τε τυγχανέμεν.

Ὀλυμπίᾳ μὲν γὰρ αὐτός
γέρας ἔδεκτο, Πυθῶνι δ' ὁμόκλαρον ἐς ἀδελφεόν

Von Menschen entscheiden
Versuche nicht, welch einen Tod
Noch einen ruhigen Tag
Wenn wir, den Sohn der Sonne
Mit unverlaidetem Wohl
Beschließen werden.
Fluthen aber anderswoher andere
Mit Hofnungen und mit
Mühn sind über Männer gekommen.

So aber Fügung, welcher das väterliche
Von diesen zugehört, das wohlgesinnete Loos,
Mit gottgesendetem Reichtum
Hin auch irgend ein Laid bringt
Das wieder sich wandelt zu anderer Zeit,
Seitdem getödtet hat den Laios der verhängnißvolle Sohn,
Zusammentreffend, und jenes in
   Pytho geheiligte Urwort vollendet,

Zuschauend aber die schnelle Erinnis
Hat ihm getödtet mit Wechsel-
Mord ein kriegerisch Geschlecht:
Übrig geblieben ist aber Thersandros
  dem gefallenen Polynikes,
In jungem Kampfspiel
Und in Schlachten des Krieges
Gefürchtet, der Adrastiden
Stüzender Sproß in den Häußern.
Woher vom Saamen habend die
Wurzel, sich schikt
Daß Agesidamus
Lob und Gesang
Und Leier gewinne.

In Olympia nemlich er selbst
Den Preis empfieng. In Pytho
Aber zum gleichgelooseten Bruder

'Ισθμοῖ τε κοιναὶ Χάριτες ἄνθεα τε-   55
   θρίππων δυωδεκαδρόμων
ἀγαγον· τὸ δὲ τυχεῖν
πειρώμενον ἀγωνίας δυσφρονᾶν παραλύει.
ὁ μὰν πλοῦτος ἀρεταῖς δεδαιδαλμένος
   φέρει τῶν τε καὶ τῶν
καιρὸν βαθεῖαν ὑπέχων μέριμναν ἀγροτέραν,   60

ἀστὴρ ἀρίζηλος, ἐτυμώτατον
ἀνδρὶ φέγγος· εἰ δέ νιν ἔχων τις οἶδεν τὸ μέλλον,
ὅτι θανόντων μὲν ἐν-
   θάδ' αὐτίκ' ἀπάλαμνοι φρένες
ποινὰς ἔτεισαν – τὰ δ' ἐν τᾷδε Διὸς ἀρχᾷ
ἀλιτρὰ κατὰ γᾶς δικάζει τις ἐχθρᾷ   65
λόγον φράσαις ἀνάγκᾳ·

ἴσαις δὲ νύκτεσσιν αἰεί,   Δ'
ἴσαις δ' ἀμέραις ἅλιον ἔχοντες, ἀπονέστερον
ἐσλοὶ δέκονται βίοτον, οὐ χθόνα τα-
   ράσσοντες ἐν χερὸς ἀκμᾷ
οὐδὲ πόντιον ὕδωρ   70
κενεὰν παρὰ δίαιταν, ἀλλὰ παρὰ μὲν τιμίοις
θεῶν οἵτινες ἔχαιρον εὐορκίαις
   ἄδακρυν νέμονται
αἰῶνα, τοὶ δ' ἀπροσόρατον ὀκχέοντι πόνον.

ὅσοι δ' ἐτόλμασαν ἐστρὶς   75
ἑκατέρωθι μείναντες ἀπὸ πάμπαν ἀδίκων ἔχειν

Und auf dem Isthmos die gemeinsamen Charitinnen
    die Blüthen der Tethrippen
Der zwölfgelauften
Haben gebracht. Das Gelingen aber
Das gesuchte des Kampfs
Ist lähmend bei Mismuthigen.
Der Reichtum mit Tugenden
Gefunden
Bringt von ein und anderem
Das Glük, tief unten haltend
Die Sorge die wildere,

   Ein Gestirn wetteifernd, wahrhaftig
Dem Manne ein Licht. Wenn aber jenes besizt
Jemand, so weiß er das künftige.
Daß der gestorbenen hier
    plözlich die unbeholfenen Sinne
Strafen gelitten haben. Aber in dieser, in Jupiters Herrschaft
Die Frevel, auf Erden richtet
einer, feindlich dem Worte, möchtest du sagen in Noth.

   Gleich aber in Nächten allezeit
Und gleich in den Tagen, eine Sonne
    genießend müheloser
Trefliche wandeln ein Leben,
   nicht das Erdreich verwüstend
    mit Gewalt der Hände
Noch das Meeresgewässer,
Über jene Vorschrift hinaus; aber
    bei den Geehrten
Der Götter, welche sich erfreuen
    an Eidestreue
Thränenlos wandeln sie
Eine Zeit. Die aber unabsehbar
Tragen Arbeit,

   Welche aber ergreiffen das dritte
Von beeden Seiten bleibend,

ψυχάν, ἔτειλαν Διὸς ὁδὸν παρὰ Κρόνου τύρσιν· ἔνθα μακάρων
νᾶσον ὠκεανίδες
αὖραι περιπνέοισιν· ἄνθεμα δὲ χρυσοῦ φλέγει,
τὰ μὲν χερσόθεν ἀπ' ἀγλαῶν δενδρέων,   80
   ὕδωρ δ' ἄλλα φέρβει,
ὁρμοισι τῶν χέρας ἀναπλέκοντι καὶ στεφάνους

βουλαῖς ἐν ὀρθαῖσι Ῥαδαμάνθυος,
ὃν πατὴρ ἔχει μέγας ἑτοῖμον αὐτῷ πάρεδρον,
πόσις ὁ πάντων Ῥέας   85
   ὑπέρτατον ἐχοίσας θρόνον.
Πηλεύς τε καὶ Κάδμος ἐν τοῖσιν ἀλέγονται·
Ἀχιλλέα τ' ἔνεικ', ἐπεὶ Ζηνὸς ἦτορ
λιταῖς ἔπεισε, μάτηρ·

ὃς Ἕκτορα σφᾶλε, Τροίας   Ε'
ἄμαχον ἀστραβῆ κίονα, Κύκνον τε θανάτῳ πόρεν,   90
Ἀοῦς τε παῖδ' Αἰθίοπα. πολλά μοι ὑπ'
   ἀγκῶνος ὠκέα βέλη
ἔνδον ἐντὶ φαρέτρας
φωνάεντα συνετοῖσιν· ἐς δὲ τὸ πᾶν ἑρμανέων
χατίζει. σοφὸς ὁ πολλὰ εἰδὼς φυᾷ·
   μαθόντες δὲ λάβροι   95
παγγλωσσίᾳ κόρακες ὣς ἄκραντα γαρυέτων

Διὸς πρὸς ὄρνιχα θεῖον·
ἔπεχε νῦν σκοπῷ τόξον, ἄγε θυμέ· τίνα βάλλομεν

Durchaus von Ungerechtem ferne zu haben
Die Seele, erreichen Ju-
  piters Weg bei Kronos
    Burg wo der Seeligen
Insel okeaniden,
Lüfte umathmen; die Blüthe aber
    des Goldes flammt
Über dem Erdreich von
    glänzenden Bäumen,
Das Wasser aber anderes nährt,
Mit dem Halsgeschmeide dessen die Hände sie
  umwinden und mit Kronen

In Gedanken, rechten Radamanths,
Den der Vater hat Kronos als ge-
    wohnten ihm Beisizer
Der Gemahl der Rhea über alles
Den höchsten besizend, den Thron.
Peleus auch und Kadmos sind unter diesen bedacht,
Den Achilles erhub, nachdem
  Jupiters Brust den Bitten gehorcht hat, die Mutter.

  Der den Hector wankend machte, Trojas
Unüberwindliche unumkehrbare Säule,
Den Kyknos auch dem Tode gab
Und Aos Sohn Aethiops.
Viele mir unter dem Arme
    schnelle Pfeile
Innen im Köcher
Tönend beisammen sind; durchaus
Aber das Ausleger
Bedarf. Weis ist, wer vieles
Weiß von Natur.
Die Gelernten aber überfließend
Von Allberedsamkeit, Raaben gleich
Unnüzes zu schreien

  Zu Jupiters göttlichem Vogel.
Lenk ein nun gegen ein Ziel den Bogen

ἐκ μαλθακᾶς αὖτε φρενὸς εὐκλέας ὀ-
    ϊστοὺς ἱέντες; ἐπί τοι
Ἀκράγαντι τανύσαις   100
αὐδάσομαι ἐνόρκιον λόγον ἀλαθεῖ νόῳ,
τεκεῖν μή τιν' ἑκατόν γε ἐτέων πόλιν
    φίλοις ἄνδρα μᾶλλον
εὐεργέταν πραπίσιν ἀφθονέστερόν τε χέρα

Θήρωνος. ἀλλ' αἶνον ἐπέβα κόρος   105
οὐ δίκᾳ συναντόμενος, ἀλλὰ μάργων ὑπ' ἀνδρῶν,
τὸ λαλαγῆσαι θέλον
    κρυφὸν τιθέμεν ἐσλῶν καλοῖς
ἔργοις, ἐπεὶ ψάμμος ἀριθμὸν περιπέφευγεν,
καὶ κεῖνος ὅσα χάρματ' ἄλλοις ἔθηκεν,
τίς ἂν φράσαι δύναιτο;   110

*

ΨΑΥΜΙΔΙ ΚΑΜΑΡΙΝΑΙΩΙ ΑΠΗΝΗΙ

Ὑψηλᾶν ἀρετᾶν καὶ στεφάνων ἄωτον γλυκύν   Α'
τῶν Οὐλυμπίᾳ, Ὠκεανοῦ θύγατερ, καρδίᾳ γελανεῖ
ἀκαμαντόποδός τ' ἀπήνας δέκευ Ψαύμιός τε δῶρα·

ὃς τὰν σὰν πόλιν αὔξων, Καμάρινα, λαοτρόφον,
βωμοὺς ἓξ διδύμους ἐγέραρεν ἑορταῖς θεῶν μεγίσταις   5

Fasse dich, Geist. Wen werfen wir
Aus sanftem wieder dem Sinn
Die wohllautenden Pfeile
Sendend? nach
Agrigent hin spannend
Will ich singen das beschworene
Wort mit wahrem Gemüth,
Geboren habe nicht einen die hundert-
Jährige Stadt
Den Lieben einen Mann mehr
Wohlthätig mit dem Herzen,
Neidloser mit der Hand,

  Als Thyron. Aber das Lob durch gieng die Fülle
Nicht dem Rechte begegnend, son-
     dern unter übermüthigen Männern
Das helle Singen strebend
Geheim zu machen der Treflichen den bösen
Werken. Denn der Sand der Zahl entgeht.
Jener wie viel er Freuden andern
Gegeben, wer auszusprechen vermöcht' es?

Friedrich Hölderlin

PINDAROS ZUGESCHRIEBEN

Hoher Tugenden und
Olympischer Kränze
Süße Blüthen empfange,
Tochter des Oceans,
Mit freudewarmem Herzen,
Sie, unermüdeter Mäuler
Und des Psaumis Belohnung.
Der deiner Stadt Preis erwerbend,
Bevölkertes Kamarina,
Auf sechs Zwillingsaltären
Verherrlichte die Feste der Götter
Mit stattlichen Rindopfern

ὑπὸ βουθυσίαις ἀέθλων τε πεμπαμέροις ἀμίλλαις,

ἵπποις ἡμιόνοις τε μοναμπυκίᾳ τε. τὶν δὲ κῦδος ἀβρόν
νικάσας ἀνέθηκε, καὶ ὃν πατέρ' Ἀ-
  κρων' ἐκάρυξε καὶ τὰν νέοικον ἕδραν.

ἵκων δ' Οἰνομάου καὶ Πέλοπος παρ' εὐηράτων   Β'
σταθμῶν, ὦ πολιάοχε Παλλάς, ἀείδει μὲν ἄλσος ἁγνόν   10
τὸ τεὸν ποταμόν τε Ὤανον ἐγχωρίαν τε λίμναν

καὶ σεμνοὺς ὀχετούς, Ἵππαρις οἷσιν ἄρδει στρατόν
κολλᾷ τε σταδίων θαλάμων ταχέως ὑψίγυιον ἄλσος,
ὑπ' ἀμαχανίας ἄγων ἐς φάος τόνδε δᾶμον ἀστῶν·

αἰεὶ δ' ἀμφ' ἀρεταῖσι πόνος δαπάνα τε μάρναται πρὸς   15
  ἔργον
κινδύνῳ κεκαλυμμένον· ηὐ δ' ἔχοντες σοφοὶ καὶ πολίταις ἔδοξαν ἔμμεν.

Σωτὴρ ὑψινεφὲς Ζεῦ, Κρόνιόν τε ναίων λόφον   Γ'
τιμῶν τ' Ἀλφεὸν εὐρὺ ῥέοντα Ἰδαῖόν τε σεμνὸν ἄντρον,
ἱκέτας σέθεν ἔρχομαι Λυδίοις ἀπύων ἐν αὐλοῖς,

αἰτήσων πόλιν εὐανορίαισι τάνδε κλυταῖς   20
δαιδάλλειν, σέ τ', Ὀλυμπιόνικε, Ποσειδανίοισιν ἵπποις

Und Wettstreits fünftägigem Kampf
Auf Pferden, Mäulern und Springrossen,
Dir aber siegend
Lieblichen Ruhm bereitete,
Da seines Vaters Akrons
Name verkündet ward
Und deiner, neubewohnte Stätte.

Und neu herwandlend
Von des Oenomaus
Und des Pelops lieblichen Gründen
Völkerschützerin Pallas,
Besingt er deinen heiligen Hain,
Des Oanis Fluthen,
Des Vaterlandes See
Und die ansehnlichen Gänge,
In welchen die Völker
Hipparis tränket;
Schnell dann befestigt er
Wohlgegründeter Häuser
Hocherhabne Gipfel,
Führt aus der Niedrigkeit
Zum Licht rauf sein Bürgervolk.
Immer ringet an der Tugend Seite
Müh und Aufwand
Nach gefahrumhülltem Zwecke.
Und die Glücklichen
Scheinen weise den Menschen.

Erhalter, wolkenthronender Zeus,
Der du bewohnest Kronions Hügel,
Ehrest des Alpheus breitschwellende Fluthen
Und die Idäische heilige Höhle,
Bittend tret' ich vor dich
In lydischem Flöthen-Gesang,
Flehe, daß du der Stadt
Manneswerthen Ruhm befestigest.
Du dann, Olympussieger,

ἐπιτερπόμενον φέρειν γῆρας εὔθυμον, ἐς τελευτάν,

υἱῶν Ψαῦμι, παρισταμένων. ὑγίεντα δ' εἴ τις
   ὄλβον ἄρδει,
ἐξαρκέων κτεάτεσσι καὶ εὐλογίαν
   προστιθείς, μὴ ματεύσῃ θεὸς γενέσθαι.

*

ΑΓΗΣΙΔΑΜΩΙ ΛΟΚΡΩΙ ΕΠΙΖΕΦΥΡΙΩΙ ΠΑΙΔΙ ΠΥΚΤΗΙ

Ἔστιν ἀνθρώποις ἀνέμων ὅτε πλεῖστα
χρῆσις· ἔστιν δ' οὐρανίων ὑδάτων,
ὀμβρίων παίδων νεφέλας·
εἰ δὲ σὺν πόνῳ τις εὖ πράσσοι, μελιγάρυες ὕμνοι
ὑστέρων ἀρχὰ λόγων   5
τέλλεται καὶ πιστὸν ὅρκιον μεγάλαις ἀρεταῖς·

ἀφθόνητος δ' αἶνος Ὀλυμπιονίκαις
οὗτος ἄγκειται. τὰ μὲν ἀμετέρα
γλῶσσα ποιμαίνειν ἐθέλει,
ἐκ θεοῦ δ' ἀνὴρ σοφαῖς ἀνθεῖ πραπίδεσσιν ὁμοίως.   10
ἴσθι νῦν, Ἀρχεστράτου
παῖ, τεᾶς, Ἀγησίδαμε, πυγμαχίας ἕνεκεν

κόσμον ἐπὶ στεφάνῳ χρυσέας ἐλαίας
ἀδυμελῆ κελαδήσω,
Ζεφυρίων Λοκρῶν γενεὰν ἀλέγων.   15
ἔνθα συγκωμάξατ'· ἐγγυάσομαι
ὕμμιν, ὦ Μοῖσαι, φυγόξεινον στρατὸν
μηδ' ἀπείρατον καλῶν
ἀκρόσοφόν τε καὶ αἰχματὰν ἀφίξε-

Neptunischer Pferde
Freudmüthiger Reuter,
Lebe heiter dein Alter aus,
Rings von Söhnen, o Psaumis, umgeben.
Wem gesunder Reichthum zufloß
Und Besitzthumsfülle häufte
Und Ruhmnamen drein erwarb,
Wünsche nicht, ein Gott zu sein.

Johann Wolfgang von Goethe

An Agesidamus

Jetzt haben Menschen der Winde
Am meisten Noth; und jetzt der Wolkentöchter,
Der himmlichen Regenwasser.
Glücklich handelt
So, wer mit Arbeit Ruhm verdient; ihm werden
Süß erklingende Hymnen künftiger Gespräche
Anfang, großer Tugenden sie
Ein heiliger Eid.

Olympiens Siegern
Gebühret neidlos dieser Ruhm,
Auf dem nun unsre Zunge weiden will,
Verkünden es will.
Von Gott blühn weise Gedanken immerdar
In eines Mannes Brust.
Wisse denn, Archestratus Sohn,
Um deines Kampfes willen, o Agesidamus,
Flecht' ich dir zur Krone des goldnen Oelzweigs
Süsser Gesänge Zier;
Der Lokrier, der Epizephyrer, Volkstamm
Ehrend. Da, ihr Musen, da tanzt im Reihen! Ihr kommt da
Dies gelob' ich euch an, zu keinem Gastscheu'n Volke,
Keinem, das des Schönen unkundig, sondern
Das höchst weis' und tapfer von Stammes Art ist.

σθαι. τὸ γὰρ ἐμφυὲς οὔτ' αἴθων ἀλώπηξ
οὔτ' ἐρίβρομοι λέοντες διαλλάξαιντο ἦθος. 20

*

ΙΕΡΩΝΙ ΑΙΤΝΑΙΩΙ ΑΡΜΑΤΙ

Χρυσέα φόρμιγξ, Ἀπόλλωνος καὶ ἰοπλοκάμων Α΄
σύνδικον Μοισᾶν κτέανον· τᾶς ἀκούει
    μὲν βάσις ἀγλαΐας ἀρχά,
πείθονται δ' ἀοιδοὶ σάμασιν
ἀγησιχόρων ὁπόταν προοιμίων
    ἀμβολὰς τεύχῃς ἐλελιζομένα.
καὶ τὸν αἰχματὰν κεραυνὸν σβεννύεις 5
αἰενάου πυρός. εὕδει δ' ἀνὰ σκά-
    πτῳ Διὸς αἰετός, ὠκεῖ-
    αν πτέρυγ' ἀμφοτέρωθεν χαλάξαις,

ἀρχὸς οἰωνῶν, κελαινῶπιν δ' ἐπί οἱ νεφέλαν
ἀγκύλῳ κρατί, γλεφάρων ἀδὺ κλαΐ-
    θρον, κατέχευας· ὁ δὲ κνώσσων
ὑγρὸν νῶτον αἰωρεῖ, τεαῖς
ῥιπαῖσι κατασχόμενος. καὶ γὰρ βια- 10
    τὰς Ἄρης, τραχεῖαν ἄνευθε λιπών
ἐγχέων ἀκμάν, ἰαίνει καρδίαν
κώματι, κῆλα δὲ καὶ δαιμόνων θέλ-
    γει φρένας ἀμφί τε Λατοΐ-
    δα σοφίᾳ βαθυκόλπων τε Μοισᾶν.

ὅσσα δὲ μὴ πεφίληκε Ζεύς, ἀτύζονται βοάν
Πιερίδων ἀΐοντα, γᾶν τε καὶ πόν-
    τον κατ' ἀμαιμάκετον,

Art und Sitten aber, sie kann der rothe
Fuchs nicht ändern, noch auch der schrecklich brüllende Löwe.

Johann Gottfried Herder

Goldnes Kleinod, Laut'! Apollons
Gleichwie der Musen, viol-
farbumlockt, mitwaltendes Gut!
Dich vernimmt, anhebend die Feier, der Tritt; gern lauscht
Gleichfalls wer Gesang übt, deinem Wink,
Chorführender Weisen zuerst Vorspiele noch,
Wann du die anstimmest im Wirbelgetön.
Ja, dir lischt auch, ew'ger Glut voll, aus der viel-
zackige Donner, es schläft
Ein auf Zeus Goldscepter der Adler, gesenkt
Rasch eilender Fittige Paar
Rechts und links hin,

Er, des Luftvolks Oberherr. Du
Hast ein umdunkelnd Gewölk
Ihm auf sein braunschnablichtes Haupt,
Wimpern süß zuschließend, ergoßen. Im Schlafrausch nun
Weich anschwellend wiegt sein Rücken sich
Kraft deines melodischen Schlags. Ares auch, sonst
Voll Gewaltthat, läßet nun fahren des Speers
Rauhe Kriegsarbeit; ihm soll Ausruhn das Herz
Laben; der Töne Geschoß,
Göttersinn selbst zaubert es um, von der Kunst
Ausfliegend Apolls und der voll-
bus'gen Jungfrau'n.

Aber sie alle, die Zeus nicht
Liebte, bang auffahren sie,
Hörend pierischen Jubel,
Rings wo Erd' hinreicht und in Oeden des Meers.

ὅς τ' ἐν αἰνᾷ Ταρτάρῳ κεῖται, θεῶν πολέμιος,   15
Τυφὼς ἑκατοντακάρανος· τόν ποτε
Κιλίκιον θρέψεν πολυώνυμον ἄντρον· νῦν γε μάν
ταί θ' ὑπὲρ Κύμας ἁλιερκέες ὄχθαι
Σικελία τ' αὐτοῦ πιέζει
    στέρνα λαχνάεντα· κίων δ' οὐρανία συνέχει,
νιφόεσσ' Αἴτνα, πάνετες χιόνος ὀξείας τιθήνα·   20

τᾶς ἐρεύγονται μὲν ἀπλάτου πυρὸς ἁγνόταται   Β'
ἐκ μυχῶν παγαί· ποταμοὶ δ' ἀμέραισιν
    μὲν προχέοντι ῥόον καπνοῦ
αἴθων'· ἀλλ' ἐν ὀρφναισιν πέτρας
φοίνισσα κυλινδομένα φλὸξ ἐς βαθεῖ-
    αν φέρει πόντου πλάκα σὺν πατάγῳ.
κεῖνο δ' Ἀφαίστοιο κρουνοὺς ἑρπετόν   25
δεινοτάτους ἀναπέμπει· τέρας μὲν
    θαυμάσιον προσιδέσθαι,
    θαῦμα δὲ καὶ παρεόντων ἀκοῦσαι,

οἷον Αἴτνας ἐν μελαμφύλλοις δέδεται κορυφαῖς
καὶ πέδῳ, στρωμνὰ δὲ χαράσσοισ' ἅπαν νῶ-
    τον ποτικεκλιμένον κεντεῖ.
εἴη, Ζεῦ, τὶν εἴη ἁνδάνειν,
ὃς τοῦτ' ἐφέπεις ὄρος, εὐκάρποιο γαί-   30
    ας μέτωπον, τοῦ μὲν ἐπωνυμίαν
κλεινὸς οἰκιστὴρ ἐκύδανεν πόλιν
γείτονα, Πυθιάδος δ' ἐν δρόμῳ κά-
    ρυξ ἀνέειπέ νιν ἀγγέλ-
    λων Ἱέρωνος ὑπὲρ καλλινίκου

So der Gott-feindsel'ge, der dort
Grausam Tartaros im Schlund
Liegt, hundertgehauptet, der Typhos; welchen einst,
Vielbenamt, aufzog die kili-
kische Waldgruft; aber nun
Drückt die Brust voll Zotten Sikelien ihm, und
Jenes Gestad' auch, oberhalb nächst
Kumä, meerabdämmend; Aetna's
Himmlische Säule zugleich,
Die der Schneelast Pflegerin ist,
Wie sie beschneit steht all das Jahr durch.

Deren Abgrund stets unnahbar'n
Feuers geheiligten Quell
Tief herauf aussprudelt: am Tag
Gießt der Strom schwarzglimmende Flüße des Rauchdampfs
                                              weit
Hin; dann Nachts erhebt steinwälzend bald
Purpurn ihr Gewirbel die Lohflamme, stürzt
Bald in Meers Grund praßelnd die Felsen hinab.
Jenes Unthier hegt den Brunnquell, schrecklich wie
Keins, von Hephästos Gewalt.
Wunder ist's, Anstaunen erregend, zu schaun,
Denkwürdig dem Nahenden auch,
Dessen Ohr hört,

Wie ihm schwer aufliegt des Bergs schwarz-
laubiger Gipfel und Fuß,
Feßelnd; sein rauhklippiges Bett
Stets den weithinstarrenden Rücken ihm wund aufreißt.
Gieb, Zeus! gieb du huldreich gut Gedeihn!
Obwaltend dem Aetna, der rings saatvollen Au'n
Hoher Stirn, des Namen der gränzenden Stadt
Schmückend ihr Urheber auskor, herrlich selbst.
Nun in der pythischen Bahn
Haben schon Herolde die neue genannt,
Ausrufend von Hiero's halb,
Den der Sieg krönt

ἅρμασι. ναυσιφορήτοις δ' ἀνδράσι πρῶτα χάρις
ἐς πλόον ἀρχομένοις πομπαῖον ἐλθεῖν
  οὖρον· ἐοικότα γάρ
καὶ τελευτᾷ φερτέρου νόστου τυχεῖν. ὁ δὲ λόγος   35
ταύταις ἐπὶ συντυχίαις δόξαν φέρει
λοιπὸν ἔσσεσθαι στεφάνοισί ν⟨ιν⟩ ἵπποις τε κλυτάν
καὶ σὺν εὐφώνοις θαλίαις ὀνυμαστάν.
Λύκιε καὶ Δάλοι' ἀνάσσων
  Φοῖβε Παρνασσοῦ τε κράναν Κασταλίαν φιλέων,
ἐθελήσαις ταῦτα νόῳ τιθέμεν εὔανδρόν τε χώραν ...   40

*

ΤΕΛΕΣΙΚΡΑΤΕΙ ΚΥΡΗΝΑΙΩΙ ΟΠΛΙΤΟΔΡΟΜΩΙ

Ἐθέλω χαλκάσπιδα Πυθιονίκαν   Α'
σὺν βαθυζώνοισιν ἀγγέλλων
Τελεσικράτη Χαρίτεσσι γεγωνεῖν
ὄλβιον ἄνδρα διωξίππου στεφάνωμα Κυράνας·
τὰν ὁ χαιτάεις ἀνεμοσφαράγων   5
  ἐκ Παλίου κόλπων ποτὲ Λατοΐδας
ἅρπασ', ἔνεικέ τε χρυσέῳ παρθένον ἀγροτέραν
δίφρῳ, τόθι νιν πολυμήλου   6a
καὶ πολυκαρποτάτας θῆκε δέσποιναν χθονός
ῥίζαν ἀπείρου τρίταν εὐ-
  ήρατον θάλλοισαν οἰκεῖν.

ὑπέδεκτο δ' ἀργυρόπεζ' Ἀφροδίτα
Δάλιον ξεῖνον θεοδμάτων   10

Mit dem Geschirr. Es erwünscht als
Erste Gunst seefahrend Volk,
Daß in der Reise Beginn ihm
Guter Fahrwind wehe: denn glaublich erscheint's,
Auch der Heimkehr Ziel demnach sei
Jedem glücklicher bestimmt.
Drum bringet ein solcher Gewinn nicht eitlen Wahn,
Auch in Zukunft werde die Stadt
In des Roßkampfs Kränzen hoch,
Sammt des Siegs schönjubelnden Festen, berühmt sein.
Lykischer Gott, der Delos sein nennt,
Phöbos, auf Parnassos Berghöh'
Hold dem kastalischen Quell!
O gewähr' uns dieses, und heg'
In dem Gemüth solch edlen Wohnort.

August Wilhelm von Schlegel

An Telesikrates, aus Kyrene, der im bewafneten Laufe gesiegt hatte

Den schildbewafneten Sieger im Pythischen Kampf,
Telesikrates, will ich singen,
verkünden mit der tiefgegürteten Charitinnen Gunst,
ihn, den dreimalbeglückten Mann,
der rossetummelnden Kyrene Schmuck;
die aus des Pelios
winddurchbrausten Tiefen
einst der lockenumwallte Latoide
raubte, die Freundin der Jagd,
und, sie auf goldnem Wagen entführend,
zu des heerdenreichen,
fruchtbaren Landes
Herrscherin machte,
dass sie glücklich des Erdkreises dritte,
liebliche Wurzel bewohne.

Da empfieng den Delischen Fremdling
die silberfüssige Aphrodite, und enthub

ὀχέων ἐφαπτομένα χερὶ κούφᾳ·
καί σφιν ἐπὶ γλυκεραῖς εὐναῖς ἐρατὰν βάλεν αἰδῶ,
ξυνὸν ἁρμόζοισα θεῷ τε γάμον
    μιχθέντα κούρᾳ θ' Ὑψέος εὐρυβίᾳ
ὃς Λαπιθᾶν ὑπερόπλων τουτάκις ἦν βασιλεύς,
ἐξ Ὠκεανοῦ γένος ἥρως   14 a
δεύτερος· ὃν ποτε Πίνδου κλεενναῖς ἐν πτυχαῖς   15
Ναῒς εὐφρανθεῖσα Πηνει-
    οῦ λέχει Κρέοισ' ἔτικτεν,

Γαίας θυγάτηρ. ὁ δὲ τὰν εὐώλενον
θρέψατο παῖδα Κυράναν· ἁ μὲν οὔθ' ἱ-
    στῶν παλιμβάμους ἐφίλησεν ὁδούς,
οὔτε δείπνων †οἰκουριᾶν μεθ' ἑταιρᾶν τέρψιας
ἀλλ' ἀκόντεσσίν τε χαλκέοις   20
φασγάνῳ τε μαρναμένα κεράϊζεν ἀγρίους
θῆρας, ἦ πολλάν τε καὶ ἡσύχιον
βουσὶν εἰρήναν παρέχοισα πατρῴαις,
    τὸν δὲ σύγκοιτον γλυκύν
παῦρον ἐπὶ γλεφάροις
ὕπνον ἀναλίσκοισα ῥέποντα πρὸς ἀῶ.   25

κίχε νιν λέοντί ποτ' εὐρυφαρέτρας   Β'
ὀβρίμῳ μούναν παλαίοισαν
ἄτερ ἐγχέων ἑκάεργος Ἀπόλλων.
αὐτίκα δ' ἐκ μεγάρων Χίρωνα προσήνεπε φωνᾷ·
'σεμνὸν ἄντρον, Φιλυρίδα προλιπὼν   30
    θυμὸν γυναικὸς καὶ μεγάλαν δύνασιν
θαύμασον, οἷον ἀταρβεῖ νεῖκος ἄγει κεφαλᾷ,

mit leichtberührenden Händen beide dem Götterwagen.
Ueber das süsse Lager
goss sie ihnen erröthende Scheu,
und gesellte in heilger Vermählung
dem Gotte das Mädchen bei,
Hypseus, des weitwaltenden, Tochter.
Der übermüthigen Lapithen König,
herrschte damals der Held,
der zweite von Okeanos Abkunft.
Ihn gebahr einst in des Pindos
herrlichen Thälern,
sich des Peneus Umarmung erfreuend,
die Najade Kreusa,

der Erde Tochter. Er aber erzeugte
die schönarmige Jungfrau Kyrene.
Nimmer liebte sie des Gewebes
ewig wiederkehrende Wege,
nicht, an der Gespielinnen Seite,
des häuslichen Mahles Ergötzung.
Aber mit ehernem Wurfspiess
und mit dem Schwerte kämpfend,
verscheuchte sie die Thiere des Waldes,
sichre, friedliche Ruhe
den väterlichen Heerden bereitend.
Wenig kostete sie des süssen Schlafes,
des Lagergenossen, wenn er entgegen der dämmernden
Frühe die Augenwimpern ihr senkte.

Und es fand sie mit dem furchtbaren Leuen
einsam und unbewafnet ringen
einst — auf der Schulter den mächtigen Köcher —
der Fernhintreffer Apollon.
Plötzlich rief er den Chiron
aus dem Gemach, und sprach:
»Bewundre des Weibes Muth,
und ihre mächtige Kraft,
wie sie mit furchtlosschauendem Haupte

μόχθου καθύπερθε νεᾶνις   31 a
ἦτορ ἔχοισα· φόβῳ δ' οὐ κεχείμανται φρένες.
τίς νιν ἀνθρώπων τέκεν; ποί-
    ας δ' ἀποσπασθεῖσα φύτλας

ὀρέων κευθμῶνας ἔχει σκιοέντων,
γεύεται δ' ἀλκᾶς ἀπειράντου;   35
ὁσία κλυτὰν χέρα οἱ προσενεγκεῖν
ἦρα καὶ ἐκ λεχέων κεῖραι μελιαδέα ποίαν;'
τὸν δὲ Κένταυρος ζαμενής, ἀγανᾷ
    χλοαρὸν γελάσσαις ὀφρύϊ, μῆτιν ἑάν
εὐθὺς ἀμείβετο· 'κρυπταὶ κλαΐδες ἐντὶ σοφᾶς
Πειθοῦς ἱερᾶν φιλοτάτων,   39 a
Φοῖβε, καὶ ἔν τε θεοῖς τοῦτο κἀνθρώποις ὁμῶς   40
αἰδέοντ', ἀμφανδὸν ἀδεί-
    ας τυχεῖν τὸ πρῶτον εὐνᾶς.

καὶ γὰρ σέ, τὸν οὐ θεμιτὸν ψεύδει θιγεῖν,
ἔτραπε μείλιχος ὀργὰ παρφάμεν τοῦ-
    τον λόγον. κούρας δ' ὁπόθεν γενεάν
ἐξερωτᾷς, ὦ ἄνα; κύριον ὃς πάντων τέλος
οἶσθα καὶ πάσας κελεύθους·   45
ὅσσα τε χθὼν ἠρινὰ φύλλ' ἀναπέμπει, χὠπόσαι
ἐν θαλάσσᾳ καὶ ποταμοῖς ψάμαθοι
κύμασιν ῥιπαῖς τ' ἀνέμων κλονέονται,
    χὠ τι μέλλει, χὠπόθεν
ἔσσεται, εὖ καθορᾷς.
εἰ δὲ χρὴ καὶ πὰρ σοφὸν ἀντιφερίξαι,   50

den Kampf vollbringt. Warlich ein Herz,
über die Arbeit erhaben,
trägt die Jungfrau. Keine Furcht
umstürmt ihren Busen.
Wer der Menschen gebahr sie?
Von welchem Stamm entsprossen,

bewohnt sie des Waldgebirgs schattige Tiefen?
Unendlicher Kraft geniesst sie.
Erlaubt es die Sitte,
die Götterhand ihr zu nahen,
die honigsüsse Frucht
ihrer Umarmung zu pflücken?«
Da erwiederte, sanftlächelnd
unter den milden Augenbrauen, ihm,
nach seines Rathschlusses Tiefe, der ernste Kentaure:
»Heimliche Schlüssel giebt es
weiser Ueberredung zur heiligen Liebe,
o Phöbus, und unter der Menschen
und der Götter Geschlechte zugleich
verbeut die Schaam, ohne verhüllenden Schleier,
zuerst das süsse Lager zu kosten.

Denn auch Dich, den die Lüge nimmer berühret,
trieb die verführende Sehnsucht,
diese Rede zu wagen.
Aber der Jungfrau Abkunft,
warum erkundest Du sie, o Herrscher?
der Du aller Dinge schicksalbestimmtes Ende
weissest, und jegliche Pfade;
wieviele Blätter des Frühlings
die Erde hervorsprosst,
wieviel Körner des Sands im Meer und den Strömen
der Wogen Sturz und der Winde wälzt,
der Du, was zu werden bestimmt ist,
und, wann es geschehen wird, kennst. —
Aber ziemt es sich dennoch, sich mit dem Weisen zu messen,

ἐρέω· ταῦτα πόσις ἵκεο βᾶσσαν   Γ΄
τάνδε, καὶ μέλλεις ὑπὲρ πόντου
Διὸς ἔξοχον ποτὶ κᾶπον ἐνεῖκαι·
ἔνθα νιν ἀρχέπολιν θήσεις, ἐπὶ λαὸν ἀγείραις
νασιώταν ὄχθον ἐς ἀμφίπεδον·   55
   νῦν δ' εὐρυλείμων πότνιά σοι Λιβύα
δέξεται εὐκλέα νύμφαν δώμασιν ἐν χρυσέοις
πρόφρων· ἵνα οἱ χθονὸς αἶσαν   56a
αὐτίκα συντελέθειν ἔννομον δωρήσεται,
οὔτε παγκάρπων φυτῶν νά-
   ποινον οὔτ' ἀγνῶτα θηρῶν.

τόθι παῖδα τέξεται, ὃν κλυτὸς Ἑρμᾶς
εὐθρόνοις Ὥραισι καὶ Γαίᾳ   60
ἀνελὼν φίλας ὑπὸ ματέρος οἴσει.
ταὶ δ' ἐπιγουνίδιον θαησάμεναι βρέφος αὐταῖς,
νέκταρ ἐν χείλεσσι καὶ ἀμβροσίαν
   στάξοισι, θήσονταί τέ νιν ἀθάνατον,
Ζῆνα καὶ ἁγνὸν Ἀπόλλων', ἀνδράσι χάρμα φίλοις
ἄγχιστον ὀπάονα μήλων,   64a
Ἀγρέα καὶ Νόμιον, τοῖς δ' Ἀρισταῖον καλεῖν.'   65
ὣς ἄρ' εἰπὼν ἔντυεν τερ-
   πνὰν γάμου κραίνειν τελευτάν.

ὠκεῖα δ' ἐπειγομένων ἤδη θεῶν
πρᾶξις ὁδοί τε βραχεῖαι. κεῖνο κεῖν' ἄ-
   μαρ διαίτασεν· θαλάμῳ δὲ μίγεν
ἐν πολυχρύσῳ Λιβύας· ἵνα καλλίσταν πόλιν

so will ich es sagen. Der Gatte dieser
kamst Du in dieses Thal,
sie jenseits des Meers
in Zeus auserwählten Garten zu führen.
Dort wirst Du zur Königin von Städten sie machen,
auf den ringsumschauenden Hügel
versammelnd das Inselvolk.
Im goldnen Gemache
wird die triftenreiche erhabne Libya
die herrliche Braut Dir
gütig empfangen, und alsbald
— dass sie gesetzlich mit ihr ihn beherrsche —
einen Theil des Landes ihr schenken,
der nicht arm an früchtereichen Gewächsen,
noch fremd den Thieren des Feldes sey.

Dort wird einen Sohn sie gebähren,
den der erhabene Hermes,
von der geliebten Mutter ihn nehmend,
den goldenthronenden Horen und der Erde bringt.
Sie, den Knaben auf die Knie sich setzend,
werden Nektar ihm in die Lippen,
und Ambrosia träufeln,
und zum unsterblichen Zeus
ihn erheben, und zum reinen Apollon,
dass er die Freude der Menschen,
der treuste Begleiter der Heerden,
der Jagd und der Triften Beschützer,
aber Aristäos bei anderen heisse.«
Also redend trieb er den Gott
der Vermählung liebliches Band zu knüpfen.

Schnell ist der eilenden Götter
Vollbringung und kurz ihre Pfade.
Jenes entschied jener Tag.
In Libyens goldumschimmertem Brautgemach
umarmten sie sich,
da, wo sie die schönste der Städte,

ἀμφέπει κλεινάν τ' ἀέθλοις.   70
καί νυν ἐν Πυθῶνί νιν ἀγαθέα Καρνειάδα
υἱὸς εὐθαλεῖ συνέμειξε τύχᾳ·
ἔνθα νικάσαις ἀνέφανε Κυράναν,
   ἅ νιν εὔφρων δέξεται
καλλιγύναικι πάτρᾳ
δόξαν ἱμερτὰν ἀγαγόντ' ἀπὸ Δελφῶν.   75

ἀρεταὶ δ' αἰεὶ μεγάλαι πολύμυθοι·   Δ'
βαιὰ δ' ἐν μακροῖσι ποικίλλειν
ἀκοὰ σοφοῖς· ὁ δὲ καιρὸς ὁμοίως
παντὸς ἔχει κορυφάν. ἔγνον ποτὲ καὶ Ἰόλαον
οὐκ ἀτιμάσαντά νιν ἑπτάπυλοι   80
   Θῆβαι· τόν, Εὐρυσθῆος ἐπεὶ κεφαλάν
ἔπραθε φασγάνου ἀκμᾷ, κρύψαν ἔνερθ' ὑπὸ γᾶν
διφρηλάτα Ἀμφιτρύωνος   81a
σάματι, πατροπάτωρ ἔνθα οἱ Σπαρτῶν ξένος
κεῖτο, λευκίπποισι Καδμείων μετοικήσαις ἀγυιαῖς.

τέκε οἱ καὶ Ζηνὶ μιγεῖσα δαΐφρων
ἐν μόναις ὠδῖσιν Ἀλκμήνα   85
διδύμων κρατησίμαχον σθένος υἱῶν.
κωφὸς ἀνήρ τις, ὃς Ἡρακλεῖ στόμα μὴ περιβάλλει,
μηδὲ Διρκαίων ὑδάτων ἀὲ μέ-
   μναται, τά νιν θρέψαντο καὶ Ἰφικλέα
τοῖσι τέλειον ἐπ' εὐχᾷ κωμάσομαί τι παθών
ἐσλόν. Χαρίτων κελαδεννᾶν   89a
μή με λίποι καθαρὸν φέγγος. Αἰγίνᾳ τε γάρ   90

die hochberühmte in Kämpfen, umwaltet.
Und auch nun in der göttlichen Pytho
gesellte Karneades Sohn
einem herrlich blühenden Glücke sie bei,
als er siegend Kyrene verkündete.
Wohlwollend empfängt sie ihn nun, wenn er
seinem reich mit schönen Weibern prangenden Vaterland
lieblichen Ruhm von Delphi entgegenführt.

Lang zu verkünden sind erhabene Tugenden.
Aber in Grossem Weniges glänzend bezeichnen ist Genuss
dem Weisen. Doch überall herrscht
der Gelegenheit schicklicher Augenblick.
Diesen nicht sorglos verachten
sahe den Jolaos
einst die siebenthorige Thebe,
den sie, als er Eurystheus Haupt
nieder mit des Schwertes Schärfe gemäht,
in des wagentummelnden Amphitryons Grabmal
unter der Erde verbarg,
da wo des Vaters Vater ihm ruhte,
der Gastfreund der drachengesäeten Männer,
der der rosseprangenden Kadmeer Strassen
einst sich zum Wohnsitz gewählet.

Von seiner und Kronions Umarmung gebahr
in Einem Geburtsschmerz die kluge Alkmene
der Zwillingssöhne kampfausharrende Stärke.
Stumm wäre der Mann, der dem Herakles
nicht stets seine Stimme weihte,
nicht der Dirkeischen Gewässer
immer gedächte, die ihn
erzogen und Iphikles.
Reichliche Wohlthat von ihnen empfangend,
will ich, dem Gelübde folgsam, sie feiern.
Möge nur nie der weitschallenden Charitinnen
reines Licht mich verlassen.
Denn in Aegina, sag' ich,

φαμὶ Νίσου τ' ἐν λόφῳ τρὶς
  δὴ πόλιν τάνδ' εὐκλεΐξαι,

σιγαλὸν ἀμαχανίαν ἔργῳ φυγών·
οὕνεκεν, εἰ φίλος ἀστῶν, εἴ τις ἀντά-
  εις, τό γ' ἐν ξυνῷ πεπονα μένον εὖ
μὴ λόγον βλάπτων ἀλίοιο γέροντος κρυπτέτω·
κεῖνος αἰνεῖν καὶ τὸν ἐχθρόν   95
παντὶ θυμῷ σύν τε δίκᾳ καλὰ ῥέζοντ' ἔννεπεν.
πλεῖστα νικάσαντά σε καὶ τελεταῖς
ὡρίαις ἐν Παλλάδος εἶδον ἄφωνοί
  θ' ὡς ἕκασται φίλτατον
παρθενικαὶ πόσιν ἢ
υἱὸν εὔχοντ', ὦ Τελεσίκρατες, ἔμμεν,   100

ἐν {τ'} Ὀλυμπίοισί τε καὶ βαθυκόλπου   Ε'
Γᾶς ἀέθλοις ἔν τε καὶ πᾶσιν
ἐπιχωρίοις. ἐμὲ δ' οὖν τις ἀοιδᾶν
δίψαν ἀκειόμενον πράσσει χρέος, αὖτις ἐγεῖραι
καὶ παλαιὰν δόξαν ἐῶν προγόνων·   105
  οἷοι Λιβύσσας ἀμφὶ γυναικὸς ἔβαν
Ἴρασα πρὸς πόλιν, Ἀνταίου μετὰ καλλίκομον
μναστῆρες ἀγακλέα κούραν   106 a
τὰν μάλα πολλοὶ ἀριστῆες ἀνδρῶν αἴτεον
σύγγονοι, πολλοὶ δὲ καὶ ξεί-
  νων. ἐπεὶ θαητὸν εἶδος

ἔπλετο· χρυσοστεφάνου δέ οἱ Ἥβας
καρπὸν ἀνθήσαντ' ἀποδρέψαι   110
ἔθελον. πατὴρ δὲ θυγατρὶ φυτεύων
κλεινότερον γάμον, ἄκουσεν Δαναὸν ποτ' ἐν Ἄργει

und auf dem Hügel des Nisos verherrlichte
dreimal diese Stadt Telesikrates,

sprachloser Verlegenheit durch Thaten entfliehend.
Darum, wenn einer der Bürger ihm Freund,
wenn einer ihm Gegner ist,
so müss' er doch nie,
des Meergreises Spruch verletzend,
ihm das herrlich Gelungne verhüllen.
Denn auch den Feind gebot jener
mit herzlichem Sinn, und nach dem Rechte,
wenn er etwas Schönes vollbracht, zu preisen.
Und ich sah Dich auch in der Pallas
jährlich wiederkehrender Feier
mächtig siegen — dass jegliche Jungfrau
heimlich sich Dich zum geliebten Gatten,
o Telesikrates, oder zum Sohn ersehnte —

und in Olympias und der tiefbusigten Erde
Kämpfen und in den einheimischen allen.
Aber mich, der ich den Durst
nach Gesängen heile,
fordert jetzt einer, dass ich der Väter
alten Ruhm ihm erwecke,
wie um die Libysche Jungfrau
zur Stadt Irasa einst
die Freier kamen
zu Antäos lockenumwallter,
herrlicher Tochter.
Viele der ersten der Männer
warben um sie, viele verwandten Stamms,
viel auch der Fremden;
denn staunenswürdig war ihre Gestalt.

Es gelüstete sie der goldumkränzten Jugend
blühende Frucht zu pflücken.
Aber der Vater, eine herrlichere Vermählung
der Tochter bereitend,
hörte von dem Argivischen Danaos,

οἶον εὗρεν τεσσαράκοντα καὶ ὀκ-
    τὼ παρθένοισι πρὶν μέσον ἆμαρ, ἑλεῖν
ὠκύτατον γάμον· ἔστασεν γὰρ ἅπαντα χορόν
ἐν τέρμασιν αὐτίκ' ἀγῶνος·   114 a
σὺν δ' ἀέθλοις ἐκέλευσεν διακρῖναι ποδῶν,   115
ἅντινα σχήσοι τις ἡρώ-
    ων, ὅσοι γαμβροί σφιν ἦλθον.

οὕτω δ' ἐδίδου Λίβυς ἁρμόζων κόρᾳ
νυμφίον ἄνδρα· ποτὶ γραμμᾷ μὲν αὐτὰν
    στᾶσε κοσμήσαις, τέλος ἔμμεν ἄκρον,
εἶπε δ' ἐν μέσσοις ἀπάγεσθαι, ὃς ἂν πρῶτος θορών
ἀμφί οἱ ψαύσειε πέπλοις.   120
ἔνθ' Ἀλεξίδαμος, ἐπεὶ φύγε λαιψηρὸν δρόμον,
παρθένον κεδνὰν χερὶ χειρὸς ἑλών
ἆγεν ἱππευτᾶν Νομάδων δι' ὅμιλον.
    πολλὰ μὲν κεῖνοι δίκον
φύλλ' ἔπι καὶ στεφάνους·
πολλὰ δὲ πρόσθεν πτερὰ δέξατο νικᾶν.   125

●

ΘΡΑΣΥΔΑΙΩΙ ΘΗΒΑΙΩΙ ΠΑΙΔΙ ΣΤΑΔΙΕΙ

Κάδμου κόραι, Σεμέλα μὲν Ὀλυμπιάδων ἀγυιᾶτι,   Α'
Ἰνὼ δὲ Λευκοθέα
    ποντιᾶν ὁμοθάλαμε Νηρηΐδων,
ἴτε σὺν Ἡρακλέος ἀριστογόνῳ
    ματρὶ πὰρ Μελίαν χρυσέων ἐς ἄδυτον τριπόδων
θησαυρόν, ὃν περίαλλ' ἐτίμασε Λοξίας,   5

wie seinen acht und vierzig Töchtern,
ch' noch der Tag die Mitte
seines Laufes ereilte,
eine schnelle Hochzeit er fand.
Er stellte den ganzen Reigen
alsbald an das Ende der Rennbahn.
Dann gebot er, mit der Füsse
Wettstreit zu entscheiden,
welche jeder der Helden nähme,
soviel ihm der Eidame kamen.

So auch gab der Libyer
einen Gatten der Tochter.
Geschmückt stellt' er sie an das Ziel,
der letzte Lohn zu seyn.
Dann sprach er zu allen: »es führe sie hin,
wer, vorüber den andern eilend,
zuerst ihr Gewand berührt.«
Da ergriff Alexidamos,
hinfliegend im leichten Lauf,
der edlen Jungfrau Hand mit der seinen,
und führte sie durch der rossezähmenden Nomaden Haufen.
Dicht bewarfen sie ihn
mit Laub und mit Kränzen.
Viele Flügel des Siegs hatt' er schon vormals empfangen.

Wilhelm von Humboldt

AN THRASYDÄUS

Kadmus Töchter, Semele,
Der Olympierinnen Genossin nun,
Und Ino-Leukothea, jetzt
Der Meeresgöttinen Gespielin;
Geht mit Herkules edler Mutter
Zur Melia hin, zu dem Schatz
Goldener Tripoden, ins Heiligthum,
Das herrlich Apollo geweiht,

'Ισμήνιον δ' ὀνύμαξεν, ἀλαθέα μαντίων θῶκον,
ὦ παῖδες 'Αρμονίας,
    ἔνθα καί νυν ἐπίνομον ἡρωΐδων
στρατὸν ὁμαγερέα καλεῖ συνίμεν,
    ὄφρα θέμιν ἱερὰν Πυθῶνά τε καὶ ὀρθοδίκαν
γᾶς ὀμφαλὸν κελαδήσετ' ἄκρᾳ σὺν ἑσπέρᾳ   10

ἑπταπύλοισι Θήβαις
χάριν ἀγῶνί τε Κίρρας,
ἐν τῷ Θρασυδᾶος ἔμνασεν ἑστίαν
τρίτον ἔπι στέφανον πατρῷαν βαλών,
ἐν ἀφνεαῖς ἀρούραισι Πυλάδα   15
νικῶν ξένου Λάκωνος 'Ορέστα.

τὸν δὴ φονευομένου πατρὸς 'Αρσινόα Κλυταιμήστρας   Β'
χειρῶν ὕπο κρατερᾶν
    ἐκ δόλου τροφὸς ἄνελε δυσπενθέος,
ὁπότε Δαρδανίδα κόραν Πριάμου
    Κασσάνδραν πολιῷ χαλκῷ σὺν 'Αγαμεμνονίᾳ   20
ψυχᾷ πόρευ' 'Αχέροντος ἀκτὰν παρ' εὔσκιον

νηλὴς γυνά. πότερόν νιν ἄρ' 'Ιφιγένει' ἐπ' Εὐρίπῳ
σφαχθεῖσα τῆλε πάτρας
    ἔκνισεν βαρυπάλαμον ὄρσαι χόλον;
ἢ ἑτέρῳ λέχεϊ δαμαζομέναν
    ἔννυχοι πάραγον κοῖται; τὸ δὲ νέαις ἀλόχοις   25
ἔχθιστον ἀμπλάκιον καλύψαι τ' ἀμάχανον

ἀλλοτρίαισι γλώσσαις·
κακολόγοι δὲ πολῖται.
ἴσχει τε γὰρ ὄλβος οὐ μείονα φθόνον·
ὁ δὲ χαμηλὰ πνέων ἄφαντον βρέμει.   30

Ismenium nannt' ers; den Sitz
Weissagender Wahrheit. Dahin,
Harmoniens Töchter, dahin
Ruft Euch Melia jetzt, der Heldengenossinnen hohe Versammlung,
Zusammen; die heilige Themis,
Und Python, und den Wahrheitrichtenden
Nabel der Erd', Apollos Orakel,
Zu singen, mit dem Abend hinan
Zu singen den Preis der siebenpfortigen Thebe,
Und Kirrhas Kampf: in dem Thrasydäus
Dem heiligen Heerde der Väter
Den dritten Kranz gab;
Sieger anjetzt in Pylades lachender Flur,
Die einst Lakoniens Sohn, den Orestes, barg.
Ihn, den auch (der Vater war gefallen schon)
Klytämnestrens mordenden Händen
Mit höllischer schrecklicher List
Die Nährerin Arsinoe stahl,
Da Priams Tochter, die Dardanide
Cassandra, mit funkelndem Stahl
Zu Agamemnons Seele
An Acherons schattiges Ufer
Vom grausen Weib gesandt ward.

Wars Iphigenia, die
Am Eurip geschlachtet, ferne dem Vaterlande,
Zu solchem Grimme
Die schreckliche Thäterin trieb?
Oder wars die unzüchtige
Nachtumarmung? Ach jungen Gattinnen
Freilich der häßlichste Fehl!
Auch andern Zungen
Nie zu verschweigen. Der Bürger schwatzt
Das Böse gern, und hoher Stand hat
Nicht kleineren Neid:
Wer niedrig wohnet
Lebt ungesehn.

θάνεν μὲν αὐτὸς ἥρως Ἀτρεΐδας
ἵκων χρόνῳ κλυταῖς ἐν Ἀμύκλαις,

μάντιν τ' ὄλεσσε κόραν, ἐπεὶ ἀμφ' Ἑλένᾳ πυρωθέντας   Γ'
Τρώων ἔλυσε δόμους
    ἁβρότατος. ὁ δ' ἄρα γέροντα ξένον
Στροφίον ἐξίκετο, νέα κεφαλά,   35
    Παρνασσοῦ πόδα ναίοντ'· ἀλλὰ χρονίῳ σὺν Ἄρει
πέφνεν τε ματέρα θῆκέ τ' Αἴγισθον ἐν φοναῖς.

ἦρ', ὦ φίλοι, κατ' ἀμευσίπορον τρίοδον ἐδινάθην,
ὀρθὰν κέλευθον ἰὼν
    τὸ πρίν· ἦ μέ τις ἄνεμος ἔξω πλόου
ἔβαλεν, ὡς ὅτ' ἄκατον ἐνναλίαν;   40
    Μοῖσα, τὸ δὲ τεόν, εἰ μισθοῖο συνέθευ παρέχειν
φωνὰν ὑπάργυρον, ἄλλοτ' ἄλλᾳ {χρὴ} ταρασσέμεν

ἢ πατρὶ Πυθονίκῳ
τό γέ νυν ἢ Θρασυδάῳ,
τῶν εὐφροσύνα τε καὶ δόξ' ἐπιφλέγει.   45
τὰ μὲν ⟨ἐν⟩ ἅρμασι καλλίνικοι πάλαι
Ὀλυμπίᾳ τ' ἀγώνων πολυφάτων
ἔσχον θοὰν ἀκτῖνα σὺν ἵπποις,

Πυθοῖ τε γυμνὸν ἐπὶ στάδιον καταβάντες ἤλεγξαν   Δ'
Ἑλλανίδα στρατιὰν   50
    ὠκύτατι. θεόθεν ἐραίμαν καλῶν,
δυνατὰ μαιόμενος ἐν ἁλικίᾳ.
    τῶν γὰρ ἀνὰ πόλιν εὑρίσκων τὰ μέσα μακροτέρῳ

Held Atrides, zurückgekommen
Zum rüchtigen Amyklä, lag
Erschlagen; und mit ihm erschlagen
Die weissagende Priesterin: so
Gerächt war Trojens Brand,
Und seines Prachtes Verwüstung.
Zum Gastfreundgreise Strophius floh
Der Knab' Orest, an den Fuß
Des Parnassus; bis er mit Mars
Lange nachher die Mutter erschlagen,
Und den Vatermörder Aegisthus.

Freilich, Freunde, bin ich in meiner Bahn
Auf Dreizackwege verirret,
Und gieng so richtig einher.
Der Sturm hat meinen Gesang
Auf seinem Wege verschlagen,
Als wärs der Wellen Geräusch.

Du aber, Muse, wurdest um Lohn
Du Eins, die Stimme für Silber
Gesängen zu geben, so mische
Zu andrer Zeit du andre Geschichten: nun aber sage
Dem Vater des Siegers, oder
Thrasydäus dem Sieger selbst;
Deren Freud' und Ehre Flammaufglänzt.
Schon waren sie einst auf rüstigen Wagen
Im vielgesungnen Olympischen Kampf
Edle Sieger auf Rossen,
In schnellem Gelingen:
Und als bei Python sie nackt
In die Rennbahn schritten,
Ueberwanden an Schnelle sie Griechenland.

Von Göttern stamme mir Gutes:
Doch wünsch' ich mein Leben hinab
Nur Mögliches mir.
Denn immer fand ich des Mittelstandes
In Städten Glückseligkeit,

σὺν} ὄλβῳ τεθαλότα, μέμφομ' αἶσαν τυραννίδων·

ξυναῖσι δ' ἀμφ' ἀρεταῖς τέταμαι· φθονεροὶ δ' ἀμύνονται.
⟨ἀλλ'⟩' εἴ τις ἄκρον ἑλὼν   55
   ἡσυχᾷ τε νεμόμενος αἰνὰν ὕβριν
ἀπέφυγεν, μέλανος {δ'} ἂν ἐσχατιὰν
   καλλίονα θανάτου ⟨στείχοι⟩ γλυκυτάτᾳ γενεᾷ
εὐώνυμον κτεάνων κρατίσταν χάριν πορών·

ἅ τε τὸν Ἰφικλείδαν
διαφέρει Ἰόλαον
ὑμνητὸν ἐόντα, καὶ Κάστορος βίαν,   60
σέ τε, ἄναξ Πολύδευκες, υἱοὶ θεῶν,
τὸ μὲν παρ' ἆμαρ ἕδραισι Θεράπνας,
τὸ δ' οἰκέοντας ἔνδον Ὀλύμπου.

ΒΑΚΧΥΛΙΔΗΣ

.   .   .   .

τίκτει δέ τε θνατοῖσιν εἰ-
   ρήνα μεγαλάνορα πλοῦτον
καὶ μελιγλώσσων ἀοιδᾶν ἄνθεα
δαιδαλέων τ' ἐπὶ βωμῶν
θεοῖσιν αἴθεσθαι βοῶν ξανθᾷ φλογί   (65) 5
μηρί' εὐμάλλων τε μήλων
γυμνασίων τε νέοις
αὐλῶν τε καὶ κώμων μέλειν.
ἐν δὲ σιδαροδέτοις πόρπαξιν αἰθᾶν
ἀραχνᾶν ἱστοὶ πέλονται   (70) 10
ἔγχεα τε λογχωτὰ ξίφεα
τ' ἀμφάκεα δάμναται εὐρώς.

*

χαλκεᾶν δ' οὐκ ἔστι σαλπίγγων κτύπος,   (75)
οὐδὲ συλᾶται μελίφρων

Das daurendere Loos,
Und schelte Tyrannen euch der Tyrannei.

Der Gemeinheit Tugend streb' ich hinan;
Wer Höheres neidet, der sinkt:
Am Gipfel ist, wer Ruhe genießet,
Entflohen dem Uebermaaß,
Der reicht ans schönste Ziel,
Und läßt dem süßen Geschlecht nach ihm
Des Guten schönstes, edlen rühmenden Dank.
Dank, wer dich, o Iphikles Sohn,
Iolaus, in Gesängen umherträgt,
Und dich, o mächtiger Kastor, und dich
König Pollux, der Götter Söhne,
Die einen Tag in Therapna,
Den andern wohnen im Olymp.

Johann Gottfried Herder

BAKCHYLIDES

AN DEN FRIEDEN

Die große Göttin Irene gebiert
Den Sterblichen Reichthum und Blumen süssen Gesangs.
Auf künstlich schönen Altären flammt,
Den Göttern die gelbe Flamme voll Opferduft
Von Stieresschenkeln und Wollenheerden empor.
Die Jünglinge denken auf Spiel' und Fötengesang
Und Lustbarkeiten; indeß den Eisenbeschlagenen Schild
Der schwarzen Spinne Geweb' umhüllt;
Und den spitzigen Speer und das zweischneidige Schwert
Der Rost benaget. Es tönt nicht mehr
Der ehernen Tuba Klang; er scheucht nicht mehr

ὕπνος ἀπὸ βλεφάρων   15
ἀῷος ὃς θάλπει κέαρ.
συμποσίων δ' ἐρατῶν βρίθοντ' ἀγυιαί,
παιδικοί θ' ὕμνοι φλέγονται.   (80)

                          *

...... γλυκεῖ' ἀνάγκα
σευομενᾶν κυλίκων θάλπησι θυμόν,
Κύπριδος τ' ἐλπὶς διαιθύσσῃ φρένας,

ἀμμειγνυμένα Διονυσίοισι δώροις·
ἀνδράσι δ' ὑψοτάτω πέμπει μερίμνας·   (10) 5
αὐτίκα μὲν πολίων κράδεμνα λύει,
πᾶσι δ' ἀνθρώποις μοναρχήσειν δοκεῖ·

χρυσῷ δ' ἐλέφαντί τε μαρμαίρουσιν οἶκοι,
πυροφόροι δὲ κατ' αἰγλάεντα πόντον
νᾶες ἄγουσιν ἀπ' Αἰγύπτου μέγιστον   (15) 10
πλοῦτον· ὡς πίνοντος ὁρμαίνει κέαρ...

                  ΔΙΟΣΚΟΡΙΔΗΣ

Θέσπιδος εὕρεμα τοῦτο, τά τ' ἀγροιῶτιν ἀν' ὕλαν
    παίγνια καὶ κώμους τούσδε τελειοτέρους
Αἰσχύλος ἐξύψωσεν, ὁ μὴ σμιλευτὰ χαράξας
    γράμματα χειμάρρῳ δ' οἷα καταρδόμενα,
καὶ τὰ κατὰ σκηνὴν μετεκαίνισεν. ὦ στόμα πάντων   5
    δεξιόν, ἀρχαίων ἦσθά τις ἡμιθέων.

Uns von der Augenwimper den süßen Schlaf,
Der unser Herz erquickt.
Flecken und Dörfer sind voll frölicher Gastereyn,
Und Gesänge der Liebe glänzen auf ihnen umher.

Johann Gottfried Herder

Süßer Drang den Becher zu kosten
Tröstet die Seele. Hoffnung der Kypris
Des Bacchus Gaben gemischt
Erheitert den Sinn
Denn von oben
Sendet er Sorgen
Ja und zerstört
Herrliche Städte
Aber Gold und Elfenbein
Ziert die Häuser
Purpurne Schiffe
Bringen von Egypten
Den Reichtum der Früchte
Des Trinckenden
Herz beruhigend.

Johann Wolfgang von Goethe

DIOSKORIDES ÜBER AISCHYLOS

AESCHYLUS

Thespis ist der Erfinder; doch wer das ländliche Schauspiel
    Hoch vom Boden hinauf, hoch aus dem Staube des Dorfs
Hob, bist Aeschylus du. Nicht schnitzelnd zierliche Worte,
    Gossest reissenden Strom über die Bühne du aus,
Sie erneuend. O Sprache, der alten Göttergestalten
    Würdig, ein Halbgott war's, der dich, Erhabene, sprach.

Johann Gottfried Herder

ΑΙΣΧΥΛΟΣ

Ζεύς, ὅστις ποτ' ἐστίν, εἰ τόδ' αὐ-   (160)
τῷ φίλον κεκλημένῳ,
τοῦτό νιν προσεννέπω.
οὐκ ἔχω προσεικάσαι
πάντ' ἐπισταθμώμενος   5
πλὴν Διός, εἰ τὸ μάταν ἀπὸ φροντίδος ἄχθος   (165)
χρὴ βαλεῖν ἐτητύμως.

οὐδ' ὅστις πάροιθεν ἦν μέγας,
παμμάχῳ θράσει βρύων,
οὐδὲ λέξεται πρὶν ὤν·   (170) 10
ὃς δ' ἔπειτ' ἔφυ, τρια-
κτῆρος οἴχεται τυχών.
Ζῆνα δέ τις προφρόνως ἐπινίκια κλάζων
τεύξεται φρενῶν τὸ πᾶν,   (175)

τὸν φρονεῖν βροτοὺς ὁδώ-   15
σαντα, τὸν πάθει μάθος
θέντα κυρίως ἔχειν.
στάζει δ' ἀνθ' ὕπνου πρὸ καρδίας
μνησιπήμων πόνος· καὶ παρ' ἄ-   (180)
κοντας ἦλθε σωφρονεῖν.   20
δαιμόνων δέ που χάρις βίαιος
σέλμα σεμνὸν ἡμένων.

*

παλαίφατος δ' ἐν βροτοῖς γέρων λόγος   (750)
τέτυκται, μέγαν τελε-
σθέντα φωτὸς ὄλβον
τεκνοῦσθαι μηδ' ἄπαιδα θνήσκειν,
ἐκ δ' ἀγαθᾶς τύχας γένει   (755) 5
βλαστάνειν ἀκόρεστον οἰζύν.
δίχα δ' ἄλλων μονόφρων εἰμί. τὸ δυσσεβὲς γὰρ ἔργον
μετὰ μὲν πλείονα τίκτει,

AISCHYLOS

Zeus! Zeus!
Wer er auch immer sei,
Welcher Ruf ihm genehm,
Betend nenn ich ihn so.
Wie ich ihn suche,
Wie ich ihn fasse,
Er nur sich selber vergleichbar.

Wo sind die Mächtigen hin
Kampfeswütig und stolz?
Kaum daß man weiß, daß sie waren.
Und der ihnen gefolgt,
Fand seinen Sieger er nicht?
Zeus besinge im Liede,
Sieh und unendliche Weisheit ist dein.

Der den Sterblichen Pfade wies
Alles Gedankens, der das Leiden
Hat zur Lehre gesetzt.
Oft vor die schlummernde Seele
Treten die Schatten Erinnrung und Qual:
Mancher lernt, der nicht zu lernen dachte.
Preist der Himmlichen Vorsicht denn,
Die das heilige Steuer halten.

Karl Vollmoeller

Von grauer Vorzeit ward überliefert uns
Uralter Spruch: Das zum Himmel getürmte
Glück eines Menschen zeugt selbst sich Erben und Sohn:
Doch die Kinder des Glücks
Heißen Jammer und Elend mit Namen.
Anders denk ich: Die Tat des Bösen
Zeugt neue Sprossen

σφετέρᾳ δ' εἰκότα γέννᾳ.   (760) 10
οἴκων γὰρ εὐθυδίκων
  καλλίπαις πότμος ἀεί...

Δίκα δὲ λάμπει μὲν ἐν
  δυσκάπνοις δώμασιν,
  τὸν τ' ἐναίσιμον τίει [βίον].   (775) 15
τὰ χρυσόπαστα δ' ἔδεθλα σὺν πίνῳ χερῶν
  παλιντρόποις ὄμμασι λιποῦσ',
  ὅσια προσέβατο δύναμιν οὐ
σέβουσα πλούτου παράσημον αἴνῳ·   (780)
  πᾶν δ' ἐπὶ τέρμα νωμᾷ.   20

                          *

πολλὰ μὲν γᾶ τρέφει   (585)
  δεινὰ δειμάτων ἄχη,
πόντιαί τ' ἀγκάλαι κνωδάλων
  ἀνταίων βρύουσι, [πλά-
  θουσι] βλαστοῦσι καὶ πεδαίχμιοι   5
  λαμπάδες πεδάοροι,   (590)
πτανά τε καὶ πεδοβάμονα κἀνεμόεντ' ἂν
  αἰγίδων φράσαι κότον.

ἀλλ' ὑπέρτολμον ἀν-
  δρὸς φρόνημα τίς λέγοι   (595) 10
καὶ γυναικῶν φρεσὶν τλημόνων
  παντόλμους ἔρωτας, ἄ-
  ταισι συννόμους βροτῶν;
  συζύγους δ' ὁμαυλίας
θηλυκρατὴς ἀπέρωτος ἔρως παρανικᾷ   (600) 15
  κνωδάλων τε καὶ βροτῶν.

ΣΙΜΙΑΣ [ΘΗΒΑΙΟΣ]

Ἠρέμ' ὑπὲρ τύμβοιο Σοφοκλέος, ἠρέμα, κισσέ,
  ἑρπύζοις χλοεροὺς ἐκπροχέων πλοκάμους,

Vom selben Stamm.
Doch des Gerechten Haus
Ist ewig segenbeschattet.

Dike strahlt auch in rauchgeschwärzten
Hütten der Not, die Gerechten segnend,
Doch von den goldenen Stühlen hebt sie sich weg,
Wo die Hand befleckt ist, und dreht die Blicke
Zum frommen Herde, verachtend den Schein
Unlauteren Reichtums, welchen die Menge preist,
Und ein jedes zum Ziele geleitend.

Karl Vollmoeller

Es nährt die Erde der reißenden Schrecken viel,
Viel Ungeheuer die tiefen Buchten der See,
Den Sterblichen feind.
Es stürmen hoch im luftigen Raume gehängt
Die himmlischen Wetter. Und das Gevögel der Luft,
Des Feldes Getier, sie kennen das Toben
Stürmender Windsbraut.

Doch wer maß je die wagende Kühnheit des Manns,
Wer hat je des trotzigen Weiberherzens
Vermessene Brünste erschöpft,
Die zum menschlichen Elend gesellt sind.
Brunst beherrscht die weibliche Art,
Brunst zersprengt den geweihten Verein
Bei Menschen und reißenden Tieren.

Karl Vollmoeller

SIMIAS [VON THEBEN] ÜBER SOPHOKLES

SOPHOKLES

Leis umklimme den Hügel des Sophokles, wuchernder Efeu,
    Leis und über den Stein webe das grüne Gelock;

καὶ πέταλον πάντῃ θάλλοι ῥόδου ἥ τε φιλορρώξ
   ἄμπελος ὑγρὰ πέριξ κλήματα χευαμένη,
εἵνεκεν εὐμαθίης πινυτόφρονος ἦν ὁ μελιχρός   5
   ἤσκησεν Μουσῶν ἄμμιγα καὶ Χαρίτων.

ΣΟΦΟΚΛΗΣ

εὐίππου, ξένε, τᾶσδε χώ-
ρας ἵκου τὰ κράτιστα γᾶς ἔπαυλα,
   τὸν ἀργῆτα Κολωνόν, ἔνθ'   (670)
   ἁ λίγεια μινύρεται
   θαμίζουσα μάλιστ' ἀη-   5
   δὼν χλωραῖς ὑπὸ βάσσαις,
   τὸν οἰνωπὸν ἔχουσα κισ-
   σὸν καὶ τὰν ἄβατον θεοῦ   (675)
φυλλάδα μυριόκαρπον ἀνάλιον
   ἀνήνεμόν τε πάντων   10
   χειμώνων· ἵν' ὁ βακχιώ-
τας ἀεὶ Διόνυσος ἐμβατεύει
θείαις ἀμφιπολῶν τιθήναις.   (680)

   θάλλει δ' οὐρανίας ὑπ' ἄ-
χνας ὁ καλλίβοτρυς κατ' ἦμαρ αἰεὶ   15
   νάρκισσος, μεγάλοιν θεοῖν
   ἀρχαῖον στεφάνωμ', ὅ τε
   χρυσαυγὴς κρόκος· οὐδ' ἄυ-   (685)
   πνοι κρῆναι μινύθουσιν
   Κηφισοῦ νομάδες ῥεέ-   20
   θρων, ἀλλ' αἰὲν ἐπ' ἤματι
ὠκυτόκος πεδίων ἐπινίσεται
   ἀκηράτῳ σὺν ὄμβρῳ   (690)
   στερνούχου χθονός· οὐδὲ Μου-

Rings auch blättre die Rose sich auf und der schwellende
Weinstock
   Träufl' ihm des feuchten Geranks üppige Tränen herab,
Weil er in goldenem Wort durch der Grazien Huld und der Musen
   Hohe Belehrung so süß uns in die Seele geflößt.
Emanuel Geibel

SOPHOKLES

In des pferdereichen Landes
Treflichen Höfen
Auf Kolonos weißem Boden
Bist du angekommen,
O Fremdling dieser Gegend,
Wo durchdringend klagt
Die wiederkehrende Nachtigall
Unter grünem Buschwald
Überwölbt von dunklem Epheu,
Und von des Gottes unzugänglichem Geblätter
Dem früchtevollen, sonnenlosen,
Keinem Sturme bewegten.
Wo immerhin der bacchantische
Dionys einhergeht,
Wohnend unter den göttlichen Nährerinnen,

Wo immerhin vom himmlischen Duft
Die schöntraubigte Narcisse
Aufwächst, von Tag zu Tag,
Der großen Göttinnen
Uralter Kranz,
Und der goldglänzende Krocus.
Noch mindern sich die schlummerlosen Quellen,
Die in Wasser des Cephissus sich theilen,
Sondern immer und täglich
Kommt der schnellerzeugende über die Felder
Mit reinen Reegengüssen
Über die Brust der Erde.

σᾶν χοροί νιν ἀπεστύγησαν, οὐδ' αὖ   25
ἁ χρυσάνιος Ἀφροδίτα.

*

μὴ φῦναι τὸν ἅπαντα νι-
κᾷ λόγον· τὸ δ', ἐπεὶ φανῇ,   (1225)
βῆναι κεῖσ' ὁπόθεν περ ἥ-
κει πολὺ δεύτερον ὡς τάχιστα.
  ὡς εὖτ' ἂν τὸ νέον παρῇ   5
  κούφας ἀφροσύνας φέρον,   (1230)
τίς πλάγχθη πολὺ μόχθος ἔ-
ξω; τίς οὐ καμάτων ἔνι;
φθόνος, στάσεις, ἔρις, μάχαι
καὶ φόνοι· τό τε κατάμεμπτον ἐπιλέλογχε   (1235) 10
  πύματον ἀκρατὲς ἀπροσόμιλον
  γῆρας ἄφιλον, ἵνα πρόπαντα
  κακὰ κακῶν ξυνοικεῖ.

ἐν ᾧ τλάμων ὅδ', οὐκ ἐγὼ μόνος,
πάντοθεν βόρειος ὥς τις ἀκτὰ   (1240) 15
κυματοπλὴξ χειμερία κλονεῖται,
  ὡς καὶ τόνδε κατ' ἄκρας
  δειναὶ κυματοαγεῖς
ἆται κλονέουσιν ἀεὶ ξυνοῦσαι,
αἱ μὲν ἀπ' ἀελίου δυσμᾶν,   (1245) 20
  αἱ δ' ἀνατέλλοντος,
αἱ δ' ἀνὰ μέσσαν ἀκτῖν',
αἱ δ' ἐννυχιᾶν ἀπὸ Ῥιπᾶν.

*

πολλὰ τὰ δεινὰ κοὐδὲν ἀν-
θρώπου δεινότερον πέλει·
τοῦτο καὶ πολιοῦ πέραν
πόντου χειμερίῳ νότῳ   (335)
χωρεῖ, περιβρυχίοισιν   5
περῶν ὑπ' οἴδμασιν, θεῶν

Auch hassen die Chöre der Musen es nicht,
Und nicht die goldene Aphrodite.

Friedrich Hölderlin

Nicht gezeugt sein, wäre das beste Schicksal,
Oder doch früh sterben in zarter Kindheit:
Wächst zum Jüngling Einer empor, verfolgt ihn
   Üppige Thorheit,

Während Mißgunst, Streit und Gefahr und Haß ihm
Quälend nahn; reift vollends hinan zum Greis er,
Jede Schmach muß dulden er dann, vereinzelt
   Stehend und kraftlos.

Stets umdroht uns Flutengedräng und schleudert
Hart an steilabfallenden Klippenstrand uns,
Mag der Süd nun peitschen die Woge, mag sie
   Schwellen der Nordsturm.

August von Platen

Ungeheuer ist viel. Doch nichts
Ungeheuerer, als der Mensch.
Denn der, über die Nacht
Des Meers, wenn gegen den Winter wehet
Der Südwind, fähret er aus
In geflügelten sausenden Häußern.

τε τὰν ὑπερτάταν, Γᾶν
ἄφθιτον, ἀκαμάταν ἀποτρύεται,
ἰλλομένων ἀρότρων ἔτος εἰς ἔτος,   (340)
ἱππείῳ γένει πολεύων.   10

κουφονόων τε φῦλον ὀρ-
νίθων ἀμφιβαλὼν ἄγρει
καὶ θηρῶν ἀγρίων ἔθνη
πόντου τ' εἰναλίαν φύσιν   (345)
σπείραισι δικτυοκλώστοις,   15
περιφραδὴς ἀνήρ· κρατεῖ
δὲ μαχαναῖς ἀγραύλου
θηρὸς ὀρεσσιβάτα, λασιαύχενά θ'   (350)
ἵππον ὑπαξέμεν ἀμφίλοφον ζυγὸν
οὔρειόν τ' ἀκμῆτα ταῦρον.   20

καὶ φθέγμα καὶ ἀνεμόεν   (355)
φρόνημα καὶ ἀστυνόμους
ὀργὰς ἐδιδάξατο καὶ δυσαύλων
πάγων ὑπαίθρεια καὶ
δύσομβρα φεύγειν βέλη   25
παντοπόρος· ἄπορος ἐπ' οὐδὲν ἔρχεται   (360)
τὸ μέλλον· Ἅιδα μόνον
φεῦξιν οὐκ ἐπάξεται·
νόσων δ' ἀμαχάνων φυγὰς
ξυμπέφρασται.   30

σοφόν τι τὸ μαχανόεν   (365)
τέχνας ὑπὲρ ἐλπίδ' ἔχων
τοτὲ μὲν κακόν, ἄλλοτ' ἐπ' ἐσθλὸν ἕρπει,
νόμους περαίνων χθονὸς
θεῶν τ' ἔνορκον δίκαν·   35
ὑψίπολις· ἄπολις ὅτῳ τὸ μὴ καλὸν   (370)
ξύνεστι τόλμας χάριν.
μήτ' ἐμοὶ παρέστιος

Und der Himmlischen erhabene Erde
Die unverderbliche, unermüdete
Reibet er auf; mit dem strebenden Pfluge,
Von Jahr zu Jahr,
Treibt sein Verkehr er, mit dem Rossegeschlecht',
Und leichtträumender Vögel Welt
Bestrikt er, und jagt sie;
Und wilder Thiere Zug,
Und des Pontos salzbelebte Natur
Mit gesponnenen Nezen,
Der kundige Mann.
Und fängt mit Künsten das Wild,
Das auf Bergen übernachtet und schweift.
Und dem raumähnigen Rosse wirft er um
Den Naken das Joch, und dem Berge
Bewandelnden unbezähmten Stier.

Und die Red' und den luftigen
Gedanken und städtebeherrschenden Stolz
Hat erlernet er, und übelwohnender
Hügel feuchte Lüfte, und
Die unglüklichen zu fliehen, die Pfeile. Allbewandert,
Unbewandert. Zu nichts kommt er.
Der Todten künftigen Ort nur
Zu fliehen weiß er nicht,
Und die Flucht unbehaltener Seuchen
Zu überdenken.
Von Weisem etwas, und das Geschikte der Kunst
Mehr, als er hoffen kann, besizend,
Kommt einmal er auf Schlimmes, das andre zu Gutem.
Die Geseze kränkt er, der Erd' und Naturgewalt'ger
Beschwornes Gewissen;
Hochstädtisch kommt, unstädtisch
Zu nichts er, wo das Schöne
Mit ihm ist und mit Frechheit.
Nicht sey am Heerde mit mir,

γένοιτο μήτ' ἴσον φρονῶν
ὃς τάδ' ἔρδοι.   (375) 40

*

εὐδαίμονες οἷσι κακῶν ἄγευστος αἰών.
οἷς γὰρ ἂν σεισθῇ θεόθεν δόμος, ἄτας
οὐδὲν ἐλλείπει γενεᾶς ἐπὶ πλῆθος ἕρπον·   (585)
     ὁμοῖον ὥστε πόντιον
     οἶδμα δυσπνόοις ὅταν   5
Θρήσσῃσιν ἔρεβος ὕφαλον ἐπιδράμῃ πνοαῖς,
κυλίνδει βυσσόθεν κελαινὰν   (590)
     θῖνα καὶ δυσάνεμοι
στόνῳ βρέμουσιν ἀντιπλῆγες ἀκταί.

ἀρχαῖα τὰ Λαβδακιδᾶν οἴκων ὁρῶμαι   10
πήματα φθιμένων ἐπὶ πήμασι πίπτοντ',   (595)
οὐδ' ἀπαλλάσσει γενεὰν γένος, ἀλλ' ἐρείπει
     θεῶν τις, οὐδ' ἔχει λύσιν.
     νῦν γὰρ ἐσχάτας ὕπερ
ῥίζας ἐτέτατο φάος ἐν Οἰδίπου δόμοις·   (600) 15
κατ' αὖ νιν φοινία θεῶν τῶν
     νερτέρων ἀμᾷ κοπίς,
λόγου τ' ἄνοια καὶ φρενῶν Ἐρινύς.

     τεάν, Ζεῦ, δύνασιν τίς ἂν-
     δρῶν ὑπερβασία κατάσχοι;   (605) 20
τὰν οὔθ' ὕπνος αἱρεῖ ποθ' ὁ παντογήρως
     οὔτ' ἀκάματοι θεῶν
μῆνες, ἀγήρως δὲ χρόνῳ δυνάστας
     κατέχεις Ὀλύμπου
     μαρμαρόεσσαν αἴγλαν.   (610) 25
     τό τ' ἔπειτα καὶ τὸ μέλλον
     καὶ τὸ πρὶν ἐπαρκέσει
     νόμος ὅδ'· οὐδὲν ἕρπει
θνατῶν βιότῳ πάμπολύ γ' ἐκτὸς ἄτας.

Noch gleichgesinnet,
Wer solches thut.

Friedrich Hölderlin

DAS SCHICKSAL

Glückselige, deren Aeon
Nicht kostet böse Geschicke:
Denn wessen Haus von der Götter Hand
Einmal erschüttert ward,
Den verläßt das Unglück nicht,
Nachschleichend bis zu des Stammes letztem Sproß.
Wie des Weltmeers Welle, wenn bei stürmenden Winden
Nacht es bedeckt, den schwarzen Sand
Von Grund auf wühlet, erregt vom Sturm
Und ringsum hallen ächzend die Ufer wieder.

So schau' der Labdakiden Haus ich fallen,
Da nach altem Unfall neuer Unfall
Darauf sich drängt.
Die Nachzeit rettet keinen Zweig
Von diesem Stamm; denn irgend ein Gott
Kehret ihn um, ihm keine Rast gewährend.
Der letzten Wurzel Sproße glänzete hier
In Oedipus Haus; auch sie
Mähet der blutige Staub der Unterirdischen ab,
Und ihr unbedachtsam Wort,
Die Erinnys in ihrer Brust.

Deine Gewalt, o Zevs, welche der Sterblichen
Uebermüthige Tritte hielten sie ein?
Sie, die der Alles-entkräftende Schlummer nie erfaßt,
In der Götter unermüdlichem Mondenlauf.
Nie-alternd herrschest, Mächtiger, Du
Im glänzenden Licht des Olymps.
Was war, was ist, und werden wird
Gehorchet Dir! — Doch dies Gesetz
Trift Sterbliche nicht: daß immer Unglücksfrei
Ihr Leben sei.

ἁ γὰρ δὴ πολύπλαγκτος ἐλ-   (615) 30
  πὶς πολλοῖς μὲν ὄνασις ἀνδρῶν,
πολλοῖς δ' ἀπάτα κουφονόων ἐρώτων·
  εἰδότι δ' οὐδὲν ἕρπει,
πρὶν πυρὶ θερμῷ πόδα τις προσαύσῃ.
  σοφίᾳ γὰρ ἔκ του   (620) 35
  κλεινὸν ἔπος πέφανται,
  τὸ κακὸν δοκεῖν ποτ' ἐσθλὸν
  τῷδ' ἔμμεν ὅτῳ φρένας
  θεὸς ἄγει πρὸς ἄταν·
πράσσει δ' ὀλίγιστον χρόνον ἐκτὸς ἄτας.   (625) 40

                              •

ὡς ἡμέρα κλίνει τε κἀνάγει πάλιν
ἅπαντα τἀνθρώπεια· τοὺς δὲ σώφρονας
θεοὶ φιλοῦσι καὶ στυγοῦσι τοὺς κακούς.

ΑΔΑΙΟΣ

. . . Σοὶ δ' οὐ τοῦτον ἐγὼ τίθεμαι τάφον, ἀλλὰ τὰ Βάκχου   (5)
βήματα καὶ σκηνὰς ἐμβάδι ⟨πειθομένας⟩.

ΕΥΡΙΠΙΔΗΣ

βόασον ὦ, στέναξον, ὦ Φεραία
χθών, τὰν ἀρίσταν   (235)
γυναῖκα μαραινομέναν νόσῳ

Zwar die vielgestaltende Hoffnung bringt
Vielen der Sterblichen reichen Gewinn;
Aber auch Viele täuschet sie
Mit Sinnesleeren Begierden.
Dem Verständigen schleicht nichts herbei,
Eh' irgend Einer den Fuß ans brennende Feuer gesetzt.
Denn ein weiser Mann sprach ein berühmtes Wort:
»Das Böse scheine zuweilen gut
Dem, dessen Brust der Gott zum Unfall treibt.«
Anfangs gelinget ihm sein Werk,
Jedoch nur kurze Zeit.

Johann Gottfried Herder

DAS MENSCHENLEBEN

Alles im Menschenleben hebt und beugt die Zeit;
Doch lieben die Götter stets den weisen, nüchternen Sinn
Und hassen den Uebermuth.

Johann Gottfried Herder

ADAIOS ÜBER EURIPIDES

EURIPIDES

Dies nicht acht' ich Euripides' Denkmal, sondern des Bakchos
Stufen und der kothurndröhnenden Bühne Gerüst.

Emanuel Geibel

EURIPIDES

O Du Landschafft Thessalia nun weine,
Dann deine Edle Köngin keüsch und reine,
Das Holdselige Weib,
Die Fromme fraw, muß nun lassen ihr Leben,
Weil sie für ihren Herrn in Todt hat geben
Jetzt ihren Jungen Leib.

κατὰ γᾶς χθόνιον παρ' Ἀιδαν.

οὔποτε φήσω γάμον εὐφραίνειν   5
πλέον ἢ λυπεῖν, τοῖς τε πάροιθεν
τεκμαιρόμενος καὶ τάσδε τύχας   (240)
λεύσσων βασιλέως, ὅστις ἀρίστης
ἁπλακὼν ἀλόχου τῆσδ' ἀβίωτον
    τὸν ἔπειτα χρόνον βιοτεύσει.   10

*

ἄρματα μὲν τάδε λαμπρὰ τεθρίππων
Ἥλιος ἤδη λάμπει κατὰ γῆν,
ἄστρα δὲ φεύγει πυρὶ τῷδ' αἰθέρος
ἐς νύχθ' ἱεράν·   (85)
Παρνησιάδες δ' ἄβατοι κορυφαὶ   5
καταλαμπόμεναι τὴν ἡμερίαν
    ἀψῖδα βροτοῖσι δέχονται.
σμύρνης δ' ἀνύδρου καπνὸς εἰς ὀρόφους
Φοίβου πέταται.   (90)
θάσσει δὲ γυνὴ τρίποδα ζάθεον   10
Δελφίς, ἀείδουσ' Ἕλλησι βοάς,
    ἃς ἂν Ἀπόλλων κελαδήσῃ.

*

ὑπερβαλλούσας γὰρ ἔχει
θνατοῖς εὐδαιμονίας
ἀκίνητον ἀφορμάν,
τέκνων οἷς ἂν καρποτρόφοι   (475)
λάμπωσιν ἐν θαλάμοις   5
πατρίοισι νεάνιδες ἥβαι,

Balt wirdt sie müssen mit dem Tode ringen,
  Der dann mit Grimm under die Erd wirdt bringen
    Das Trewhertzige Weib.
Grösser ist diß Leyd als die Frewden waren,
  Da sie inn den Ehstand vor wenig Jahren
    Gab ihren Keüschen Leib.
Und wiewol uns diß die Erfahrung Lehret,
  Jedoch mit eim Exempel solchs erklähret
    Das Tugentsamme Weib,
Inn dem sie wiederumb auß Trewem Hertzen
  Inn Todt hingibt fürwar nicht ohne Schmertzen
    Ihren Gesunden Leib.
Das bringet dem König das gröste Leyden,
  Weil Er sich jetzundt muß so plötzlich Scheiden
    Von seinem Lieben Weib.

Wolfhart Spangenberg

Allbereits treibt den glänzenden Wagen
Der Gott des Tages am Himmel herauf;
Die Sterne, vom Feuer des Aethers verscheucht,
Fliehn in die heilige Nacht.
Schon rollt das flammende Rad
Ueber Parnassus unersteigliche Spitzen,
Ihr Lichtglanz meldet der Erde den Tag.
Schon wirbelt der saftlosen Myrte Rauch
Zum hohen Gewölbe des Tempels empor,
Und auf dem heil'gen Dreyfuß sitzt
Die Priesterin, den Hellenen
Mit mächtiger Stimme verkündend,
Was der begeisternde Gott ihr flüstert.

Christoph Martin Wieland

Ueberschwängliche Seligkeit
Wird den Sterblichen, wenn sie den Keim
Sichrer Hoffnung der Dauer
Ihres Geschlechts in den väterlichen
Gemächern fröhlich aufblühn sehen;
Die Erben angestammter

διαδέκτορα πλοῦτον
ὡς ἕξοντες ἐκ πατέρων
ἑτέροις ἐπὶ τέκνοις.   (480)
ἀλκά τε γὰρ ἐν κακοῖς   10
σύν τ' εὐτυχίαις φίλον,
δορί τε γᾷ πατρίᾳ φέρει
σωτήριον ἀλκάν.
ἐμοὶ μὲν πλούτου τε πάρος   (485)
βασιλικῶν τ' εἶεν θαλάμων   15
τροφαὶ κήδειοι κεδνῶν γε τέκνων.
τὸν ἄπαιδα δ' ἀποστυγῶ
βίον, ᾧ τε δοκεῖ ψέγω·
μετὰ δὲ κτεάνων μετρίων βιοτᾶς   (490)
εὔπαιδος ἐχοίμαν.   20

*

ὃ τι θεὸς ἢ μὴ θεὸς ἢ τὸ μέσον,
τίς φησ' ἐρευνήσας βροτῶν
μακρότατον πέρας εὑρεῖν
    ὃς τὰ θεῶν ἐσορᾷ   (1140)
δεῦρο καὶ αὖθις ἐκεῖσε   5
καὶ πάλιν ἀντιλόγοις
πηδῶντ' ἀνελπίστοις τύχαις;
σὺ Διὸς ἔφυς, ὦ Ἑλένα, θυγάτηρ·
πτανὸς γὰρ ἐν κόλποις σε Λή-   (1145)
    δας ἐτέκνωσε πατήρ.   10
κᾆτ' ἰαχήθης καθ' Ἑλλανίαν
προδότις ἄπιστος ἄδικος ἄθεος· οὐδ' ἔχω
τί τὸ σαφὲς ἔτι ποτ' ἐν βροτοῖς·
τὸ τῶν θεῶν δ' ἔπος ἀλαθὲς ηὗρον.   (1150)

ἄφρονες ὅσοι τὰς ἀρετὰς πολέμῳ   15
λόγχαισί τ' ἀλκαίου δορός
κτᾶσθε, πόνους ἀμαθῶς θνα-
    τῶν καταπαυόμενοι·

Güter, die sie hinwieder
Ihren Erzeugten verlassen werden;
Stützen im widrigen Glück,
Freudegenossen im Wohlstand,
Und gegen des Vaterlandes Feinde
Kräftige Schirmer. Ich tauschte die Wonne,
Mich von selbsterzogenen, wackern
Kindern umringt zu sehen,
Wahrlich ich tauschte sie nicht um alles
Gold in königlichen Palästen!
Kinderlos ist das Leben verhaßt mir.
Möcht' ich doch meine Tage
Bey mäßigem Gute
Glücklich in meinen Gebornen verleben!

Christoph Martin Wieland

Ob es Gott, oder nicht Gott ist,
Was über den Sterblichen waltet,
Wer mag's ergründen?
Undurchdringliches Dunkel umhüllt
Den Menschen, der die Wunder der Götter
Anschaut, und wie alles so seltsam
Gegen einander hin und her treibt,
Daß der unerwartetste Ausgang
Oft aus dem Gegentheil hervorspringt.
Du, Helena, bist Jovis Tochter!
(Denn als Schwan hat in Ledas Schooß
Dein Vater dich gezeugt)
Doch macht der Ruf ein ungerechtes,
Treuloses, gottvergeßnes Weib
Aus dir! Ist irgend etwas Gewisses
In menschlichen Dingen? Ich weiß es nicht:
Nur Götterwort befand ich immer wahr.

Thörichte, die durch Krieg Verdienst zu erwerben
Und die Fehden der Sterblichen
Mit der Spitze des Speers
Ungestraft zu schlichten vermeinen!

εἰ γὰρ ἄμιλλα κρινεῖ νιν   (1155)
αἵματος οὔποτ' ἔρις   20
λείψει κατ' ἀνθρώπων πόλεις·
ᾇ Πριαμίδος γᾶς ἔλαχον θαλάμους,
ἐξὸν διορθῶσαι λόγοις
     σὰν ἔριν, ὦ 'Ελένα.   (1160)
νῦν δ' οἱ μὲν ῞Αιδᾳ μέλονται κάτω,   25
τείχεα δὲ φλογερός, ὥστε Διός, ἐπέσυτο φλόξ,
ἐπὶ δὲ πάθεα πάθεσι φέρεις
⟨ἀθλίοις συμφοραῖς 'Ιλίοις⟩.

ΑΝΤΙΦΑΝΗΣ

῎Εστι φύσις θήλεια βρέφη σῴζουσ' ὑπὸ κόλποις
αὐτῆς, ὄντα δ' ἄφωνα βοὴν ἵστησι γεγωνόν
καὶ διὰ πόντιον οἶδμα καὶ ἠπείρου διὰ πάσης
οἷς ἐθέλει θνητῶν, τοῖς δ' οὐδὲ παροῦσιν ἀκούειν
ἔξεστιν· κωφὴν δ' ἀκοῆς αἴσθησιν ἔχουσιν.   5

ΑΛΕΞΙΣ

Οὐ θνητὸς οὐδ' ἀθάνατος, ἀλλ' ἔχων τινά
σύγκρασιν, ὥστε μήτ' ἐν ἀνθρώπου μέρει
μήτ' ἐν θεοῦ ζῆν, ἀλλὰ φύεσθαί τ' ἀεί
καινῶς φθίνειν τε τὴν παρουσίαν πάλιν,
ἀόρατος ὄψιν, γνώριμος δ' ἅπασιν ὤν.   5

Nie wird Eris von den Völkern weichen,
Wenn der blutige Kampf ihr Richter bleibt;
Der in Priams verödetem Lande
Nur leere Ehebetten ließ;
Als hätte der Streit um Helena nicht
Mit Worten geschlichtet werden können!
Nun bevölkern die Männer das finstre
Reich des Hades, und, wie Feuer vom Himmel,
Fiel die Flamme in Ilions Mauern,
Jammer auf Jammer, unnennbaren Jammer
Ueber die armen Trojer häufend.

Christoph Martin Wieland

ANTIPHANES

RÄTHSEL

Es gibt ein weiblich Wesen,
Im Busen trägt es Kinder,
Geboren stumm, doch schwatzhaft,
Die über Erd' und Meere
Nach Lust sich unterhalten,
Und aller Welt verständlich,
Nur nicht dem nahen Hörer
Am mindesten vernehmlich.

Johann Wolfgang von Goethe

ALEXIS

RÄTHSEL

Nicht sterblich, nicht unsterblich, aber von Natur
Gebildet also, daß er nicht nach Menschenart,
Noch Götterweise lebe, sondern stets auf's neu'
Geboren werde, wechselweis zum Untergang;
Gesehn von keinem, allen aber doch bekannt,
Vorzüglich Kindern, die er sich besonders liebt.

Johann Wolfgang von Goethe

ΠΛΑΤΩΝ

Ἡ σοβαρὸν γελάσασα καθ' Ἑλλάδος, ἥ⟨περ⟩ ἐραστῶν
  ἑσμὸν ἐνὶ προθύροις Λαῒς ἔχουσα νέων,
τῇ Παφίῃ τὸ κάτοπτρον, ἐπεὶ τοίη μὲν ὁρᾶσθαι
  οὐκ ἐθέλω, οἵη δ' ἦν πάρος οὐ δύναμαι.

*

Ἀστέρας εἰσαθρεῖς, Ἀστὴρ ἐμός· εἴθε γενοίμην
  οὐρανός, ὡς πολλοῖσ' ὄμμασιν εἰς σέ βλέπω.

*

Τὸν Νυμφῶν θεράποντα φιλόμβριον ὑγρὸν ἀοιδόν,
  τὸν λιβάσιν κούφαις τερπόμενον βάτραχον
χαλκῷ μορφώσας τις ὁδοιπόρος εὖχος ἔθηκεν
  καύματος ἐχθροτάτην δίψαν ἀκεσσάμενος.
πλαζομένῳ γὰρ ἔδειξεν ὕδωρ εὔκαιρον ἀείσας   5
  κοιλάδος ἐκ δροσερῆς ἀμφιβίῳ στόματι ...

ΑΔΗΛΟΝ

Νοῦς καὶ Ἀριστοτέλους ψυχή, τύπος ἀμφοτέρων εἷς.

ΑΡΙΣΤΟΤΕΛΗΣ

ΥΜΝΟΣ ΕΙΣ ΕΡΜΕΙΑΝ

Ἀρετά, πολύμοχθε γένει βροτέῳ,
θήραμα κάλλιστον βίῳ,

PLATON

Ich Lais, die man hielt die schöneste zusein,
  Nun meine Jugendt weg, brech hier den Spiegel ein,
  Dann wie ich jetzundt bin, begehr ich nicht zusehen,
Wie ich vor Zeiten war, kan nun nicht mehr gescheben.

Martin Opitz

AN STELLA

Zu den Sternen blickst du, mein Stern. O, wär' ich der Himmel,
  Um mit tausend Paar Augen dich wieder zu sehn!

Karl Reinhard

(PLATON ZUGESCHRIEBEN)

DER FROSCH

Diesen ehernen Frosch, auf steinerner Seule gebildet,
  Weiht' ein Wanderer euch, rettende Nymfen, zum Dank.
Ihm, der in Staub und Hize verschmachtete, zeigt' er im Thale
  Hier mit quackendem Ruf euren erfrischenden Quell.

Johann Heinrich Voß

UNBESTIMMTER DICHTER ÜBER ARISTOTELES

ARISTOTELES BILD

Der reine Sinn und Aristoteles
sind Eins; sie sind auch Eins im Bildniß hier.

Johann Gottfried Herder

ARISTOTELES

Kampferfochtene Tugend,
  Du des Menschlichen Geschlechts
    Edelste Sehnsucht!

σᾶς πέρι, παρθένε, μορφᾶς
καὶ θανεῖν ζαλωτὸς ἐν Ἑλλάδι πότμος
καὶ πόνους τλῆναι μαλερούς ἀκάμαντας.   5
τοῖον ἐπὶ φρένα βάλλεις
καρπὸν ἰσαθάνατον χρυσοῦ τε κρείσσω
καὶ γονέων μαλακαυγήτοιό θ' Ὕπνου.
σεῦ δ' ἕνεχ' οὐκ Διὸς Ἡρακλέης Λήδας τε κόροι
πόλλ' ἀνέτλασαν ἔργοις   10
σὰν ἀγρεύοντες δύναμιν·
σοῖς τε πόθοισ' Ἀχιλεὺς Αἴας τ' Ἀΐδα δόμον ἦλθον·
σᾶς δ' ἕνεκεν φιλίου μορφᾶς Ἀταρνέος ἔντροφος ἀελίου χήρω-
                                                          σεν αὐγάς.
τοιγὰρ ἀοίδιμον ἔργοισ' ἀθάνατόν τέ μιν αὐξήσουσι Μοῦσαι,
Μναμοσύνας θύγατρες, Διὸς ξενίου σέβας αὔξουσαι φιλίας τε   15
                                                      γέρας βεβαίου.

ΑΡΙΦΡΩΝ

Ὑγίεια βροτοῖσι πρεσβίστα μακάρων, μετὰ σεῦ
ναίοιμι τὸ λειπόμενον βιοτᾶς, σὺ δέ μοι πρόφρων ξυνείης·
εἰ γάρ τις ἢ πλούτου χάρις ἢ τεκέων
ἢ τᾶς ἰσοδαίμονος ἀνθρώποις βασιληίδος ἀρχᾶς ἢ πόθων
οὓς κρυφίοις Ἀφροδίτας ἕρκεσιν θηρεύομεν,   5

Für dich, o schöne Göttliche Jungfrau
Starben Griechenlands Jünglinge der Helden Tod,
   Für dich erduldeten sie froh
Brennender Wunden Quaal und der Arbeit Last.

Unvergänglicher Früchte Saamen, deine Liebe,
Streutest in die Herzen der Menschen Du!
   Duftend blüht er empor, und gewährt
    Beßere Freuden als Gold, und der Ahnen Stolz,
Süßere als des Pilgers Labsal der kühle Schlummer.

Für dich duldete viel Härakläs Zeus Sohn,
Viel die Knaben Kronion die Läda gebar,
   Durch Heldenthaten erstritten sie
    Deine belebende Kraft!
Ajas und Achilleus, strebend nach dir,
   Stiegen sie nieder in der Schatten Reich.

   Deine göttliche Schöne sahe
Teiresias Auge, da verschloß es sich für der Sonne Stral,
   Aber ihm, den herliche Thaten krönten,
    Gaben die Musen
    Unsterblichen Nachruhm;
Sie die mit den Menschenliebenden Gottes
   Heiligem Schauer uns umsäuseln,
Sie die der Freundschaft ewige Pfeiler gründen!

Christian zu Stolberg

ARIPHRON

AN DIE GESUNDHEIT

Gesundheit, Aelteste der Seligen,
Möcht ich wohnen mit dir mein übriges Leben hindurch
Und möchtest du auch huldreich mit mir wohnen!
Denn wenn der Reichthum Grazie hat,
Wenn Kinder erfreuen, wenn der glücklichen Herrschaft Glanz,
Wenn Lieb' ergötzet, die wir mit der Cypris heimlichen Netz

ἢ εἴ τις ἄλλα θεόθεν ἀνθρώποισι τέρψις ἢ πόνων
ἀμπνοὰ πέφανται,
μετὰ σεῖο, μάκαιρ' Ὑγίεια,
τέθαλε καὶ λάμπει Χαρίτων ὀάροις·
σέθεν δὲ χωρὶς οὔτις εὐδαίμων ἔφυ.   10

ΚΛΕΑΝΘΗΣ

ΥΜΝΟΣ ΕΙΣ ΔΙΑ

Κύδιστ' ἀθανάτων, πολυώνυμε παγκρατὲς αἰεί,
Ζεῦ φύσεως ἀρχηγέ, νόμου μετὰ πάντα κυβερνῶν,
χαῖρε· σὲ γὰρ καὶ πᾶσι θέμις θνητοῖσι προσαυδᾶν.
Ἐκ σοῦ γὰρ γενόμεσθα, θεοῦ μίμημα λαχόντες
μοῦνοι, ὅσα ζώει τε καὶ ἕρπει θνήτ' ἐπὶ γαῖαν·   5
τῷ σε καθυμνήσω, καὶ σὸν κράτος αἰὲν ἀείσω.
Σοὶ δὴ πᾶς ὅδε κόσμος ἑλισσόμενος περὶ γαῖαν
πείθεται ᾗ κεν ἄγῃς, καὶ ἑκὼν ὑπὸ σεῖο κρατεῖται·
τοῖον ἔχεις ὑποεργὸν ἀνικήτοις ἐνὶ χερσὶν
ἀμφήκη πυρόεντ' αἰειζώοντα κεραυνόν·   10
τοῦ γὰρ ὑπὸ πληγῆς φύσεως πάντ' ἔργα βέβηκεν,
ᾧ σὺ κατευθύνεις κοινὸν λόγον, ὃς διὰ πάντων
φοιτᾷ μιγνύμενος μεγάλῳ μικροῖς τε φάεσσιν ...
[ὡς τόσσος γεγαὼς ὕπατος βασιλεὺς διὰ παντός.]
Οὐδέ τι γίγνεται ἔργον ἐπὶ χθονὶ σοῦ δίχα, δαῖμον, 15
οὔτε κατ' αἰθέριον θεῖον πόλον, οὔτ' ἐνὶ πόντῳ,
πλὴν ὁπόσα ῥέζουσι κακοὶ σφετέραισιν ἀνοίαις.
Ἀλλὰ σὺ καὶ τὰ περισσὰ ἐπίστασαι ἄρτια θεῖναι,
καὶ κοσμεῖν τἄκοσμα, καὶ οὐ φίλα σοὶ φίλα ἐστίν.
Ὧδε γὰρ εἰς ἓν πάντα συνήρμοκας ἐσθλὰ κακοῖσιν,   20
ὥσθ' ἕνα γίγνεσθαι πάντων λόγον αἰὲν ἐόντα,
ὃν φεύγοντες ἐῶσιν ὅσοι θνητῶν κακοί εἰσιν,
δύσμοροι, οἵ τ' ἀγαθῶν μὲν ἀεὶ κτῆσιν ποθέοντες
οὔτ' ἐσορῶσι θεοῦ κοινὸν νόμον οὔτε κλύουσιν,
ᾧ κεν πειθόμενοι σὺν νῷ βίον ἐσθλὸν ἔχοιεν·   25

Erjagen und andere Freuden mehr
Von Gott uns blühn, nach Mühe
Der erquickenden Ruhe Genuß;
O selige Göttin!
Gesundheit, so entsprosseten sie mit Dir;
Mit dir blüht jeder Grazie Lenz
Und ohne dich giebts keinen Glücklichen je.

Johann Gottfried Herder

KLEANTHES

Dem höchsten Gott

Du, der Unsterblichen Höchster, du Vielbenamter, der ewig
Nach Gesetzen beherrscht die Natur, ihr mächtiger Führer,
Sei mir gegrüsset, o Zevs: denn alle Sterbliche dürfen
Dich anreden o Vater, da wir ja deines Geschlechts sind,
Nachhall deiner Stimme, was irgend auf Erde nur lebet.
Also will ich dich preisen und ewig rühmen die Herrschaft
Deiner Macht, der, rings um die Erde, die Kreise der Welten
Willig folgen, wohin du sie lenkst und dienen dir willig.
Denn du fassest in deine nie zu bezwingende Rechte
Deinen Boten, den flammenden, zweigezackten, den ewig-
Lebenden Blitz: es erbebet die Welt dem schmetternden Schlage.
Also lenkst du den Geist der Natur, der dem Großen und Kleinen
Eingepflanzet, sich mischt in alle Wesen und Körper.
Höchster König des Alls, ohn den auf Erden, im Meere,
Nichts geschiehet, noch am ätherischen, himmlischen Pole;
Außer was Sinnen-beraubt der Frevler Böses beginnet.
Aber du weißt auch da das Wilde zu fügen in Ordnung,
Machst aus der Unform Form und gesellst Unfreundliches
                                        freundlich.
Also stimmtest du Alles zu Einem, das Böse zum Guten,
Daß in der weiten Natur Ein ewigherrschend Gesetz sei,
Eins, dem unter den Sterblichen nur der Frevler entfliehn will.
Ach des Thoren! der immer Besitz des Guten begehret
Und verkennet des Herrn der Natur allwaltende Richtschnur,
Will nicht hören, was, wenn er gehorcht', ihm glückliches Leben

αὐτοὶ δ' αὖθ' ὁρμῶσιν ἄνοι κακὸν ἄλλος ἐπ' ἄλλο,
οἱ μὲν ὑπὲρ δόξης σπουδὴν δυσέριστον ἔχοντες,
οἱ δ' ἐπὶ κερδοσύνας τετραμμένοι οὐδενὶ κόσμῳ
ἄλλοι δ' εἰς ἄνεσιν καὶ σώματος ἡδέα ἔργα
. . . . ἐπ' ἄλλοτε δ' ἄλλα φέρονται,   30
σπεύδοντες μάλα πάμπαν ἐναντία τῶνδε γενέσθαι.
'Αλλὰ Ζεῦ πάνδωρε κελαινεφὲς ἀργικέραυνε,
ἀνθρώπους ῥύου ⟨μὲν⟩ ἀπειροσύνης ἀπὸ λυγρῆς,
ἣν σύ, πάτερ, σκέδασον ψυχῆς ἄπο, δὸς δὲ κυρῆσαι
γνώμης, ᾗ πίσυνος σὺ δίκης μέτα πάντα κυβερνᾷς,   35
ὄφρ' ἂν τιμηθέντες ἀμειβώμεσθά σε τιμῇ,
ὑμνοῦντες τὰ σὰ ἔργα διηνεκές, ὡς ἐπέοικε
θνητὸν ἐόντ', ἐπεὶ οὔτε βροτοῖς γέρας ἄλλο τι μεῖζον
οὔτε θεοῖς, ἢ κοινὸν ἀεὶ νόμον ἐν δίκῃ ὑμνεῖν.

ΕΡΜΗΣΙΑΝΑΞ

Οἵην μὲν φίλος υἱὸς ἀνήγαγεν Οἰάγροιο
    'Αργιόπην Θρῆσσαν στειλάμενος κιθάρην
'Αϊδόθεν· ἔπλευσεν δὲ κακὸν καὶ ἀπειθέα χῶρον,
    ἔνθα Χάρων κοινὴν ἕλκεται εἰς ἄκατον
ψυχὰς οἰχομένων, λίμνη δ' ἐπὶ μακρὸν ἀΰτεῖ   5
    ῥεῦμα διὲκ μεγάλων ῥυομένη δονάκων.
'Αλλ' ἔτλη παρὰ κῦμα μονόζωστος κιθαρίζων
    'Ορφεύς, παντοίους δ' ἐξανέπεισε θεούς,
Κωκυτόν τ' ἀθέμιστον ὑπ' ὀφρύσι μειδήσαντα·
    ἠδὲ καὶ αἰνοτάτου βλέμμ' ὑπέμεινε κυνός,   10
ἐν πυρὶ μὲν φωνὴν τεθοωμένου, ἐν πυρὶ δ' ὄμμα
    σκληρόν, τριστοίχοις δεῖμα φέρον κεφαλαῖς.
"Ενθεν ἀοιδιάων μεγάλους ἀνέπεισεν ἄνακτας
    'Αργιόπην μαλακοῦ πνεῦμα λαβεῖν βιότου.
Οὐ μὴν οὐδ' υἱὸς Μήνης ἀγέραστον ἔθηκε   15
    Μουσαῖος Χαρίτων ἧρανος 'Αντιόπην,
ἥ τε πολὺν μύστῃσιν 'Ελευσῖνος παρὰ πέζαν
    εὐασμὸν κρυφίων ἐξεφόρει λογίων,
'Ράριον ὀργειῶνα νόμῳ διαπομπεύουσα
    Δημήτρᾳ· γνωστὴ δ' ἐστὶ καὶ εἰν 'Αΐδῃ.   20

Und Verstand gewährte. Nun stürmen sie alle dem Guten
Grade vorbei, hieher, dorthin. Der kämpfet um Ehre
Fährlichen Kampf: der läuft nach Gewinn mit niedriger Habsucht:
Jener buhlet um Ruh und um süße Werke der Wohllust,
Alle mit Eifer bemüht, dem nichtigen Wunsch zu begegnen.
Aber o Zevs, du Wolkenumhüllter, der Blitze Gebieter,
Du, der du Alles giebst, befreie die Menschen vom schweren
Unsinn, nimm die Wolke von ihren Seelen o Vater,
Daß sie die Regel ergreifen, nach der du billig und sicher
Alles regierst; damit Wir, denen du Ehre gegönnt hast,
Wieder dich ehren und dich in deinen Thaten besingen,
Wie's dem Sterblichen ziemt: denn weder Menschen noch Göttern
Bleibt ein höheres Loos, als ewig und ewig des Weltalls
Herrschende Regel gerecht in Wort und Werken zu preisen.

Johann Gottfried Herder

HERMESIANAX

Gleichwie Argiope'n auch der geliebte Sohn des Oeagros,
    Heim, mit der Cither bewehrt, führte, dem Thrakischen Spiel,
Aus dem Hades; und schifft' an unerbittlicher Stätte,
    Dort wo Charon drängt in das gemeinsame Boot
Seelen der Abgeschiednen, und wo fernhallend der See tobt,
    Wie er die Flut hinwälzt durch das gewaltige Schilf.
Aber es wagt' an den Wogen die Cither einsam zu spielen
    Orpheus, und lenkte den Sinn nächtlicher Götter beredt.
Auch den Kokytos bestand er, den unter den Brauen unselig
    Lächelnden und das Gesicht jenes entsetzlichen Hunds,
Dem entflammt die gellende Stimm', und entflammt ist das Auge,
    Wild, mit welchem der Kopf, dreyfachgetheilet, erschreckt.
Dort nun Gesang anhebend, erweicht' er die hohen Gebieter,
    Das Argiope Hauch liebliches Lebens empfing,
Auch der Mene Sohn ließ unverherrlicht im Liede
    Nimmer Musaeos, der Huld Liebling, Antiope seyn,
Die, an Eleusis Fuß, der gefeyerten Mutter und Tochter
    An mit geheimem Sinn stimmte das Jubelgeschrey,
Wann sie Demetern dienend, der Rharischen, festliches Klanges,
    Orgien hielt: sie ist selbst noch im Hades berühmt.

Φημὶ δὲ καὶ Βοιωτὸν ἀποπρολιπόντα μέλαθρον
   Ἡσίοδον πάσης ἦρανον ἱστορίης
Ἀσκραίων ἐσικέσθαι ἐρῶνθ᾽ Ἑλικωνίδα κώμην·
   ἔνθεν ὁ γ᾽ Ἡοίην μνώμενος Ἀσκραϊκὴν
πόλλ᾽ ἔπαθεν, πάσας δὲ λόγων ἀνεγράψατο βίβλους   25
   ὑμνῶν, ἐκ πρώτης παιδὸς ἀνερχόμενος.
Αὐτὸς δ᾽ οὗτος ἀοιδός, ὃν ἐκ Διὸς αἶσα φυλάσσει
   ἥδιστον πάντων δαίμονα μουσοπόλων
λεπτὴν ᾗς Ἰθάκην ἐνετείνατο θεῖος Ὅμηρος
   ᾠδῇσιν πινυτῆς εἵνεκα Πηνελόπης,   30
ἣν διὰ πολλὰ παθὼν ὀλίγην ἐσενάσσατο νῆσον,
   πολλὸν ἀπ᾽ εὑρείης λειπόμενος πατρίδος·
ἔκλεε δ᾽ Ἰκαρίου τε γένος καὶ δῆμον Ἀμύκλου
   καὶ Σπάρτην, ἰδίων ἁπτόμενος παθέων.
Μίμνερμος δέ, τὸν ἡδὺν ὃς εὕρετο πολλὸν ἀνατλὰς   35
   ἦχον καὶ μαλακοῦ πνεῦμα τὸ πενταμέτρου,
καίετο μὲν Ναννοῦς, πολιῷ δ᾽ ἐπὶ πολλάκι λωτῷ
   κημωθεὶς κώμους εἶχε σὺν Ἐξαμύῃ,
ἤχθεε δ᾽ Ἑρμόβιον τὸν ἀεὶ βαρὺν ἠδὲ Φερεκλῆν
   ἐχθρόν, μισήσας οἳ᾽ ἀνέπεμψεν ἔπη.   40
Λυδῆς δ᾽ Ἀντίμαχος Λυδηίδος ἐκ μὲν ἔρωτος
   πληγεὶς Πακτωλοῦ ῥεῦμ᾽ ἐπέβη ποταμοῦ·
†δαρδανη δὲ θανοῦσαν ὑπὸ ξηρὴν θέτο γαῖαν
   κλαίων, αιζαον † δ᾽ ἦλθεν ἀποπρολιπὼν
ἄκρην ἐς Κολοφῶνα, γόων δ᾽ ἐνεπλήσατο βίβλους   45
   ἱράς, ἐκ παντὸς παυσάμενος καμάτου.
Λέσβιος Ἀλκαῖος δὲ πόσους ἀνεδέξατο κώμους
   Σαπφοῦς φορμίζων ἱμερόεντα πόθον,
γιγνώσκεις· ὁ δ᾽ ἀοιδὸς ἀηδόνος ἠράσαθ᾽, ὕμνων
   Τήιον ἀλγύνων ἄνδρα πολυφραδίῃ.   50
Καὶ γὰρ τὴν ὁ μελιχρὸς ἐφημίλλητ᾽ Ἀνακρείων
   στελλομένην πολλαῖς ἄμμιγα Λεσβιάσιν·
φοίτα δ᾽ ἄλλοτε μὲν λείπων Σάμον, ἄλλοτε δ᾽ αὐτὴν
   οἰνηρῇ δειρῇ κεκλιμένην πατρίδα
Λέσβον ἐς εὔοινον· τὸ δὲ Μύσιον εἴσιδε Λεκτὸν   55
   πολλάκις Αἰολικοῦ κύματος ἀντιπέρας.
Ἀτθὶς δ᾽ οἷα μέλισσα πολυπρήωνα Κολωνὸν
   λείπουσ᾽ ἐν τραγικαῖς ᾖδε χοροστασίαις

Ferner sag' ich, sein väterlich Haus um die Fremde verlassend,
    Habe Hesiodos sich reichlich mit Wissen geziert,
Gern gewandt nach Askraea, dem Helikonischen Flecken.
    Um Eoea bemüht, um die Askraeerin dort,
Duldet' er viel, und schrieb der Heldinnen sämtliche Bücher,
    Wo mit des Mädchens Preis jeglicher Hymnus beginnt.
Jener Sänger sogar, den Zeus Verhängniß beschirmet,
    Aller, die Musendienst üben, geliebtester Gott,
Strebte zum ärmlichen Ithaka hin, der große Homeros,
    Mit Gesängen, zu lieb, kluge Penelope, dir.
Viel ausstehend um sie, betrat er das kleinere Eiland,
    Ließ sein Geburtsland fern, räumig an Fluren, zurück.
Also weinet' er Ikaros Stamm, und das Volk des Amyklas,
    Sparta auch, und gedacht' eigenes Kummers dabey.
Aber Mimnermos ferner, der diesen lieblichen Ton einst,
    Vieles duldend, erfand, lindes Pentameters Hauch,
Brannte für Nanno: und oft, erschöpft von den vielen Gefechten,
    Wandelt' er kraftlos schon, mit zu dem Schmause gesellt.
Doch Hermobios haßt' er, den lästigen; und dem Pherekles,
    Zürnend wie seinem Feind, sandt' er ein solches Gedicht.
Auch Antimachos hat, von der Liebe zum Lydischen Mädchen
    Lyde verwundet, des Stroms Flut, des Paktolos, berührt.
Als er die Urne der Todten verwahrt in trockenem Boden
    Mit Wehklag' und Gestöhn, kam er, verlassend das Land,
Hin zu Kolophons Höh'n, und erfüllte mit Trauer die Bücher,
    Ihr geweiht: ihm gab Linderung jegliches Leid.
Auch wie viel Alkaeos, der Lesbier, Weisen gelehrt hat,
    Sappho tönend, der Brust lieblich erregte Begier,
Weißt du: es liebte der Sänger die Nachtigall, oft mit des Liedes
    Klug geordnetem Sinn ängstend den Tejischen Mann.
Denn es gesellte zu ihr der süße Anakreon auch sich,
    Wann sie geschmückt in der Schaar Lesbierinnen erschien.
Samos verlassend nun wandert er oft, und oft der Geburtsstadt
    Traubenbegabte Flur, unter dem Speere gebeugt,
Zur weinblühenden Lesbos: es sah von drüben ihn oftmals
    Lektons Vorgebirg auf dem Aeolischen Meer.
So die Attische Biene, vom hügelreichen Kolonos
    Kommend, wann sie den Reihn führte des tragischen Chors,

Βάκχον καὶ τὸν Ἔρωτα Θεωρίδος . . .

. . . . Ζεὺς ἔπορεν Σοφοκλεῖ.　　　　60

Φημὶ δὲ κἀκεῖνον τὸν ἀεὶ πεφυλαγμένον ἄνδρα

καὶ πάντων μῖσος κτώμενον ἐκ †συνοχῶν

πάσας ἀμφὶ γυναῖκας, ὑπὸ σκολιοῖο τυπέντα

τόξου νυκτερινὰς οὐκ ἀποθέσθ' ὀδύνας·

ἀλλὰ Μακηδονίης πάσας κατενίσατο λαύρας　　　　65

† αιγειον, μέθεπεν δ' Ἀρχέλεω ταμίην,

εἰσόκε ⟨δὴ⟩ δαίμων Εὐριπίδη εὗρετ' ὄλεθρον

Ἀρριβίου στυγνῶν ἀντιάσαντι κυνῶν.

Ἄνδρα δὲ τὸν Κυθέρηθεν, ὃν ἐθρέψαντο τιθῆναι

Βάκχου καὶ λωτοῦ πιστότατον ταμίην　　　　70

Μοῦσαι παιδευθέντα Φιλόξενον, οἷα τιναχθεὶς

Ὀρτυγίῃ ταύτης ἦλθε διὰ πτόλεως

γιγνώσκεις, ἀίουσα μέγαν πόθον ὃν Γαλατείῃ

αὐτοῖς μηλείοις θήκαθ' ὑπὸ προγόνοις.

Οἶσθα δὲ καὶ τὸν ἀοιδόν, ὃν Εὐρυπύλου πολιῆται　　　　75

Κῷοι χάλκειον στῆσαν ὑπὸ πλατάνῳ

Βιττίδα μολπάζοντα θοήν, περὶ πάντα Φιλίταν

ῥήματα καὶ πᾶσαν τρυόμενον λαλιήν.

Οὐδὲ μὲν οὐδ' ὁπόσοι σκληρὸν βίον ἐστήσαντο

ἀνθρώπων, σκοτίην μαιόμενοι σοφίην,　　　　80

οὓς αὐτὴ περὶ πυκνὰ λόγοις ἐσφίγξατο μῆτις,

καὶ δεινὴ μύθων κῆδος ἔχουσ' ἀρετή,

οὐδ' οἶδ' αἰνὸν ἔρωτος ἀπεστρέψαντο κυδοιμὸν

μαινομένου, δεινὸν δ' ἦλθον ὑφ' ἡνίοχον.

Οἵη μὲν Σάμιον μανίη κατέδησε Θεανοῦς　　　　85

Πυθαγόρην, ἑλίκων κομψὰ γεωμετρίης

εὑρόμενον, καὶ κύκλον ὅσον περιβάλλεται αἰθὴρ

βαιῇ ἐνὶ σφαίρῃ πάντ' ἀποπλασσάμενον.

Οἵῳ δ' ἐχλίηνεν ὃν ἔξοχον ἔχρη Ἀπόλλων

ἀνθρώπων εἶναι Σωκράτη ἐν σοφίῃ,　　　　90

Κύπρις μηνίουσα πυρὸς μένει· ἐκ δὲ βαθείης

ψυχῆς κουφοτέρας ἐξεπόνησ' ἀνίας,

οἰκί' ἐς Ἀσπασίης πωλεύμενος· οὐδέ τι τέκμαρ

εὗρε, λόγων πολλὰς εὑρόμενος διόδους.

Ἄνδρα ⟨δὲ⟩ Κυρηναῖον ἔσω πόθος ἔσπασεν Ἰσθμοῦ　　　　95

δεινός, ὅτ' Ἀπιδανῆς Λαΐδος ἠράσατο

Sang den Bakchos und Eros; es weckte Theoris Gestalt erst
  Anmuth, welche von Zeus Sophokles eigen bekam.
Auch von jenem sag' ich, dem stets sich bewachenden Manne,
  Welcher von Jugend auf hegend den Haß, an den Frau'n
Alles an allen verfolgte: verletzt von dem krummen Geschosse
  Hab' er nicht zu entfliehn nächtlichen Qualen vermocht.
Er durchirrte die Au'n Makedoniens, viel um Aegino,
  Die als Schaffnerin dort dient' Archelaos, bemüht.
Bis dann endlich ein Gott dem Euripides sandte Verderben,
  Da er in Todesnoth grimmigen Hunden gewehrt.
Aber der Mann aus Kythere, von pflegenden Musen erzogen,
  Der, von ihnen gelehrt, treuester Ordner dem Spiel
Bakchos war und der Flöte, Philoxenos: wie er von Klagen
  Abgehärmt, einmal reiste durch unsere Stadt,
Weißt du ja; du vernahmst die Sehnsucht nach Galatea,
  Die er der Heerden sogar zartem Geschlechte geliehn.
Kennst du den Sänger doch auch, den Eurypylos Bürger, die Koer,
  Schön aufstellten aus Erz, unter des Platanus Laub:
Wie er die flüchtige Bittis besang, Philetas; mit Schmachten
  Alle Worte, den Fluß alles Gekoses erfüllt.
Nicht auch jene sogar, so viel der Menschen das strenge
  Leben gestiftet, und ernst klügelnde Weisheit erforscht,
Die schwerlastend mit Schlüssen bestrickt ihr eigener Tiefsinn,
  Und die Tugend, des Ruhms würdig, die harte, geschätzt:
Selbst nicht diese entgingen den schrecklichen Kämpfen des Eros,
  Unter des schrecklichen Gotts lenkende Zügel gebracht.
Gleichwie Pythagoras einst, den Samier, Liebesbethörung
  Band an Theano; der klug Räthsel der Geometrie,
Linien schlingend, erdacht, und so weit der Äther den Kreis wölbt
  Wohl nachahmend geformt alles an winzigem Ball.
Oder wie Kypris, erzürnt, ihn, welchem es ziemt', in der Weisheit
  Vor dem Haufen des Volks groß zu erscheinen und hoch,
Wärmte mit mächtiger Glut, den Sokrates: nun mit dem tiefen
  Geist ergründet' er nur Sorgen von leichterm Gehalt
Immer besuchend das Haus Aspasiens; konnte kein Ende
  Finden, da er so viel Krümmen der Schlüsse doch fand.
Den von Kyrene auch zog über den Isthmos Verlangen,
  Als er in Lais Netz fiel, der Korinthierin,

152 ΚΑΛΛΙΜΑΧΟΣ

ὀξὺς Ἀρίστιππος, πάσας δ' ἡνήνατο λέσχας
φεύγων, †ουδαμενον εξεφορησεβιωι.

ΚΑΛΛΙΜΑΧΟΣ

Ὅστις ἐμὸν παρὰ σῆμα φέρεις πόδα, Καλλιμάχου με
    ἴσθι Κυρηναίου παῖδά τε καὶ γενέτην.
εἰδείης δ' ἄμφω κεν· ὁ μέν κοτε πατρίδος ὅπλων
    ἦρξεν, ὁ δ' ἤεισεν κρέσσονα βασκανίης.
[οὐ νέμεσις· Μοῦσαι γὰρ ὅσους ἴδον ὄμματι παῖδας   5
    †ἄχρι βίου† πολιοὺς οὐκ ἀπέθεντο φίλους.]

*

ΕΙΣ ΔΙΑ

Ζηνὸς ἔοι τί κεν ἄλλο παρὰ σπονδῇσιν ἀείδειν
λώϊον ἢ θεὸν αὐτόν, ἀεὶ μέγαν, αἰὲν ἄνακτα,
Πηλαγόνων ἐλατῆρα, δικασπόλον Οὐρανίδῃσι;
πῶς καί νιν, Δικταῖον ἀείσομεν ἠὲ Λυκαῖον;
ἐν δοιῇ μάλα θυμός, ἐπεὶ γένος ἀμφήριστον.   5
Ζεῦ, σὲ μὲν Ἰδαίοισιν ἐν οὔρεσί φασι γενέσθαι,
Ζεῦ, σὲ δ' ἐν Ἀρκαδίῃ· πότεροι, πάτερ, ἐψεύσαντο;
'Κρῆτες ἀεὶ ψεῦσται'· καὶ γὰρ τάφον, ὦ ἄνα, σεῖο
Κρῆτες ἐτεκτήναντο· σὺ δ' οὐ θάνες, ἐσσὶ γὰρ αἰεί.
ἐν δέ σε Παρρασίῃ Ῥείη τέκεν, ᾗχι μάλιστα   10
ἔσκεν ὄρος θάμνοισι περισκεπές· ἔνθεν ὁ χῶρος
ἱερός, οὐδέ τί μιν κεχρημένον Εἰλειθυίης
ἑρπετὸν οὐδὲ γυνὴ ἐπιμίσγεται, ἀλλὰ ἑ Ῥείης
ὠγύγιον καλέουσι λεχώιον Ἀπιδανῆες.
ἔνθα σ' ἐπεὶ μήτηρ μεγάλων ἀπεθήκατο κόλπων,   15
αὐτίκα δίζητο ῥόον ὕδατος, ᾧ κε τόκοιο
λύματα χυτλώσαιτο, τεὸν δ' ἐνὶ χρῶτα λοέσσαι.
Λάδων ἀλλ' οὔπω μέγας ἔρρεεν οὐδ' Ἐρύμανθος,
λευκότατος ποταμῶν, ἔτι δ' ἄβροχος ἦεν ἅπασα
Ἀζηνίς· μέλλεν δὲ μάλ' εὔυδρος καλέεσθαι   20

Aristippos, der kluge: da mied er der Weisen Gespräche
  Abgeneigt; ihm floh nichtig das Leben dahin.

August Wilhelm von Schlegel

KALLIMACHOS

Das Grab Kallimachus

Vater und Sohn Kallimachus ruhn im rühmlichen Grab' hier;
  jener durch Waffen der Schlacht; dieser als Sänger berühmt.
Nemesis zürne nicht. Wen Einmal die Musen ersahen,
  bleibt bis zum weissen Haar ihnen ein zärtlicher Freund.

Johann Gottfried Herder

Zeushymnus

Wen säng' ich eher als Ihn, beim Opfer, den grossen Kronion,
Ihn den mächtigen Gott, den ewig gewaltigen Herrscher,
Ihn der Söhne der Erde Besieger, der Himmlischen Richter?
Aber nenn' ich ihn Lycäus, nenn' ich ihn Diktes
Sohn? Noch zweifelt mein Geist, von wannen Du, Vater, ent-
                                                  sprossen?
Dein Geburtsort zu sein, Kronion, rühmet sich Ida,
Rühmet Arkadien sich. Wer täuschet uns, mächtiger Herrscher?
Kreta täuscht uns; es hat Dir ein prächtiges Grabmal errichtet,
Aber nimmer bist Du, Du der Ewge gestorben!
Nein auf Parrhasios Höhn gebahr Dich die himmlische Reia,
Da wo die dichtesten Schatten den Gipfel des Berges bedekken.
Da ist der heilige Ort! an ihm hat keines der Thiere
Je noch ein sterbliches Weib die Freuden der Mutter empfunden!
Dir nur, Reia, ist Apidanäs, so heisst er, geweihet!
Als nun aus göttlichem Schooss Dich da die Mutter geboren,
Suchte sie einen Quell auf dass sie mit sprudelndem Wasser
Von dem zarten Leib den blutigen Unrath Dir wüsche!
Aber damals strömete Ladon noch nicht, Erümanthos
Schäumende Flut noch nicht, unbenezet waren die Fluren,
Wo, an Strömen so reich nun, die Arkadier wohnen!

αὖτις· ἐπεὶ τημόσδε, 'Ρέη ὅτε λύσατο μίτρην,
ἣ πολλὰς ἐφύπερθε σαρωνίδας ὑγρὸς Ἰάων
ἤειρεν, πολλὰς δὲ Μέλας ὤκχησεν ἀμάξας,
πολλὰ δὲ Καρίωνος ἄνω διεροῦ περ ἐόντος
ἰλυοὺς ἐβάλοντο κινώπετα, νίσσετο δ' ἀνήρ   25
πεζὸς ὑπὲρ Κρᾶθίν τε πολύστιόν τε Μετώπην
διψαλέος· τὸ δὲ πολλὸν ὕδωρ ὑπὸ ποσσὶν ἔκειτο.
καί ῥ' ὑπ' ἀμηχανίης σχομένη φάτο πότνια 'Ρείη·
'Γαῖα φίλη, τέκε καὶ σύ· τεαὶ δ' ὠδῖνες ἐλαφραί.'
εἶπε καὶ ἀντανύσασα θεὴ μέγαν ὑψόθι πῆχυν   30
πλῆξεν ὅρος σκήπτρῳ· τὸ δέ οἱ δίχα πουλὺ διέστη,
ἐκ δ' ἔχεεν μέγα χεῦμα· τόθι χρόα φαιδρύνασα,
ὦνα, τεὸν σπείρωσε, Νέδῃ δέ σε δῶκε κομίζειν
κευθμὸν ἔσω Κρηταῖον, ἵνα κρύφα παιδεύοιο,
πρεσβυτάτη Νυμφέων, αἵ μιν τότε μαιώσαντο,   35
πρωτίστη γενεὴ μετά γε Στύγα τε Φιλύρην τε.
οὐδ' ἁλίην ἀπέτεισε θεὴ χάριν, ἀλλὰ τὸ χεῦμα
κεῖνο Νέδην ὀνόμηνε· τὸ μέν ποθι πουλὺ κατ' αὐτό
Καυκώνων πτολίεθρον, ὃ Λέπρειον πεφάτισται,
συμφέρεται Νηρῆι, παλαιότατον δέ μιν ὕδωρ   40
υἱωνοὶ πίνουσι Λυκαονίης ἄρκτοιο.
εὖτε Θενὰς ἀπέλειπεν ἐπὶ Κνωσοῖο φέρουσα,
Ζεῦ πάτερ, ἡ Νύμφη σε (Θεναὶ δ' ἔσαν ἐγγύθι Κνωσοῦ),
τουτάκι τοι πέσε, δαῖμον, ἀπ' ὀμφαλός· ἔνθεν ἐκεῖνο
Ὀμφάλιον μετέπειτα πέδον καλέουσι Κύδωνες.   45
Ζεῦ, σὲ δὲ Κυρβάντων ἑτάραι προσεπηχύναντο
Δικταῖαι Μελίαι, σὲ δ' ἐκοίμισεν Ἀδρήστεια
λίκνῳ ἐνὶ χρυσέῳ, σὺ δ' ἐθήσαο πίονα μαζόν
αἰγὸς Ἀμαλθείης, ἐπὶ δὲ γλυκὺ κηρίον ἔβρως.
γέντο γὰρ ἐξαπιναῖα Πανακρίδος ἔργα μελίσσης   50
Ἰδαίοις ἐν ὄρεσσι, τά τε κλείουσι Πάνακρα.
οὖλα δὲ Κούρητές σε περὶ πρύλιν ὠρχήσαντο
τεύχεα πεπλήγοντες, ἵνα Κρόνος οὔασιν ἠχήν
ἀσπίδος εἰσαΐοι καὶ μή σεο κουρίζοντος.

καλὰ μὲν ἤεξευ, καλὰ δ' ἔτραφες, οὐράνιε Ζεῦ,   55
ὀξὺ δ' ἀνήβησας, ταχινοὶ δέ τοι ἦλθον ἴουλοι.
ἀλλ' ἔτι παιδνὸς ἐὼν ἐφράσσαο πάντα τέλεια·

Denn als Dich Reia gebahr, als sie dem Leben Dich schenkte,
Wuchsen noch auf Jaons Wassern bejahrete Eichen,
Trug auf seinem Rükken Melas noch rollende Wagen,
Fanden auf Karions Strom — der jezt so tobend daherrauscht —
Wilde Thiere noch Schuz und Nahrung und sichere Höhlen.
Durstig wandelte noch der Wandrer über Metopä und Krathis,
Unter ihm rollten im Fels der Ströme hallende Wogen.
Da sprach, zweifelnd, wohin sie sich wende, die mächtige Göttin:
Höre mich, Erde, gebähr auch Du, denn leicht sind die Schmerzen
Die Du leidest. Sprachs und strekte gewaltig den Arm aus,
Schlug mit dem Zepter den Berg und er spaltete sich in zwei
                                                    Klüfte.
Sprudelnd rauscht' ein Quell hervor, da wusch sie den Leib Dir,
Wikkelte Dich in Windeln und gab Dich Neda der Nümphe,
Dass sie nach Krätä Dich trüg' und da Dich heimlich erzöge.
Neda war nach Stüx und Philüra unter den Nümphen,
Welche, da sie gebahr, die Göttin bedienten, die ältste.
Aber nicht umsonst gehorchte der Göttin die Nümphe.
Reia nannte nach ihr den Strom, der eben dem Felsen
Ihrem Befehle gehorchend entquollen, bei der Kaukenen
Stadt, bei Leprias sich mit dem hallenden Meere vermischet.
Seine Wasser trinken noch jezt die Enkel Kallistos.
Also trug Dich der Göttin gehorsam die Nümphe nach Krätä.
Ueber Thenä brachte sie bald Dich nach Knossos, denn nahe
Liegen beide Städte beisammen, Knossos und Thenä.
Jauchzend umarmten Dich da die Weiber der Korübanten,
Sie die Nümphen des Dikte; und in goldener Wiege
Liess Adrasteia Dich ruhn; die süsse Milch Amaltheiens
War Dein Trank und Deine Speise lieblicher Honig.
Ihn bereiteten Dir die Panakrischen emsigen Bienen
Auf dem hohen waldumschatteten Gipfel Panakrons.
Fröhlich umtanzten bewafnet Dich die tapfern Kuräten,
Wild die rasselnden Schild' an einander schlagend, dass Kronos
Ihrer Waffen Geklirr und nicht Dein Schreien vernähme.
Herrlich wuchsest Du Zeus empor, wardst herrlich gebildet;
Gingest bald ein Jüngling einher in der Blüthe des Alters,
Sahest mit männlichem Bart bald Kinn und Wangen umkränzet.
Schon als Knabe warst Du vor allen mit Weisheit begabet.

τῷ τοι καὶ γνωτοὶ προτερηγενέες περ ἐόντες
οὐρανὸν οὐκ ἐμέγηραν ἔχειν ἐπιδαίσιον οἶκον.
δηναιοὶ δ' οὐ πάμπαν ἀληθέες ἦσαν ἀοιδοί·   60
φάντο πάλον Κρονίδησι διάτριχα δώματα νεῖμαι·
τίς δέ κ' ἐπ' Οὐλύμπῳ τε καὶ "Αϊδι κλῆρον ἐρύσσαι,
ὃς μάλα μὴ νενίηλος;...

•

ΕΙΣ ΛΟΥΤΡΑ ΤΗΣ ΠΑΛΛΑΔΟΣ

῞Οσσαι λωτροχόοι τᾶς Παλλάδος ἔξιτε πᾶσαι,
    ἔξιτε· τᾶν ἵππων ἄρτι φρυασσομενᾶν
τᾶν ἱερᾶν ἐσάκουσα, καὶ ἁ θεὸς εὔτυκος ἕρπεν·
    σοῦσθέ νυν, ὦ ξανθαὶ σοῦσθε Πελασγιάδες.
οὔποκ' 'Αθαναία μεγάλως ἀπενίψατο πάχεις,   5
    πρὶν κόνιν ἱππειᾶν ἐξελάσαι λαγόνων·
οὐδ' ὅκα δὴ λύθρῳ πεπαλαγμένα πάντα φέροισα
    τεύχεα τῶν ἀδίκων ἦνθ' ἀπὸ γαγενέων,
ἀλλὰ πολὺ πράτιστον ὑφ' ἅρματος αὐχένας ἵππων
    λυσαμένα παγαῖς ἔκλυσεν 'Ωκεανῶ   10
ἱδρῶ καὶ ῥαθάμιγγας, ἐφοίβασεν δὲ παγέντα
    πάντα χαλινοφάγων ἀφρὸν ἀπὸ στομάτων.
ὦ ἴτ' 'Αχαιιάδες, καὶ μὴ μύρα μηδ' ἀλαβάστρως
    (συρίγγων ἀίω φθόγγον ὑπαξόνιον),
μὴ μύρα λωτροχόοι τᾷ Παλλάδι μηδ' ἀλαβάστρως   15
    (οὐ γὰρ 'Αθαναία χρίματα μεικτὰ φιλεῖ)
οἴσετε μηδὲ κάτοπτρον· ἀεὶ καλὸν ὄμμα τὸ τήνας.
    οὐδ' ὅκα τὰν ῎Ιδᾳ Φρὺξ ἐδίκαζεν ἔριν,
οὔτ' ἐς ὀρείχαλκον μεγάλα θεὸς οὔτε Σιμοῦντος
    ἔβλεψεν δίναν ἐς διαφαινομέναν·   20
οὐδ' ῞Ηρα· Κύπρις δὲ διαυγέα χαλκὸν ἑλοῖσα
    πολλάκι τὰν αὐτὰν δὶς μετέθηκε κόμαν.
ἁ δὲ δὶς ἑξήκοντα διαθρέξασα διαύλως,
    οἷα παρ' Εὐρώτᾳ τοὶ Λακεδαιμόνιοι
ἀστέρες, ἐμπεράμως ἐτρίψατο λιτὰ βαλοῖσα   25
    χρίματα, τᾶς ἰδίας ἔκγονα φυταλιᾶς,
ὦ κῶραι, τὸ δ' ἔρευθος ἀνέδραμε, πρώϊον οἷαν
    ἢ ῥόδον ἢ σίβδας κόκκος ἔχει χροϊάν.

Drum gestatteten Dir auch gern die älteren Brüder
Im Olümpos zu thronen, Euch allen vom Vater gegeben.
Denn erdichtet ist was die Sänger der Vorzeit erzählen,
Kronos Reich sei durchs Loos in 3. gleiche Theile getheilet.
Traun es stritt' ein Thor nur durchs Loos ob er im Olümpos . . . .

Wilhelm von Humboldt

DAS BAD DER PALLAS

Badegehülfinnen ihr der Pallas, gehet, ihr alle
  Gehet hervor! Ich hört' eben des Rossegespanns
Wiehern, des heiligen, schon; bereitet naht sich die Göttin.
  Eilt, blondlockige, nun! eile, Pelasgierin!
Niemals hat Athenaea die mächtigen Arme gewaschen,
  Eh sie den Rossen den Staub ab von den Weichen geschwemmt;
Nicht selbst, als die mit Blut überall besudelte Waffen
  Tragend, vom frechen Heer Erdegebohrener kam.
Sondern vor allen zuerst der Pferde Nacken vom Wagen
  Löste sie, spülte dann ab in des Okeanos Quell
Schweiß und besprengende Tropfen, und reinigte ganz den ver-
                              dickten
  Schaum von ihren gebißknirschenden Mäulern hinweg.
Geht, o Achaeerinnen! Noch Balsam, noch Onyxgefäße,
  (Hör' ich die Axe nicht schon laut in den Naben sich drehn?)
Balsam, ihr Badegehülfinnen, nicht, noch Onyxgefäße,
  (Denn Athenaea liebt nicht ja der Salben Gemisch)
Bringet, noch Spiegel, herbey. Schön glänzt ihr immer das Auge.
  Nicht da der Phryger den Zwist dort auf dem Ida entschied,
Schaute die große Göttin in Orichalkon, und nicht auch
  In durchsichtige Flut, Simois Wirbel, hinab;
Noch auch Here; nur Kypris, das strahlende Erz in den Händen,
  Ordnete zweymal oft eben dasselbige Haar
Jene, wann sie der Bahnen an zweymal sechzig durchmessen,
  Wie an Eurotas Rand pflegte das Doppelgestirn
Lakedaemons, dann rieb, wohlkundig, sie nur die geringe
  Salbe sich ein, vom ihr eignen Gewächse gezeugt:
O ihr Mädchen! es hub die Röthe sich ihr, wie die frühen
  Rosen, oder das Korn in der Granate gefärbt.

τῷ καὶ νῦν ἄρσεν τι κομίσσατε μῶνον ἔλαιον,
  ᾧ Κάστωρ, ᾧ καὶ χρίεται Ἡρακλέης·   30
οἴσετε καὶ κτένα οἱ παγχρύσεον, ὡς ἀπὸ χαίταν
  πέξηται, λιπαρὸν σμασαμένα πλόκαμον.

ἔξιθ, Ἀθαναία· πάρα τοι καταθύμιος ἴλα,
  παρθενικαὶ μεγάλων παῖδες Ἀρεστοριδᾶν·
ὠθάνα, φέρεται δὲ καὶ ἀ Διομήδεος ἀσπίς,   35
  ὡς ἔθος Ἀργείως τοῦτο παλαιοτέρως
Εὐμήδης ἐδίδαξε, τεῒν κεχαρισμένος ἱρεύς·
  ὃς ποκα βωλευτὸν γνοὺς ἐπὶ οἱ θάνατον
δᾶμον ἑτοιμάζοντα φυγᾷ τεὸν ἱρὸν ἄγαλμα
  ᾤχετ' ἔχων, Κρεῖον δ' εἰς ὄρος ᾠκίσατο,   40
Κρεῖον ὄρος· σὲ δέ, δαῖμον, ἀπορρώγεσσιν ἔθηκεν
  ἐν πέτραις, αἷς νῦν οὔνομα Παλλατίδες.
ἔξιθ', Ἀθαναία περσέπτολι, χρυσεοπήληξ,
  ἵππων καὶ σακέων ἁδομένα πατάγῳ.

σάμερον, ὑδροφόροι, μὴ βάπτετε — σάμερον, Ἄργος,   45
  πίνετ' ἀπὸ κρανᾶν μηδ' ἀπὸ τῶ ποταμῶ·
σάμερον αἱ δῶλαι τὰς κάλπιδας ἢ 'ς Φυσάδειαν
  ἢ ἐς Ἀμυμώναν οἴσετε τὰν Δαναῶ.
καὶ γὰρ δὴ χρυσῷ τε καὶ ἄνθεσιν ὕδατα μείξας
  ἡξεῖ φορβαίων Ἴναχος ἐξ ὀρέων   50
τἀθάνᾳ τὸ λοετρὸν ἄγων καλόν. ἀλλά, Πελασγέ,
  φράζεο μὴ οὐκ ἐθέλων τὰν βασίλειαν ἴδῃς.
ὅς κεν ἴδῃ γυμνὰν τὰν Παλλάδα τὰν πολιοῦχον,
  τὦργος ἐσοψεῖται τοῦτο πανυστάτιον.
πότνι' Ἀθαναία, σὺ μὲν ἔξιθι· μέσφα δ' ἐγώ τι   55
  ταῖσδ' ἐρέω· μῦθος δ' οὐκ ἐμός, ἀλλ' ἑτέρων.
παῖδες, Ἀθαναία νύμφαν μίαν ἔν ποκα Θήβαις
  πουλύ τι καὶ πέρι δὴ φίλατο τᾶν ἑτερᾶν,
ματέρα Τειρεσίαο, καὶ οὔποκα χωρὶς ἔγεντο·
  ἀλλὰ καὶ ἀρχαίων εὖτ' ἐπὶ Θεσπιέων   60
‒∪∪‒∪∪‒∪ ἢ εἰς Ἁλίαρτον ἐλαύνοι
  ἵππως, Βοιωτῶν ἔργα διερχομένα,
ἢ 'πὶ Κορωνείας, ἵνα οἱ τεθυωμένον ἄλσος
  καὶ βωμοὶ ποταμῷ κεῖντ' ἐπὶ Κουραλίῳ,

Darum bietet allein auch jetzt das männliche Oel ihr,
  Welches den Kastor, womit selber Herakles sich salbt.
Bringt ganz golden ihr ferner den Kamm, damit sie das Haupthaar
  Ebnend, streiche mit ihm glänzende Locken hindurch.
Geh, Athenaea, hervor! schon harrt die willkommene Schaar
                                                    dein:
  Jungfrau'n alle, dein groß Akestoridengeschlecht.
O Athene! es wird auch der Schild Diomedes getragen,
  Wie den Argeiern einst diesen bejahrten Gebrauch
Hat Eumedes gelehrt, der dir gefällige Priester,
  Welcher, da er erfuhr, daß den beschlossenen Tod
Ihm bereite das Volk, durch Flucht dein heiliges Bildniß
  Mit sich entriß, ins Gebirg Kreons darauf sich begab,
Kreons Gebirg; und dich, du Göttliche, barg in den Klüften
  Schroffer Felsen, daher jetzt Pallatiden genannt.
Komm, Athenaea, du Städteverwüsterin, goldengehelmte,
  Die an der Rosse sich freut, und an der Schilde Getös!
Heute taucht nicht ein, ihr Wassertragenden; heute
  Trinkt von den Quellen bloß Argos, und nicht von dem Strom.
Heute traget, ihr Mägde, die Krüge zum Born Physadea;
  Oder, des Danaos Kind, füll' Amymone sie euch.
Denn es wird, mit Blüthen und Gold die Gewäßer vermischend.
  Von viehweidenden Höh'n Inachos kommen herab,
Führend ein Bad für Athene, ein liebliches. Aber Pelasger,
  Sorge, die Königin nicht wider Begehren zu sehn!
Denn wer Pallas nackt, die Städtebeschützerin, anschaut,
  Der hat dieses zuletzt unter den Dingen erblickt.
Geh, Athenaea, hervor, Ehrwürdige! Diesen erzähl' ich
  Unterdessen; es ist Andrer die Sage, nicht mein.

Mädchen, es liebt' einmal Athenaea der Nymphen in Thebe
  Eine so sehr, zog weit allen Gespielinnen vor
Sie, des Tiresias Mutter; und niemals schieden die beyden.
  Sondern, wenn sie nunmehr Thespiäs altes Gebiet,
Jetzo Koronea, und jetzt Haliartos besuchte,
  Durch der Boeoter Flur lenkend ihr schönes Gespann;
Jetzo Koronea, wo lieblich duftend ein Hain ihr
  Grünt, wo Altär' am Strom dort des Koralios stehn:

πολλάκις ἁ δαίμων νιν ἑῷ ἐπεβάσατο δίφρῳ,   65
   οὐδ' ὅαροι νυμφᾶν οὐδὲ χοροστασίαι
ἁδεῖαι τελέθεσκον, ὅκ' οὐχ ἁγεῖτο Χαρικλώ·
   ἀλλ' ἔτι καὶ τήναν δάκρυα πόλλ' ἔμενε,
καίπερ 'Αθαναίᾳ καταθύμιον ἔσσαν ἑταίραν.
   δή ποκα γὰρ πέπλων λυσαμένα περόνας   70
ἵππω ἐπὶ κράνᾳ 'Ελικωνίδι καλὰ ῥεοίσᾳ
   λῶντο· μεσαμβρινὰ δ' εἶχ' ὄρος ἁσυχία.
ἀμφότεραι λώοντο, μεσαμβριναὶ δ' ἔσαν ὧραι,
   πολλὰ δ' ἁσυχία τῆνο κατεῖχεν ὄρος.
Τειρεσίας δ' ἔτι μῶνος ἁμᾶ κυσὶν ἄρτι γένεια   75
   περκάζων ἱερὸν χῶρον ἀνεστρέφετο·
διψάσας δ' ἄφατόν τι ποτὶ ῥόον ἤλυθε κράνας,
   σχέτλιος· οὐκ ἐθέλων δ' εἶδε τὰ μὴ θεμιτά.
τὸν δὲ χολωσαμένα περ ὅμως προσέφασεν 'Αθάνα·
   'τίς σε, τὸν ὀφθαλμὼς οὐκέτ' ἀποισόμενον,   80
ὦ Εὐηρείδα, χαλεπὰν ὁδὸν ἄγαγε δαίμων;'
   ἁ μὲν ἔφα, παιδὸς δ' ὄμματα νὺξ ἔλαβεν.
ἑστάκη δ' ἄφθογγος, ἐκόλλασαν γὰρ ἀνῖαι
   γώνατα καὶ φωνὰν ἔσχεν ἀμαχανία.
ἁ νύμφα δ' ἐβόασε· 'τί μοι τὸν κῶρον ἔρεξας   85
   πότνια; τοιαῦται, δαίμονες, ἐστὲ φίλαι;
ὄμματά μοι τῶ παιδὸς ἀφείλεο. τέκνον ἄλαστε,
   εἶδες 'Αθαναίας στήθεα καὶ λαγόνας,
ἀλλ' οὐκ ἀέλιον πάλιν ὄψεαι. ὢ ἐμὲ δειλάν,
   ὢ ὄρος, ὢ 'Ελικὼν οὐκέτι μοι παριτέ,   90
ἦ μεγάλ' ἀντ' ὀλίγων ἐπράξαο· δόρκας ὀλέσσας
   καὶ πρόκας οὐ πολλὰς φάεα παιδὸς ἔχεις.'
ἁ μὲν ⟨ἃμ'⟩ ἀμφοτέραισι φίλον περὶ παῖδα λαβοῖσα
   μάτηρ μὲν γοερᾶν οἶτον ἀηδονίδων
ἆγε βαρὺ κλαίοισα, θεὰ δ' ἐλέησεν ἑταίραν.   95
   καὶ νιν 'Αθαναία πρὸς τόδ' ἔλεξεν ἔπος·
'δῖα γύναι, μετὰ πάντα βαλεῦ πάλιν ὅσσα δι' ὀργάν
   εἶπας· ἐγὼ δ' οὔ τοι τέκνον ἔθηκ' ἀλαόν.
οὐ γὰρ 'Αθαναίᾳ γλυκερὸν πέλει ὄμματα παίδων
   ἁρπάζειν· Κρόνιοι δ' ὧδε λέγοντι νόμοι·   100
ὃς κε τιν' ἀθανάτων, ὅκα μὴ θεὸς αὐτὸς ἕληται,
   ἀθρήσῃ, μισθῶ τοῦτον ἰδεῖν μεγάλω.

Oftmals stellte die Göttin sie neben sich dann auf den Wagen.
    Weder der Nymphen Geschwätz, weder der Reigen im Chor
War ihr süß und gefällig, wenn nicht anführte Chariklo.
    Aber es warteten noch häufige Thränen auf die,
War sie gleich Athenaea's gemüthliche liebe Genossin.
    Denn da sie einst des Gewands haltende Spangen gelöst
Am schönfließenden Born des Helikonischen Rosses,
    Badeten sie; das Gebirg ruht' in der Mitte des Tags [...]
Nur mit den Hunden noch Tiresias, eben am Kinne
    Zart gebräunt, umirrt' einsam den heiligen Ort.
Folgend unlöschbarem Durste, gelangt' er zur Welle des Bornes,
    Armer! und sah ungern, was zu erschauen nicht ziemt.
Aber, obschon erzürnt, doch redet' ihn an Athenaea:
    Was für ein Gott, o du, welcher die Augen von hier
Nie wegträgt, Eueride, hat schadenden Weg dich geführet?
    Also sprach sie, es fiel Nacht auf des Jünglinges Blick.
Dieser stand sprachlos; denn Weh' umstrickte die Kniee
    Fest ihm, die Stimme hielt bange Bestürzung zurück.
Aber es schrie die Nymphe: Was thatest du mir an dem Knaben,
    Hohe? Der Freundschaft Bund, Göttinnen, ehrt ihr ihn so?
Mir zu entreißen des Sohnes Gesicht! Du hast Athenaea's,
    Mein unglückliches Kind, Hüften und Brüste gesehn,
Aber du schauest die Sonne nicht mehr. O wehe mir Armen!
    Helikon! künftig von mir nimmer betretnes Gebirg!
Kleines vergiltst du mit Großem fürwahr: um wen'ge Gazellen,
    Wenige Rehe gebracht, nimmst du die Augen des Sohns.
So den geliebten Knaben mit beyden Armen umschlingend,
    Hob die Mutter nun an, weinend, das Jammergetön
Klagender Nachtigallen. Und ihrer Genossin erbarmte
    Gleich sich die Göttin, und sprach tröstende Worte zu ihr:
Herrliches Weib, nimm alles zurück, so viel du im Zorne
    Vorgebracht, nicht ich habe geblendet dein Kind.
Ist es ja doch Athenaeen nicht süß, die Augen der Knaben
    Weg zu rauben; doch so saget des Kronos Gesetz:
Wer der Unsterblichen einen, wofern der Gott es nicht selber
    Wählet, erblickt, dem kommt theuer das Schauen zu stehn.

δῖα γύναι, τὸ μὲν οὐ παλινάγρετον αὖθι γένοιτο
   ἔργον, ἐπεὶ Μοιρᾶν ὧδ' ἐπένησε λίνα,
ἀνίκα τὸ πρᾶτόν νιν ἐγείναο· νῦν δὲ κομίζευ,   105
   ὦ Εὐηρείδα, τέλθος ὀφειλόμενον.
πόσσα μὲν ἁ Καδμηὶς ἐς ὕστερον ἔμπυρα καυσεῖ,
   πόσσα δ' Ἀρισταῖος, τὸν μόνον εὐχόμενοι
παῖδα, τὸν ἁβατὰν Ἀκταίονα, τυφλὸν ἰδέσθαι.
   καὶ τῆνος μεγάλας σύνδρομος Ἀρτέμιδος   110
ἔσσεται· ἀλλ' οὐκ αὐτὸν ὅ τε δρόμος αἵ τ' ἐν ὄρεσσι
   ῥυσεῦνται ξυναὶ τᾶμος ἐκαβολίαι,
ὁππόταν οὐκ ἐθέλων περ ἴδῃ χαρίεντα λοετρά
   δαίμονος· ἀλλ' αὐταὶ τὸν πρὶν ἄνακτα κύνες
τουτάκι δειπνησεῦντι· τὰ δ' υἱέος ὀστέα μάτηρ   115
   λεξεῖται δρυμὼς πάντας ἐπερχομένα·
ὀλβίσταν δ' ἐρέει σε καὶ εὐαίωνα γενέσθαι
   ἐξ ὀρέων ἀλαὸν παῖδ' ὑποδεξαμέναν.
ὦ ἑτάρα, τῷ μή τι μινύρεο· τῷδε γὰρ ἄλλα
   τεῦ χάριν ἐξ ἐμέθεν πολλὰ μενεῦντι γέρα.   120
μάντιν ἐπεὶ θησῶ νιν ἀοίδιμον ἐσσομένοισιν,
   ἢ μέγα τῶν ἄλλων δή τι περισσότερον.
γνωσεῖται δ' ὄρνιχας, ὃς αἴσιος οἵ τε πέτονται
   ἤλιθα καὶ ποίων οὐκ ἀγαθαὶ πτέρυγες.
πολλὰ δὲ Βοιωτοῖσι θεοπρόπα, πολλὰ δὲ Κάδμῳ   125
   χρησεῖ, καὶ μεγάλοις ὕστερα Λαβδακίδαις.
δωσῶ καὶ μέγα βάκτρον, ὅ οἱ πόδας ἐς δέον ἀξεῖ,
   δωσῶ καὶ βιότω τέρμα πολυχρόνιον,
καὶ μόνος, εὖτε θάνῃ, πεπνυμένος ἐν νεκύεσσι
   φοιτασεῖ, μεγάλῳ τίμιος Ἀγεσίλᾳ.'   130
ὣς φαμένα κατένευσε· τὸ δ' ἐντελές, ᾧ κ' ἐπινεύσῃ
   Παλλάς, ἐπεὶ μώνᾳ Ζεὺς τόγε θυγατέρων
δῶκεν Ἀθαναίᾳ πατρώια πάντα φέρεσθαι.
   λωτροχόοι, μάτηρ δ' οὔτις ἔτικτε θεάν,
ἀλλὰ Διὸς κορυφά. κορυφὰ Διὸς οὐκ ἐπινεύει   135
   ψεύδεα   αι θυγάτηρ.

ἔρχετ' Ἀθαναία νῦν ἀτρεκές· ἀλλὰ δέχεσθε
   τὰν θεόν, ὦ κῶραι, τὦργον ὅσαις μέλεται,
σύν τ' εὐαγορίᾳ σύν τ' εὔγμασι σύν τ' ὀλολυγαῖς.

Herrliches Weib, was geschah, nicht wiederruflicher Art ists,
  Weil es also mit ihm lenkte der Mören Gespinnst,
Damals, als du ihn eben gebahrst: du aber empfange,
  O Eueride! nunmehr jenes beschiedene Loos.
Ach wie viel wohl böte dereinst Brandopfer Kadmeis,
  Und Aristaeos wie viel, flehend, den einzigen Sohn,
Blühend in zarter Jugend, Aktaeon blind nur zu sehen!
  Und Mitjäger ja wird dieser der mächtigen seyn,
Artemis; aber es rettet noch Jagd, noch auf den Gebirgen
  Oft gemeinsam geübt, Zielen des Bogens ihn dann
Wann er, obschon unwillig, der Göttin liebliches Bad sieht,
  Sondern ihn werden selbst, ihren Gebieter zuvor,
Eigene Hund' aufzehren; die Mutter wird die Gebeine
  Sammeln des Sohns, umher streichend im Wald' überall.
Und sie wird Glückseligste dich, und Gesegnete nennen,
  Daß du geblendet den Sohn aus den Gebirgen empfingst.
O Genossin, deshalb nicht jammere! Diesen erwartet,
  Dir zu Liebe, von mir mancherley Ehrengeschenk.
Denn ich mach' ihn zum Seher, besungen von kommenden Altern,
  Daß er weit in der Kunst rage vor allen hervor.
Kennen soll er die Vögel: was günstige, welche nach Willkühr
  Fliegen, und welche Art schädliche Fittige schwingt.
Viel Verkündungen wird den Boeotern, viele dem Kadmos
  Er weißagen, und einst Labdakos großem Geschlecht.
Einen Stab auch will ich, der recht ihm lenke die Füße,
  Und vieljähriges Ziel will ich dem Leben verleihn.
Er allein, wann er stirbt, wird unter den Schatten verständig
  Wandeln umher, von des Volks großem Versammler geehrt.
Sprach es und winkte dazu; untrüglich ist aber, was winkend
  Pallas verheißt: denn dieß gab von den Töchtern allein
Zeus Athenaeen, zu erben vom Vater jegliches Vorrecht.
  Keine Mutter, wißt, brachte die Göttin ans Licht,
Sondern die Scheitel des Zeus. Zeus Scheitel winket Betrug nie;
  Unvollendet auch nicht blieb, was die Tochter gewinkt.

Augenscheinlich nun naht Athenaea sich; aber die Göttin,
  Ihr Jungfrauen, empfangt, denen die Sorge gebührt,
Mit lobredendem Munde, mit Jubelgeschrey und Gebeten.

χαῖρε, θεά, κάδευ δ' Ἄργεος Ἰναχίω.   140
χαῖρε καὶ ἐξελάοισα, καὶ ἐς πάλιν αὖτις ἐλάσσαις
   ἵππως, καὶ Δαναῶν κλᾶρον ἄπαντα σάω.

*

Εἶπας '"Ἥλιε χαῖρε' Κλεόμβροτος ὡμβρακιώτης
   ἥλατ' ἀφ' ὑψηλοῦ τείχεος εἰς Ἀΐδην,
ἄξιον οὐδὲν ἰδὼν θανάτου κακόν, ἀλλὰ Πλάτωνος
   ἓν τὸ περὶ ψυχῆς γράμμ' ἀναλεξάμενος.

*

Εἰ μὲν ἑκών, Ἀρχῖν', ἐπεκώμασα, μυρία μέμφου,
   εἰ δ' ἄκων ἥκω, τὴν προπέτειαν ἔα.
Ἄκρητος καὶ Ἔρως μ' ἠνάγκασαν, ὧν ὁ μὲν αὐτῶν
   εἷλκεν, ὁ δ' οὐκ εἴα τὴν προπέτειαν ἐᾶν.
ἐλθὼν δ' οὐκ ἐβόησα, τίς ἢ τίνος, ἀλλ' ἐφίλησα   5
   τὴν φλιήν· εἰ τοῦτ' ἔστ' ἀδίκημ', ἀδικέω.

*

Καὶ πάλιν, Εἰλήθυια, Λυκαινίδος ἐλθὲ καλεύσης
   εὔλοχος ὠδίνων ὧδε σὺν εὐτοκίῃ·

Heil dir, Göttin! beschirm' Argos Inachische Stadt.
Heil dir, wann du sie treibest hinaus, und wieder herbey lenkst
Deine Ross', und verleih Segen des Danaos Land.

August Wilhelm von Schlegel

»Leb wohl, du Sonnenlicht!« Mit diesem Worte
Sprang von der höchsten Zinne steiler Mauern
Kleombrotos hinab zur Hadespforte,
Zum dunklen Reich der Toten, ohne Schauern.

Und kein erlittnes Unglück ist's gewesen,
Was ihn den Tod zu suchen angetrieben:
Nur dies, daß er das eine Buch gelesen,
Das »von der Seele« Plato einst geschrieben.

August Oehler

Schwärmt' ich vor deiner Türe diese Nacht
Freiwillig, magst, Archinos, du mich schelten,
Doch kam ich willenlos, laß nimmer gelten
Dein vorschnell Urteil, laß, was unbedacht.

Mich zwang des ungemischten Weines Macht
Und Eros auch; der erste von den zwein
Zog durch die Straßen mich, der Liebe Pein,
Sie ließ mich lassen nicht, was unbedacht.

Und da ich kam, schrie ich nicht ungeduldig:
»Wer da?« wie es die Art der Zecher ist;
Der Türe Pfosten nur hab' ich geküßt —
Ist dies schon eine Schuld, so bin ich schuldig.

August Oehler

So komme, Herrin, wenn Lykainis schreit,
Komm, Eileithyia, noch zu andern Malen,
Du Helferin bei des Gebärens Qualen,
Und also werde glücklich sie befreit,

ὡς τόδε νῦν μέν, ἄνασσα, κόρης ὕπερ, ἀντὶ δὲ παιδός
ὕστερον εὐώδης ἄλλο τι νηὸς ἔχοι.

ΡΙΑΝΟΣ

Ἤ ἄρα δὴ μάλα πάντες ἁμαρτίνοοι πελόμεσθα
ἄνθρωποι, φέρομεν δὲ θεῶν ἑτερόρροπα δῶρα
ἀφραδέϊ κραδίῃ· βιότοιο μὲν ὃς κ' ἐπιδευὴς
στρωφᾶται, μακάρεσσιν ἔπι ψόγον αἰνὸν ἰάπτει
ἀχνύμενος, σφετέρην δ' ἀρετὴν καὶ θυμὸν ἀτίζει,   5
οὐδέ τι θαρσαλέος νοέειν ἔπος οὐδέ τι ῥέξαι,
ἐρριγὼς ὅθι τ' ἄνδρες ἐχεκτέανοι παρέωσιν,
καὶ οἱ θυμὸν ἔδουσι κατηφείῃ καὶ ὀϊζύς.
Ὃς δέ κεν εὐοχθῇσι, θεὸς δ' ἐπὶ ὄλβον ὀπάζῃ
καὶ πολυκοιρανίην, ἐπιλήθεται οὕνεκα γαῖαν   10
ποσσὶν ἐπιστείβει θνητοὶ δέ οἱ εἰσὶ τοκῆες,
ἀλλ' ὑπεροπλίῃ καὶ ἁμαρτωλῇσι νόοιο
ἶσα Διὶ βρομέει, κεφαλὴν δ' ὑπέραυχον ἀνίσχει,
καίπερ ἐὼν ὀλίγος, μνᾶται δ' εὔπηχυν Ἀθήνην,
ἠέ τιν' ἀτραπιτὸν τεκμαίρεται Οὔλυμπόνδε,   15
ὥς κε μετ' ἀθανάτοισιν ἀρίθμιος εἰλαπινάζῃ.
Ἡ δ' Ἄτη ἁπαλοῖσι μετατρωχῶσα πόδεσσιν
ἄκρης ἐν κεφαλῇσιν ἀνώϊστος καὶ ἄφαντος
ἄλλοτε μὲν γραίῃσι νεωτέρη, ἄλλοτε δ' αὖτε
ὁπλοτέρῃσι γρηῢς ἐφίσταται ἀμπλακίῃσιν,   20
Ζηνὶ θεῶν κρείοντι Δίκῃ τ' ἐπίηρα φέρουσα.

ΦΑΝΟΚΛΗΣ
ΕΡΩΤΕΣ Η ΚΑΛΟΙ

Ἤ ὡς Οἰάγροιο πάϊς Θρηίκιος Ὀρφεὺς
ἐκ θυμοῦ Κάλαϊν στέρξε Βορηϊάδην,

Wie jetzt, da für ein Mädchen danken soll
Dies Weihgeschenk: o möge einen Knaben
Dereinst ein andres zu bedeuten haben
In deinem Hause, das von Düften voll.

August Oehler

RHIANOS

DER UNGLÜCKLICHE ARME UND REICHE

Also irren wir Menschen mit unsern Seelen. Wir alle
Tragen die Gaben, die uns der Götter prüfende Waage
Zuwog, in unverständiger Brust. Der Dürftige klaget
Traurig und mißt den Göttern von seinem Uebel die Schuld bei,
Achtet sich selbst nicht mehr, nicht mehr die männliche Tugend,
Wagt zu sprechen nicht mehr, nicht mehr zu beginnen was Edles,
Sondern schaudert und bebt, wenn die reichen Mächtigen dastehn;
Kummer und Elend nagen ihm stets das welkende Herz ab.
Jener im Gegentheil, dem über viele zu herrschen
Gott gab und ihm Güter und Glück gewährete, denkt nicht,
Wem zu gut er die Erde mit seinen Füssen betrete;
Er vergisset, daß die ihn erzeugten, Sterbliche waren,
Donnert in seinem Stolze dem Zevs gleich, hebet das Haupt hoch,
Ob er ein Zwerg gleich ist und buhlt um die schöne Minerva,
Oder spähet sich gar einen Schleichweg aus zum Olympus,
Daß an der Göttertafel er mit Unsterblichen speise.
Aber es schleicht auch ihm mit leisen Tritten die Ate
Ungesehen heran und unerwartet: sie gehet
Auf dem Scheitel der Menschen; den Alten erscheinet sie Jungfrau,
Jünglingen alt; doch bringt sie jedem Verbrechen die Strafe
Und vollführet Jupiters Amt und der strengen Vergeltung.

Johann Gottfried Herder

PHANOKLES

Oder wie einst, von Oeagros erzeugt, der Thrakier Orpheus,
    Kalais aus dem Gemüth liebte, des Boreas Sohn.

πολλάκι δὲ σκιεροῖσιν ἐν ἄλσεσιν ἕζετ' ἀείδων
   ὃν πόθον, οὐδ' ἦν οἱ θυμὸς ἐν ἡσυχίῃ,
ἀλλ' αἰεί μιν ἄγρυπνοι ὑπὸ ψυχῇ μελεδῶναι   5
   ἔτρυχον, θαλερὸν δερκομένου Κάλαϊν.
Τὸν μὲν Βιστονίδες κακομήχανοι ἀμφιχυθεῖσαι
   ἔκτανον, εὐήκη φάσγανα θηξάμεναι,
οὕνεκα πρῶτος ἔδειξεν ἐνὶ Θρήκεσσιν ἔρωτας
   ἄρρενας, οὐδὲ πόθους ἤνεσε θηλυτέρων.   10
Τοῦ δ' ἀπὸ μὲν κεφαλὴν χαλκῷ τάμον, αὐτίκα δ' αὐτὴν
   εἰς ἅλα Θρηϊκίῃ ῥῖψαν ὁμοῦ χέλυϊ
ἥλῳ καρτύνασαι, ἵν' ἐμφορέοιντο θαλάσσῃ
   ἄμφω ἅμα, γλαυκοῖς τεγγόμεναι ῥοθίοις.
Τὰς δ' ἱερῇ Λέσβῳ πολιὴ ἐπέκελσε θάλασσα·   15
   ἠχὴ δ' ὡς λιγυρῆς πόντον ἐπέσχε λύρης,
νήσους τ' αἰγιαλούς θ' ἁλιμυρέας, ἔνθα λίγειαν
   ἀνέρες Ὀρφείην ἐκτέρισαν κεφαλήν,
ἐν δὲ χέλυν τύμβῳ λιγυρὴν θέσαν, ἣ καὶ ἀναύδους
   πέτρας καὶ Φόρκου στυγνὸν ἔπειθεν ὕδωρ.   20
Ἐκ κείνου μολπαί τε καὶ ἱμερτὴ κιθαριστὺς
   νῆσον ἔχει, πασέων δ' ἐστὶν ἀοιδοτάτη.
Θρῆκες δ' ὡς ἐδάησαν ἀρήϊοι ἔργα γυναικῶν
   ἄγρια, καὶ πάντας δεινὸν ἐσῆλθεν ἄχος,
ἃς ἀλόχους ἔστιζον, ἵν' χροῒ σήματ' ἔχουσαι   25
   κυάνεα στυγεροῦ μὴ λελάθοιντο φόνου·
ποινὰς δ' Ὀρφῆϊ κταμένῳ τίνουσι γυναῖκες
   εἰσέτι νῦν κείνης εἵνεκεν ἀμπλακίης.

ΘΕΟΚΡΙΤΟΣ

ΦΑΡΜΑΚΕΥΤΡΙΑ

Πᾷ μοι ταὶ δάφναι; φέρε, Θεστυλί. πᾷ δὲ τὰ φίλτρα;
στέψον τὰν κελέβαν φοινικέῳ οἰὸς ἀώτῳ,
ὡς τὸν ἐμὸν βαρὺν εὖντα φίλον καταδήσομαι ἄνδρα,
ὅς μοι δωδεκαταῖος ἀφ' ὧ τάλας οὐδὲ ποθίκει,

Oftmals saß er nunmehr in den schattigen Hainen, besingend
  Sein Verlangen, und nie war ihm der Busen in Ruh.
Sondern im Geiste geheim schlaflose Bekümmerniß immer
  Härmt' ihn, er schaute nur an Kalais blüh'nde Gestalt.
Aber die Bistoniden, umdrängend, tödteten jenen,
  Grausame, welche für ihn schneidende Schwerter gewetzt,
Weil er im Thrakischen Volke zuerst die männliche Liebe,
  Hatte gelehrt, und nicht weibliches Sehnen erfüllt.
Und sie hieben sein Haupt mit dem Erz ab, warfen alsbald es
  In die Thrakische See hin mit der Laute zugleich,
Fest mit dem Nagel daran es heftend, daß in dem Meere
  Beyde zusammen genetzt schwommen von blaulicher Flut.
An die heilige Lesbos nun spülte sie dunkel das Meer an.
  Da sich der Leyer Getön über die Wellen erhob
An die Inseln und Küsten, die salzbeschäumten, begruben
  Männer das hell vordem tönende Orphische Haupt;
Legten die Laut' ins Grab, die klingende, welche die stummen
  Felsen, des Phorkos sogar grause Gewässer besiegt.
Seitdem waltet Gesang und der Saiten gefällige Kunst dort,
  Unter den Inseln ist keine so liederbegabt.
Als die streitbaren Thraker der Frau'n feindselige Thaten
  Hörten, und alle darum schrecklicher Kummer befiel:
Zeichnete jeder die Gattin, damit sie, die schwärzlichen Punkte
  Tragend am Leibe, hinfort dächten des grausenden Mords.
Also zahlen dem Orpheus bis jetzt, dem erschlagnen, die Weiber
  Bußen für jenen Gräu'l, welchen an ihm sie verübt.

August Wilhelm von Schlegel

THEOKRITOS

Die Zauberin

Auf! wo hast du den Trank? wo, Thestylis, hast du die Lorbeern?
Komm', und wind' um den Becher die purpurne Blume des Schafes!
Daß ich den Liebsten beschwöre, den Grausamen, der mich zu todt
                                    quält.
Ach! zwölf Tage schon sind's, seitdem mir der Bösewicht ausbleibt!

οὐδ' ἔγνω πότερον τεθνάκαμες ἢ ζοοὶ εἰμές,   5
οὐδὲ θύρας ἄραξεν ἀνάρσιος. ἦ ῥά οἱ ἄλλᾳ
ᾤχετ' ἔχων ὅ τ' Ἔρως ταχινὰς φρένας ἅ τ' Ἀφροδίτα.
βασεῦμαι ποτὶ τὰν Τιμαγήτοιο παλαίστραν
αὔριον ὥς νιν ἴδω, καὶ μέμψομαι οἷά με ποιεῖ.
νῦν δέ νιν ἐκ θυέων καταδήσομαι. ἀλλά, Σελάνα,   10
φαῖνε καλόν· τὶν γὰρ ποταείσομαι ἄσυχα, δαῖμον,
τᾷ χθονίᾳ θ' Ἑκάτᾳ, τὰν καὶ σκύλακες τρομέοντι
ἐρχομέναν νεκύων ἀνά τ' ἠρία καὶ μέλαν αἷμα.
χαῖρ', Ἑκάτα δασπλῆτι, καὶ ἐς τέλος ἄμμιν ὀπάδει,
φάρμακα ταῦτ' ἔρδοισα χερείονα μήτε τι Κίρκας   15
μήτε τι Μηδείας μήτε ξανθᾶς Περιμήδας.

Ἴυγξ, ἕλκε τὺ τῆνον ἐμὸν ποτὶ δῶμα τὸν ἄνδρα.

ἄλφιτά τοι πρᾶτον πυρὶ τάκεται. ἀλλ' ἐπίπασσε,
Θεστυλί. δειλαία, πᾷ τὰς φρένας ἐκπεπότασαι;
ἦ ῥά γέ θην, μυσαρά, καὶ τὶν ἐπίχαρμα τέτυγμαι;   20
πάσσ' ἅμα καὶ λέγε ταῦτα· 'τὰ Δέλφιδος ὀστία πάσσω'.

Ἴυγξ, ἕλκε τὺ τῆνον ἐμὸν ποτὶ δῶμα τὸν ἄνδρα.

Δέλφις ἔμ' ἀνίασεν· ἐγὼ δ' ἐπὶ Δέλφιδι δάφναν
αἴθω· χὥς αὕτα λακεῖ μέγα καππυρίσασα
κἠξαπίνας ἄφθη κοὐδὲ σποδὸν εἴδομες αὐτᾶς,   25
οὕτω τοι καὶ Δέλφις ἐνὶ φλογὶ σάρκ' ἀμαθύνοι.

Ἴυγξ, ἕλκε τὺ τῆνον ἐμὸν ποτὶ δῶμα τὸν ἄνδρα.   27

νῦν θυσῶ τὰ πίτυρα. τὺ δ', Ἄρτεμι, καὶ τὸν ἐν Ἅιδα   33
κινήσαις ἀδάμαντα καὶ εἴ τί περ ἀσφαλὲς ἄλλο –
Θεστυλί, ταὶ κύνες ἄμμιν ἀνὰ πτόλιν ὠρύονται·   35
ἁ θεὸς ἐν τριόδοισι· τὸ χαλκέον ὡς τάχος ἄχει.

Ἴυγξ, ἕλκε τὺ τῆνον ἐμὸν ποτὶ δῶμα τὸν ἄνδρα.

ἠνίδε σιγῇ μὲν πόντος, σιγῶντι δ' ἀῆται·
ἁ δ' ἐμὰ οὐ σιγῇ στέρνων ἔντοσθεν ἀνία,
ἀλλ' ἐπὶ τήνῳ πᾶσα καταίθομαι ὅς με τάλαιναν   40
ἀντὶ γυναικὸς ἔθηκε κακὰν καὶ ἀπάρθενον ἦμεν.

Seit er fürwahr nicht weiß, ob am Leben wir oder gestorben!
Nie an der Thür' mehr lärmt mir der Unhold! Sicherlich lockte
Anderswohin den flatternden Sinn ihm Eros und Kypris.
Morgenden Tags will ich zu Timagetos' Palästra,
Daß ich ihn seh', und was er mir anthut Alles ihm sage.
Jetzo mit Zauber beschwör' ich ihn denn. — O leuchte, Selene,
Hold! Ich rufe zu dir in leisen Gesängen, o Göttin!
Rufe zur stygischen Hekate auch, dem Schrecken der Hunde,
Wann durch Grüfte der Todten und dunkeles Blut sie einhergeht.
Hekate! Heil! du Schreckliche! komm' und hilf mir vollbringen!
Laß unkräftiger nicht mein Werk sein, als wie der Kirke
Ihres, Medeia's auch, und als Perimede's, der blonden.

Roll', o Kreisel, und zieh' in das Haus mir wieder den Jüngling!
Mehl muß erst in der Flamme verzehrt sein! Thestylis, hurtig,
Streue mir doch! wo ist dein Verstand, du Thörin, geblieben?
Bin ich, Verwünschte, vielleicht auch dir zum Spotte geworden?
Streu', und sage dazu: Hier streu' ich Delphis' Gebeine!

Roll', o Kreisel, und zieh' in das Haus mir wieder den Jüngling!
Mich hat Delphis gequält, so verbrenn' ich auf Delphis den Lorbeer.
Wie sich jetzo das Reis mit lautem Geknatter entzündet,
Plötzlich sodann aufflammt und selbst nicht Asche zurückläßt,
Also müsse das Fleisch in der Lohe verstäuben dem Delphis.

Roll' o Kreisel, und zieh' in das Haus mir wieder den Jüngling!
Wie ich schmelze dieß wächserne Bild mit Hilfe der Gottheit,
Also schmelze vor Liebe sogleich der Myndier Delphis;
Und wie die eherne Rolle sich umdreht durch Aphrodita,
Also drehe sich Jener herum nach unserer Pforte.

Roll', o Kreisel, und zieh' in das Haus mir wieder den Jüngling!
Jetzt mit der Kleie gedampft! — Du, Artemis, zwängest ja selber
Drunten im Aïs den eisernen Gott und starrende Felsen.
— Thestylis, horch in der Stadt, wie heulen die Hunde! Im Dreiweg
Wandelt die Göttin! Geschwind laß tönen das eherne Becken!

Ἴυγξ, ἕλκε τὺ τῆνον ἐμὸν ποτὶ δῶμα τὸν ἄνδρα.

ὡς τοῦτον τὸν κηρὸν ἐγὼ σὺν δαίμονι τάκω,   28
ὣς τάκοιθ' ὑπ' ἔρωτος ὁ Μύνδιος αὐτίκα Δέλφις.   29
χὡς δινεῖθ' ὅδε ῥόμβος ὁ χάλκεος ἐξ 'Αφροδίτας,   30
ὣς τῆνος δινοῖτο ποθ' ἁμετέραισι θύραισιν.   31

Ἴυγξ, ἕλκε τὺ τῆνον ἐμὸν ποτὶ δῶμα τὸν ἄνδρα.   32

ἐς τρὶς ἀποσπένδω καὶ τρὶς τάδε, πότνια, φωνῶ·   43
εἴτε γυνὰ τήνῳ παρακέκλιται εἴτε καὶ ἀνήρ,
τόσσον ἔχοι λάθας ὅσσον ποκὰ Θησέα φαντί   45
ἐν Δίᾳ λασθῆμεν ἐυπλοκάμω 'Αριάδνας.

Ἴυγξ, ἕλκε τὺ τῆνον ἐμὸν ποτὶ δῶμα τὸν ἄνδρα.

ἱππομανὲς φυτόν ἐστι παρ' 'Αρκάσι, τῷ δ' ἔπι πᾶσαι
καὶ πῶλοι μαίνονται ἀν' ὤρεα καὶ θοαὶ ἵπποι·
ὡς καὶ Δέλφιν ἴδοιμι, καὶ ἐς τόδε δῶμα περάσαι   50
μαινομένῳ ἴκελος λιπαρᾶς ἔκτοσθε παλαίστρας.

Ἴυγξ, ἕλκε τὺ τῆνον ἐμὸν ποτὶ δῶμα τὸν ἄνδρα.

τοῦτ' ἀπὸ τᾶς χλαίνας τὸ κράσπεδον ὤλεσε Δέλφις,
ὠγὼ νῦν τίλλοισα κατ' ἀγρίῳ ἐν πυρὶ βάλλω.
αἰαῖ Ἔρως ἀνιαρέ, τί μευ μέλαν ἐκ χροὸς αἷμα   55
ἐμφὺς ὡς λιμνᾶτις ἅπαν ἐκ βδέλλα πέπωκας;

Ἴυγξ, ἕλκε τὺ τῆνον ἐμὸν ποτὶ δῶμα τὸν ἄνδρα.

σαύραν τοι τρίψαισα κακὸν ποτὸν αὔριον οἰσῶ.
Θεστυλί, νῦν δὲ λαβοῖσα τὺ τὰ θρόνα ταῦθ' ὑπόμαξον
τᾶς τήνω φλιᾶς καθ' ὑπέρτερον ἇς ἔτι καὶ νύξ,   60
[ἐκ θυμῶ δέδεμαι· ὁ δέ μευ λόγον οὐδένα ποιεῖ]
καὶ λέγ' ἐπιτρύζοισα 'τὰ Δέλφιδος ὀστία μάσσω'.

Ἴυγξ, ἕλκε τὺ τῆνον ἐμὸν ποτὶ δῶμα τὸν ἄνδρα.

Νῦν δὴ μώνα ἐοῖσα πόθεν τὸν ἔρωτα δακρύσω;
ἐκ τίνος ἄρξωμαι; τίς μοι κακὸν ἄγαγε τοῦτο;   65
ἦνθ' ἁ τωὐβούλοιο καναφόρος ἄμμιν 'Αναξώ

Roll', o Kreisel, und zieh' in das Haus mir wieder den Jüngling!
— Siehe! wie still! Nun schweiget das Meer und es schweigen die
Winde!
Aber es schweigt mir nicht im innersten Busen der Jammer.
Glühend vergeh' ich für den, der, statt zur Gattin, mich Arme
Ha! zur Buhlerin macht', und der mir die Blume gebrochen.

Roll', o Kreisel, und zieh' in das Haus mir wieder den Jüngling!
Dreimal spreng' ich den Trank, und dreimal, Herrliche, ruf' ich.
Mag ein Mädchen ihm jetzt, ein Jüngling ihm liegen zur Seite,
Plötzlich ergreife Vergessenheit ihn: wie sie sagen, daß Theseus
Einst in Dia vergaß Ariadne, die reizendgelockte!

Roll', o Kreisel, und zieh' in das Haus mir wieder den Jüngling!
Roßwuth ist ein Gewächs in Arkadien, wenn es die Füllen
Kosten, die flüchtigen Stuten, so rasen sie wild im Gebirge:
Also möcht' ich den Delphis hieher zu dem Hause sich stürzen
Sehen, dem Rasenden gleich, aus dem schimmernden Hof der
Palästra!

Roll', o Kreisel, und zieh' in das Haus mir wieder den Jüngling!
Dieses Stückchen vom Saum hat Delphis am Kleide verloren:
Schau, ich zerpflück's und werf' es hinein in die gierige Flamme.
— Weh! unseliger Eros, warum wie ein Egel des Sumpfes
Hängst du an mir und saugest mir all' mein purpurnes Blut aus!

Roll', o Kreisel, und zieh' in das Haus mir wieder den Jüngling!
Einen Molch zerstampf' ich und bringe dir morgen den Gifttrank.
Thestylis, nimm dieß tückische Kraut und bestreiche die Schwelle
Jenes Verräthers damit! (Ach fest an diese geheftet
Ist noch immer mein Herz, doch er hat meiner vergessen!)
Geh', sag' spuckend darauf: Hier streich' ich Delphis' Gebeine!

Roll', o Kreisel, und zieh' in das Haus mir wieder den Jüngling!
Jetzo bin ich allein. — Wie soll ich die Liebe beweinen?
Was bejammr' ich zuerst? Woher kommt alle mein Elend?
— Als Korbträgerin gieng Eubulos' Tochter, Anaxo.

ἄλσος ἐς Ἀρτέμιδος, τᾷ δὴ τόκα πολλὰ μὲν ἄλλα
θηρία πομπεύεσκε περισταδόν, ἐν δὲ λέαινα.

φράζεό μευ τὸν ἔρωθ᾽ ὅθεν ἵκετο, πότνα Σελάνα.

καί μ᾽ ἁ Θευμαρίδα Θρᾶσσα τροφός, ἁ μακαρῖτις,   70
ἀγχίθυρος ναίοισα κατεύξατο καὶ λιτάνευσε
τὰν πομπὰν θάσασθαι· ἐγὼ δέ οἱ ἁ μεγάλοιτος
ὡμάρτευν βύσσοιο καλὸν σύροισα χιτῶνα
κἀμφιστειλαμένα τὰν ξυστίδα τὰν Κλεαρίστας.

φράζεό μευ τὸν ἔρωθ᾽ ὅθεν ἵκετο, πότνα Σελάνα.   75

ἤδη δ᾽ εὖσα μέσαν κατ᾽ ἀμαξιτόν, ᾇ τὰ Λύκωνος,
εἶδον Δέλφιν ὁμοῦ τε καὶ Εὐδάμιππον ἰόντας·
τοῖς δ᾽ ἦς ξανθοτέρα μὲν ἑλιχρύσοιο γενειάς,
στήθεα δὲ στίλβοντα πολὺ πλέον ἢ τύ, Σελάνα,
ὡς ἀπὸ γυμνασίοιο καλὸν πόνον ἄρτι λιπόντων.   80

φράζεό μευ τὸν ἔρωθ᾽ ὅθεν ἵκετο, πότνα Σελάνα.

χὥς ἴδον ὣς ἐμάνην, ὥς μοι πυρὶ θυμὸς ἰάφθη
δειλαίας, τὸ δὲ κάλλος ἐτάκετο. οὐκέτι πομπᾶς
τήνας ἐφρασάμαν, οὐδ᾽ ὡς πάλιν οἴκαδ᾽ ἀπῆνθον
ἔγνων, ἀλλά μέ τις καπυρὰ νόσος ἐξεσάλαξεν   85
κείμαν δ᾽ ἐν κλιντῆρι δέκ᾽ ἄματα καὶ δέκα νύκτας.

φράζεό μευ τὸν ἔρωθ᾽ ὅθεν ἵκετο, πότνα Σελάνα.

καί μευ χρὼς μὲν ὁμοῖος ἐγίνετο πολλάκι θάψῳ,
ἔρρευν δ᾽ ἐκ κεφαλᾶς πᾶσαι τρίχες, αὐτὰ δὲ λοιπά
ὀστί᾽ ἔτ᾽ ἦς καὶ δέρμα. καὶ ἐς τίνος οὐκ ἐπέρασα   90
ἢ ποίας ἔλιπον γραίας δόμον ἅτις ἐπᾷδεν;
ἀλλ᾽ ἦς οὐδὲν ἐλαφρόν, ὁ δὲ χρόνος ἄνυτο φεύγων.

φράζεό μευ τὸν ἔρωθ᾽ ὅθεν ἵκετο, πότνα Σελάνα.

χοὕτω τᾷ δώλᾳ τὸν ἀλαθέα μῦθον ἔλεξα·
'εἰ δ᾽ ἄγε, Θεστυλί, μοι χαλεπᾶς νόσω εὑρέ τι μᾶχος.   95
πᾶσαν ἔχει με τάλαιναν ὁ Μύνδιος· ἀλλὰ μολοῖσα

Hin in Artemis' Hain; dort wurden im festlichen Umzug
Viele der Thiere geführt, auch eine Löwin darunter.

Sieh, o Göttin Selene, woher mir die Liebe gekommen!
Und die thrakische Amme Theumarida (ruhe sie selig!)
Unsere Nachbarin nächst am Haus, sie bat und beschwor mich,
Mit zu sehen den Zug, und ich unglückliches Mädchen
Gieng, ein herrliches Byssosgewand nachschleppend am Boden,
Auch gar schön Klearista's Mäntelchen übergeworfen.

Sieh, o Göttin Selene, woher mir die Liebe gekommen!
Schon beinah' um die Mitte des Wegs, an dem Hause des Lykon,
Sah ich Delphis zugleich mit Eudamippos einhergeh'n;
Jugendlich blond um das Kinn, wie die goldene Blum' Helichrysos;
Beiden auch glänzte die Brust weit herrlicher als du, Selene,
Wie sie vom Ringkampf eben zurück, vom rühmlichen, kehrten.

Sieh, o Göttin Selene, woher mir die Liebe gekommen!
Weh! und im Hinschau'n gleich, wie durchzückt' es mich! jählings
                                                        erkrankte
Tief im Grunde mein Herz; auch verfiel mir die Schöne mit Einmal.
Nimmer gedacht' ich des Fests, und wie ich nach Hause gekommen,
Weiß ich nicht; so verstörte den Sinn ein brennendes Fieber.
Und ich lag zehn Tage zu Bett, zehn Nächte verseufzt' ich.

Sieh, o Göttin Selene, woher mir die Liebe gekommen!
Schon, ach! war mir die Farbe so gelb wie Thapsos geworden,
Und mir schwanden die Haare vom Haupt; die ganze Gestalt nur
Haut noch und Bein! Wen frug ich um Hilfe nicht? oder wo hauset
Irgend ein zauberkundiges Mütterchen, das ich vergessen?
Linderung ward mir nicht, und es gieng nur die eilende Zeit hin.

Sieh, o Göttin Selene, woher mir die Liebe gekommen!
Meiner Sklavin gestand ich die Wahrheit endlich und sagte:
»Thestylis, schaffe mit Rath für dieß unerträgliche Leiden!
Völlig besitzt mich Arme der Myndier. Geh' doch und suche,

τήρησον ποτὶ τὰν Τιμαγήτοιο παλαίστραν·
τηνεὶ γὰρ φοιτῇ, τηνεὶ δέ οἱ ἁδὺ καθῆσθαι.

φράζεό μευ τὸν ἔρωθ' ὅθεν ἵκετο, πότνα Σελάνα.

κἠπεί κά νιν ἐόντα μάθῃς μόνον, ἅσυχα νεῦσον,   100
κεῖφ' ὅτι "Σιμαίθα τυ καλεῖ", καὶ ὑφαγέο τεῖδε'.
ὡς ἐφάμαν· ἁ δ' ἦνθε καὶ ἄγαγε τὸν λιπαρόχρων
εἰς ἐμὰ δώματα Δέλφιν· ἐγὼ δέ νιν ὡς ἐνόησα
ἄρτι θύρας ὑπὲρ οὐδὸν ἀμειβόμενον ποδὶ κούφῳ —

φράζεό μευ τὸν ἔρωθ' ὅθεν ἵκετο, πότνα Σελάνα —   105

πᾶσα μὲν ἐψύχθην χιόνος πλέον, ἐκ δὲ μετώπω
ἱδρώς μευ κοχύδεσκεν ἴσον νοτίαισιν ἐέρσαις,
οὐδέ τι φωνῆσαι δυνάμαν, οὐδ' ὅσσον ἐν ὕπνῳ
κνυζεῦνται φωνεῦντα φίλαν ποτὶ ματέρα τέκνα·
ἀλλ' ἐπάγην δαγῦδι καλὸν χρόα πάντοθεν ἴσα.   110

φράζεό μευ τὸν ἔρωθ' ὅθεν ἵκετο, πότνα Σελάνα.

καί μ' ἐσιδὼν ὥστοργος ἐπὶ χθονὸς ὄμματα πάξας
ἕζετ' ἐπὶ κλιντῆρι καὶ ἐζόμενος φάτο μῦθον·
'ἦ ῥά με, Σιμαίθα, τόσον ἔφθασας, ὅσσον ἐγὼ θην
πρᾶν ποκα τὸν χαρίεντα τράχων ἔφθασσα Φιλῖνον,   115
ἐς τὸ τεὸν καλέσασα τόδε στέγος ἢ 'μὲ παρῆμεν.

φράζεό μευ τὸν ἔρωθ' ὅθεν ἵκετο, πότνα Σελάνα.

ἦνθον γάρ κεν ἐγώ, ναὶ τὸν γλυκὺν ἦνθον Ἔρωτα,
ἢ τρίτος ἠὲ τέταρτος ἐὼν φίλος αὐτίκα νυκτός,
μᾶλα μὲν ἐν κόλποισι Διωνύσοιο φυλάσσων,   120
κρατὶ δ' ἔχων λεύκαν, Ἡρακλέος ἱερὸν ἔρνος,
πάντοθι πορφυρέαισι περὶ ζώστραισιν ἑλικτάν.

φράζεό μευ τὸν ἔρωθ' ὅθεν ἵκετο, πότνα Σελάνα.

καί κ', εἰ μέν μ' ἐδέχεσθε, τάδ' ἦς φίλα (καὶ γὰρ ἐλαφρός

Daß du mir ihn ausspähst bei Timagetos' Palästra;
Dorthin wandelt er oft, dort pflegt er gern zu verweilen.«

Sieh, o Göttin Selene, woher mir die Liebe gekommen!
»Und sobald du ihn irgend allein triffst, winke verstohlen,
Sag' ihm dann: Simätha begehrt dich zu sprechen! — und bring'
        ihn.«
Also sprach ich, sie gieng, und brachte den glänzenden Jüngling
Mir in das Haus, den Delphis. So wie ich ihn aber mit Augen
Sah, wie er leichten Fußes herein sich schwang zu der Thüre —

(Sieh, o Göttin Selene, woher mir die Liebe gekommen!)
Ganz kalt ward ich zumal, wie der Schnee, und herab von der
        Stirne
Rann mir in Tropfen der Schweiß, wie rieselnder Thau in der
        Frühe;
Kein Wort bracht' ich hervor, auch nicht so viel wie im Schlafe
Wimmert ein Kindchen und lallt, nach der lieben Mutter ver-
        langend.
Und ganz wurde der blühende Leib mir starr wie ein Wachsbild.

Sieh, o Göttin Selene, woher mir die Liebe gekommen!
Als der Verräther mich sah, da schlug er die Augen zu Boden,
Setzte sich hin auf das Lager und redete sitzend die Worte:
»Wenn du zu dir mich geladen in's Haus, noch eh' ich von selber
Kam, nun wahrlich, so bist du zuvor mir gekommen, Simätha,
Eben wie neulich im Lauf ich dem schönen Philinos zuvor kam.«

Sieh, o Göttin Selene, woher mir die Liebe gekommen!
»Ja bei'm lieblichen Eros, ich wär', ich wäre erschienen!
Mit zwei Freunden bis drei, in der Dämmerung, liebenden Herzens,
Tragend die goldenen Aepfel des Dionysos im Busen,
Und um die Schläfe den Zweig von Herakles' heiliger Pappel,
Rings durchflochten das Laub mit purpurfarbigen Bändern.«

Sieh, o Göttin Selene, woher mir die Liebe gekommen!
»Ward ich dann freundlich empfangen, o Seligkeit! Wisse, bei unsern

καὶ καλὸς πάντεσσι μετ' ἀιθέοισι καλεῦμαι),   125
εὗδόν τ' εἴ κε μόνον τὸ καλὸν στόμα τεῦς ἐφίλησα·
εἰ δ' ἄλλα μ' ὠθεῖτε καὶ ἁ θύρα εἴχετο μοχλῷ,
πάντως κα πελέκεις καὶ λαμπάδες ἦνθον ἐφ' ὑμέας.

φράζεό μευ τὸν ἔρωθ' ὅθεν ἵκετο, πότνα Σελάνα.

νῦν δὲ χάριν μὲν ἔφαν τᾷ Κύπριδι πρᾶτον ὀφείλειν,   130
καὶ μετὰ τὰν Κύπριν τύ με δευτέρα ἐκ πυρὸς εἷλευ,
ὦ γύναι, ἐσκαλέσαισα τεὸν ποτὶ τοῦτο μέλαθρον
αὕτως ἡμίφλεκτον· Ἔρως δ' ἄρα καὶ Λιπαραίω
πολλάκις Ἀφαίστοιο σέλας φλογερώτερον αἴθει·

φράζεό μευ τὸν ἔρωθ' ὅθεν ἵκετο, πότνα Σελάνα.   135

σὺν δὲ κακαῖς μανίαις καὶ παρθένον ἐκ θαλάμοιο
καὶ νύμφαν ἐφόβησ' ἔτι δέμνια θερμὰ λιποῖσαν
ἀνέρος'. ὡς ὁ μὲν εἶπεν· ἐγὼ δέ νιν ἁ ταχυπειθὴς
χειρὸς ἐφαψαμένα μαλακῶν ἔκλιν' ἐπὶ λέκτρων·
καὶ ταχὺ χρὼς ἐπὶ χρωτὶ πεπαίνετο, καὶ τὰ πρόσωπα   140
θερμότερ' ἦς ἢ πρόσθε, καὶ ἐψιθυρίσδομες ἁδύ.
ὡς καί τοι μὴ μακρὰ φίλα θρυλέοιμι Σελάνα,
ἐπράχθη τὰ μέγιστα καὶ ἐς πόθον ἤνθομες ἄμφω.
κοὔτε τι τῆνος ἐμὶν ἀπεμέμψατο μέσφα τό γ' ἐχθές,
οὔτ' ἐγὼ αὖ τήνῳ. ἀλλ' ἦνθέ μοι ἅ τε Φιλίστας   145
μάτηρ τᾶς ἁμᾶς αὐλητρίδος ἅ τε Μελιξοῦς
σάμερον, ἁνίκα πέρ τε ποτ' ὠρανὸν ἔτραχον ἵπποι
Ἀῶ τὰν ῥοδόεσσαν ἀπ' ὠκεανοῖο φέροισαι,
κεἶπέ μοι ἄλλα τε πολλὰ καὶ ὡς ἄρα Δέλφις ἔραται.
κεἴτε νιν αὖτε γυναικὸς ἔχει πόθος εἴτε καὶ ἀνδρός,   150
οὐκ ἔφατ' ἀτρεκὲς ἴδμεν, ἀτὰρ τόσον· αἰὲν Ἔρωτος
ἀκράτω ἐπεχεῖτο καὶ ἐς τέλος ᾤχετο φεύγων,
καὶ φάτο οἱ στεφάνοισι τὰ δώματα τῆνα πυκαξεῖν.
ταῦτά μοι ἁ ξείνα μυθήσατο, ἔστι δ' ἀλαθής.
ἦ γάρ μοι καὶ τρὶς καὶ τετράκις ἄλλοκ' ἐφοίτη,   155
καὶ παρ' ἐμὶν ἐτίθει τὰν Δωρίδα πολλάκις ὄλπαν·
νῦν δέ τε δωδεκαταῖος ἀφ' ᾧτέ νιν οὐδὲ ποτεῖδον.
ἦ ῥ' οὐκ ἄλλο τι τερπνὸν ἔχει, ἁμῶν δὲ λέλασται;

Jünglingen allen da heiß' ich der Schöne, ich heiße der Leichte:
Doch mir hätte genügt, dir den reizenden Mund nur zu küssen.
Wieset ihr aber mich ab und verschloss't mit dem Riegel die Pforte,
Sicherlich kamen dann Aexte zu euch und brennende Fackeln.«

Sieh, o Göttin Selene, woher mir die Liebe gekommen!
»Jetzo gebühret zuerst mein Dank der erhabenen Kypris;
Nächst der Himmlischen hast du mich dem Feuer, o süßes
Mädchen, entrissen: hierher in dein Kämmerchen riefest du Delphis,
Halb schon verbrannt. Denn Eros, fürwahr viel wildere Gluthen
Schüret er oft, als selbst in Lipara's Esse Hephästos.«

Sieh, o Göttin Selene, woher mir die Liebe gekommen!
»Jungfrau'n treibt sein wüthender Brand aus einsamer Kammer,
Frauen empor aus dem Bett, das vom Schlummer des Gatten
                                        noch warm ist!«
Also sagte der Jüngling, und ich, zu schnelle gewonnen,
Faßt' ihm leise die Hand und sank auf das schwellende Polster.
Bald ward Leib an Leib wie in Wonne gelös't, und das Antlitz
Glühete mehr denn zuvor und wir flüsterten hold mit einander.
Daß ich nicht zu lange dir plaudere, liebe Selene:
Siehe, gescheh'n war die That, und wir stilleten Beide die
                                        Sehnsucht.
Ach, kein Vorwurf hat mich von ihm, bis gestern, betrübet,
Ihn auch keiner von mir. Nun kam zu Besuch mir die Mutter
Meiner Philista, der Flötenspielerin, und der Melixo,
Heute, wie eben am Himmel herauf sich schwangen die Rosse,
Aus dem Okeanos führend die rosenarmige Eos;
Und sie erzählte mir Vieles, auch daß mein Delphis verliebt sei.
Ob ein Mädchen ihn aber, ein Jüngling jetzt ihn gefesselt,
Wußte sie nicht; nur, daß er mit lauterem Wein sich den Becher
Immer für Eros gefüllt, daß er endlich in Eile gegangen,
Auch noch gesagt, er wolle das Haus dort schmücken mit Kränzen.
Dieses hat mir die Freundin erzählt und sie redet die Wahrheit.
Dreimal kam er vordem und viermal, mich zu besuchen,
Setzte, wie oft! bei mir das dorische Fläschchen mit Oel hin:
Und zwölf Tage nun sind's, seitdem ich ihn nimmer gesehen.
Hat er nicht anderwo Süßes entdeckt und meiner vergessen?

νῦν μὲν τοῖς φίλτροις καταδήσομαι· αἱ δ' ἔτι κά με
λυπῇ, τὰν 'Αίδαο πύλαν, ναὶ Μοίρας, ἀραξεῖ·   160
τοῖά οἱ ἐν κίστᾳ κακὰ φάρμακα φαμὶ φυλάσσειν,
'Ασσυρίω, δέσποινα, παρὰ ξείνοιο μαθοῖσα.
ἀλλὰ τὺ μὲν χαίροισα ποτ' ὠκεανὸν τρέπε πώλως,
πότνι'· ἐγὼ δ' οἰσῶ τὸν ἐμὸν πόθον ὥσπερ ὑπέσταν.
χαῖρε, Σελαναία λιπαρόθρονε, χαίρετε δ' ἄλλοι   165
ἀστέρες, εὐκάλοιο κατ' ἄντυγα Νυκτὸς ὀπαδοί.

*

ΚΥΚΛΩΨ

Οὐδὲν ποττὸν ἔρωτα πεφύκει φάρμακον ἄλλο,
Νικία, οὔτ' ἔγχριστον, ἐμὶν δοκεῖ, οὔτ' ἐπίπαστον,
ἢ ταὶ Πιερίδες· κοῦφον δέ τι τοῦτο καὶ ἀδύ
γίνετ' ἐπ' ἀνθρώποις, εὑρεῖν δ' οὐ ῥᾴδιόν ἐστι.
γινώσκειν δ' οἶμαί τυ καλῶς ἰατρὸν ἐόντα   5
καὶ ταῖς ἐννέα δὴ πεφιλημένον ἔξοχα Μοίσαις.
οὕτω γοῦν ῥᾷστα διᾶγ' ὁ Κύκλωψ ὁ παρ' ἀμῖν,
ὡρχαῖος Πολύφαμος, ὅκ' ἤρατο τᾶς Γαλατείας,
ἄρτι γενειάσδων περὶ τὸ στόμα τὼς κροτάφως τε.
ἤρατο δ' οὐ μάλοις οὐδὲ ῥόδῳ οὐδὲ κικίννοις,   10
ἀλλ' ὀρθαῖς μανίαις, ἀγεῖτο δὲ πάντα πάρεργα.
πολλάκι ταὶ ὄιες ποτὶ τωὔλιον αὐταὶ ἀπῆνθον
χλωρᾶς ἐκ βοτάνας· ὁ δὲ τὰν Γαλάτειαν ἀείδων
αὐτὸς ἐπ' ἀιόνος κατετάκετο φυκιοέσσας
ἐξ ἀοῦς, ἔχθιστον ἔχων ὑποκάρδιον ἕλκος,   15
Κύπριδος ἐκ μεγάλας τό οἱ ἥπατι πᾶξε βέλεμνον.
ἀλλὰ τὸ φάρμακον εὗρε, καθεζόμενος δ' ἐπὶ πέτρας
ὑψηλᾶς ἐς πόντον ὁρῶν ἄειδε τοιαῦτα·

'Ω λευκὰ Γαλάτεια, τί τὸν φιλέοντ' ἀποβάλλῃ,
λευκοτέρα πακτᾶς ποτιδεῖν, ἀπαλωτέρα ἀρνός,   20

Jetzo mit Liebeszauber beschwör' ich ihn; aber wofern er
Länger mich kränkt — bei den Mören! an Aïdes' Thor soll er
                                                    klopfen!
Solch' ein tödtliches Gift ihm bewahr' ich hier in dem Kästchen;
Ein assyrischer Gast, o Königin, lehrt' es mich mischen.

Lebe nun wohl, und hinab zum Okeanos lenke die Rosse,
Himmlische! Meinen Kummer, den werd' ich fürder noch tragen.
Schimmernde Göttin, gehabe dich wohl! Fahrt wohl auch ihr
                                                    andern
Sterne, so viele der ruhigen Nacht den Wagen begleiten.

Eduard Mörike nach älteren Übersetzern

DER KYKLOP

Gegen die Liebe, mein Nikias, ist kein anderes Mittel,
Weder in Salbe, noch Tropfen, so däucht es mir, außer der Musen
Kunst. Ihr Balsam, so mild und lieblich, erzeuget sich mitten
Unter dem Menschengeschlecht, obwohl nicht Jeder ihn findet.
Doch du kennst ihn, mein' ich, genau: wie sollt' es der Arzt nicht,
Und ein Mann, vor Vielen geliebt von den neun Pieriden.

Also schuf der Kyklop sich Linderung, unseres Landes
Alter Genoß, Polyphemos, der glühete für Galateia,
Als kaum jugendlich Haar ihm keimt' um Lippen und Schläfe.
Rosen vertändelt' er nicht, und Aepfel und Locken: er stürmte
Hitzig auf's Ziel g'radaus, und Alles vergaß er darüber.
Oftmals kehrten die Schafe von selbst in die Hürden am Abend
Heim aus der grünenden Au; doch er, Galateia besingend,
Schmachtete dort in Jammer am Felsengestade voll Seemoos,
Frühe vom Morgenroth, und krankt' an der Wunde, die Kypris
Ihm, die erhabene, gab mit dem Pfeil, tief innen im Herzen.
Aber er fand, was ihm frommte; denn hoch auf der Jähe des
                                                    Felsens
Saß er, den Blick zum Meere gewandt, und hub den Gesang an:

O Galateia, du weiße, den Liebenden so zu verschmähen!
Weiß wie geronnene Milch, und zart von Gestalt wie ein Lämmchen,

μόσχω γαυροτέρα, φιαρωτέρα ὄμφακος ὠμᾶς·
φοιτῇς δ' αὖθ' οὕτως ὅκκα γλυκὺς ὕπνος ἔχῃ με,
οἴχῃ δ' εὐθὺς ἰοῖσ' ὅκκα γλυκὺς ὕπνος ἀνῇ με,
φεύγεις δ' ὥσπερ ὄις πολιὸν λύκον ἀθρήσασα·
ἠράσθην μὲν ἔγωγε τεοῦς, κόρα, ἀνίκα πρᾶτον   25
ἦνθες ἐμᾷ σὺν ματρὶ θέλοισ' ὑακίνθινα φύλλα
ἐξ ὄρεος δρέψασθαι, ἐγὼ δ' ὁδὸν ἀγεμόνευον.
παύσασθαι δ' ἐσιδών τυ καὶ ὕστερον οὐδ' ἔτι πᾳ νῦν
ἐκ τήνω δύναμαι· τὶν δ' οὐ μέλει, οὐ μὰ Δί' οὐδέν.
γινώσκω, χαρίεσσα κόρα, τίνος οὕνεκα φεύγεις·   30
οὕνεκά μοι λασία μὲν ὀφρὺς ἐπὶ παντὶ μετώπῳ
ἐξ ὠτὸς τέταται ποτὶ θώτερον ὣς μία μακρά,
εἷς δ' ὀφθαλμὸς ὕπεστι, πλατεῖα δὲ ῥὶς ἐπὶ χείλει.
ἀλλ' οὗτος τοιοῦτος ἐὼν βοτὰ χίλια βόσκω,
κἠκ τούτων τὸ κράτιστον ἀμελγόμενος γάλα πίνω·   35
τυρὸς δ' οὐ λείπει μ' οὔτ' ἐν θέρει οὔτ' ἐν ὀπώρᾳ,
οὐ χειμῶνος ἄκρω· ταρσοὶ δ' ὑπεραχθέες αἰεί.
συρίσδεν δ' ὡς οὔτις ἐπίσταμαι ὧδε Κυκλώπων,
τίν, τὸ φίλον γλυκύμαλον, ἁμᾷ κἠμαυτὸν ἀείδων
πολλάκι νυκτὸς ἀωρί. τράφω δέ τοι ἕνδεκα νεβρώς,   40
πάσας μαννοφόρως, καὶ σκύμνως τέσσαρας ἄρκτων.
ἀλλ' ἀφίκευσο ποθ' ἀμέ, καὶ ἑξεῖς οὐδὲν ἔλασσον,
τὰν γλαυκὰν δὲ θάλασσαν ἔα ποτὶ χέρσον ὀρεχθεῖν·
ἅδιον ἐν τὤντρῳ παρ' ἐμὶν τὰν νύκτα διαξεῖς.
ἐντὶ δάφναι τηνεί, ἐντὶ ῥαδιναὶ κυπάρισσοι,   45
ἔστι μέλας κισσός, ἔστ' ἄμπελος ἁ γλυκύκαρπος,
ἔστι ψυχρὸν ὕδωρ, τό μοι ἁ πολυδένδρεος Αἴτνα
λευκᾶς ἐκ χιόνος ποτὸν ἀμβρόσιον προΐητι.
τίς κα τῶνδε θάλασσαν ἔχειν καὶ κύμαθ' ἕλοιτο;
αἰ δέ τοι αὐτὸς ἐγὼν δοκέω λασιώτερος ἦμεν,   50
ἐντὶ δρυὸς ξύλα μοι καὶ ὑπὸ σποδῷ ἀκάματον πῦρ·
καιόμενος δ' ὑπὸ τεῦς καὶ τὰν ψυχὰν ἀνεχοίμαν
καὶ τὸν ἕν' ὀφθαλμόν, τῶ μοι γλυκερώτερον οὐδέν.
ὤμοι ὅτ' οὐκ ἔτεκέν μ' ἁ μάτηρ βράγχι' ἔχοντα,

Und wie ein Kalb muthwillig, und frisch wie die schwellende
Traube!
Immer nur kommst du so her, wenn der süße Schlaf mich um-
fänget,
Und gleich eilst du hinweg, wenn der süße Schlaf mich entlässet.
Ja du entfliehst wie ein Schaf, das eben den graulichen Wolf sah.
— Damals lieb' ich bereits dich, Mägdelein, als du mit meiner
Mutter das erstemal kamst, Hyakinthosblumen zu pflücken
In dem Gebirg, ich war es ja, welcher die Wege dir nachwies.
Seitdem möcht' ich dich immer nur anschau'n, immer! es läßt mir
Keine Ruh'; doch du, bei'm Zeus, nichts achtest du, gar nichts!
Ich weiß schon, holdseliges Kind, warum du mich fliehest:
Weil mir über die Stirn durchweg sich die borstige Braue
Streckt, ein mächtiger Bogen von einem Ohr zu dem andern,
Drunter das einzige Aug', und die breite Nas' auf der Lefze.
Aber auch so, wie ich bin, ich weide dir Schafe bei Tausend,
Und die fetteste Milch mir zum Leibtrunk melk' ich von ihnen.
Käs' auch mangelt mir nie, im Sommer nicht oder zur Herbst-
zeit,
Noch im härtesten Frost, schwervoll sind die Körbe beständig.
Auch die Syringe versteh' ich, wie keiner umher der Kyklopen,
Wenn ich, o Honigapfel, dich sing' und daneben mich selber,
Oft noch spät in der Nacht. Auch elf Hirschkälbchen dir füttr' ich
Auf, mit Bändern am Hals, und dazu vier Junge der Bärin.
Ei, so komm' doch zu mir! du sollst nicht schlechter es finden.
Laß du das blauliche Meer wie es will aufschäumen zum Ufer;
Lieblicher soll dir die Nacht bei mir in der Höhle vergehen.
Lorbeerbäume sind dort und schlank gestreckte Cypressen,
Dunkeler Epheu ist dort, und ein gar süßtraubiger Weinstock;
Kalt dort rinnet ein Bach, den mir der bewaldete Aetna
Aus hellschimmerndem Schnee zum Göttergetränke herabgießt.
O wer wählte dafür sich das Meer und die Wellen zur Wohnung?
Aber wofern ich selber zu haarig dir dünke von Anseh'n,
Hier ist eichenes Holz und reichliche Gluth in der Asche:
Schau, gern duld' ich's, und wenn du die Seele sogar mir ver-
sengtest,
Oder mein einziges Auge, das Liebste mir, was ich besitze!
— Weh, o hätte die Mutter mich doch mit Kiemen geboren!

ὡς κατέδυν ποτὶ τὶν καὶ τὰν χέρα τεῦς ἐφίλησα,   55
αἰ μὴ τὸ στόμα λῇς, ἔφερον δέ τοι ἢ κρίνα λευκά
ἢ μάκων' ἀπαλὰν ἐρυθρὰ πλαταγώνι' ἔχοισαν·
ἀλλὰ τὰ μὲν θέρεος, τὰ δὲ γίνεται ἐν χειμῶνι,
ὥστ' οὔ κά τοι ταῦτα φέρειν ἅμα πάντ' ἐδυνάθην.
νῦν μάν, ὦ κόριον, νῦν αὐτίκα νεῖν γε μαθεῦμαι,   60
αἰ κά τις σὺν ναῒ πλέων ξένος ὧδ' ἀφίκηται,
ὡς εἰδῶ τί ποχ' ἁδὺ κατοικεῖν τὸν βυθὸν ὕμμιν.
ἐξένθοις, Γαλάτεια, καὶ ἐξενθοῖσα λάθοιο,
ὥσπερ ἐγὼ νῦν ὧδε καθήμενος, οἴκαδ' ἀπενθεῖν·
ποιμαίνειν δ' ἐθέλοις σὺν ἐμὶν ἅμα καὶ γάλ' ἀμέλγειν   65
καὶ τυρὸν πᾶξαι τάμισον δριμεῖαν ἐνεῖσα.
ἁ μάτηρ ἀδικεῖ με μόνα, καὶ μέμφομαι αὐτᾷ·
οὐδὲν πήποχ' ὅλως ποτὶ τὶν φίλον εἶπεν ὑπέρ μευ,
καὶ ταῦτ' ἆμαρ ἐπ' ἆμαρ ὁρεῦσά με λεπτύνοντα.
φασῶ τὰν κεφαλὰν καὶ τὼς πόδας ἀμφοτέρως μευ   70
σφύσδειν, ὡς ἀνιαθῇ ἐπεὶ κἠγὼν ἀνιῶμαι.
ὦ Κύκλωψ Κύκλωψ, πᾷ τὰς φρένας ἐκπεπότασαι;
αἴ κ' ἐνθὼν ταλάρως τε πλέκοις καὶ θαλλὸν ἀμάσας
ταῖς ἄρνεσσι φέροις, τάχα κα πολὺ μᾶλλον ἔχοις νῶν.
τὰν παρεοῖσαν ἄμελγε· τί τὸν φεύγοντα διώκεις;   75
εὑρησεῖς Γαλάτειαν ἴσως καὶ καλλίον' ἄλλαν.
πολλαὶ συμπαίσδεν με κόραι τὰν νύκτα κέλονται,
κιχλίζοντι δὲ πᾶσαι, ἐπεί κ' αὐταῖς ὑπακούσω.
δῆλον ὅτ' ἐν τᾷ γᾷ κἠγών τις φαίνομαι ἦμεν.

Οὕτω τοι Πολύφαμος ἐποίμαινεν τὸν ἔρωτα   80
μουσίσδων, ῥᾷον δὲ διᾶγ' ἢ εἰ χρυσὸν ἔδωκεν.

*

ΑΙΤΗΣ

Ἤλυθες, ὦ φίλε κοῦρε· τρίτῃ σὺν νυκτὶ καὶ ἠοῖ
ἤλυθες· οἱ δὲ ποθεῦντες ἐν ἤματι γηράσκουσιν.

Zu dir taucht' ich hinab, und deckte mit Küssen die Hand dir,
Wenn du den Mund nicht gäbst. Bald silberne Lilien brächt' ich,
Bald zartblumigen Mohn, mit purpurnem Blatte zum Klatschen.
(Aber es blüh'n ja im Sommer die einen, die andern im Winter,
D'rum nicht alle zugleich dir könnt' ich sie bringen die Blumen.)
Aber nun lern' ich, — gewiß, o Kind, ich lerne noch schwimmen!
Wenn seefahrend einmal mit dem Schiff anlandet ein Fremdling;
Daß ich seh', was es Süßes euch ist, in der Tiefe zu wohnen.
— Komm' heraus, Galateia! und bist du heraus, so vergiß auch,
So wie ich, der am Strand hier sitzt, nach Hause zu kehren.
Weide die Heerde zusammen mit mir, und melke die Schafe,
Gieße das bittere Lab in die Milch, und presse dir Käse.
— Meine Mutter allein ist Schuld, und ich schelte sie billig;
Niemals sprach sie dir noch ein freundliches Wörtchen von mir vor,
Und doch sah sie von Tage zu Tag mich weniger werden.
Aber nun sag' ich, mir klopf' und mir zuck' es im Haupt und in
                                                          beiden
Füßen, damit sie sich gräme, dieweil ich selber voll Gram bin.
— O Kyklop, Kyklop! wo schwärmete dir der Verstand hin?
Wenn du giengest und flöchtest dir Körb' und brächtest den
                                                          Lämmern
Abgeschnittenes Laub, wahrhaftig, da thätest du klüger.
Melke das stehende Schaf! was willst du dem flüchtigen nachgeh'n?
Du kannst mehr Galateien, vielleicht noch schönere, finden.
Laden mich doch oft Mädchen genug zu nächtlichen Spielen.
Geh' ich einmal mit ihnen, das ist ein Jubeln und Kichern!
Traun, ich gelte schon auch in unserem Lande noch etwas.

Also linderte sich damals Polyphemos die Liebe
Durch den Gesang, und schaffte sich Ruh', die mit Gold nicht
                                                          erkauft wird.

Eduard Mörike nach älteren Übersetzern

AITES

Bist du gekommen dann, nach dem ich nun gewacht
Nach dir, mein liebstes Kind, den dritten tag vnnd Nacht?
Du bist gekommen, ja doch wer nicht kan noch mag

ὅσσον ἔαρ χειμῶνος, ὅσον μῆλον βραβίλοιο
ἥδιον, ὅσσον ὄις σφετέρης λασιωτέρη ἀρνός,
ὅσσον παρθενικὴ προφέρει τριγάμοιο γυναικός,   5
ὅσσον ἐλαφροτέρη μόσχου νεβρός, ὅσσον ἀηδών
συμπάντων λιγύφωνος ἀοιδοτάτη πετεηνῶν,
τόσσον ἔμ' εὔφρηνας σὺ φανείς, σκιερὴν δ' ὑπὸ φηγόν
ἠελίου φρύγοντος ὁδοιπόρος ἔδραμον ὥς τις.
εἴθ' ὁμαλοὶ πνεύσειαν ἐπ' ἀμφοτέροισιν Ἔρωτες   10
νῶιν, ἐπεσσομένοις δὲ γενοίμεθα πᾶσιν ἀοιδή·
'δίω δή τινε τώδε μετὰ προτέροισι γενέσθην
φῶθ', ὃ μὲν εἴσπνηλος, φαίη χ' Ὡμυκλαϊάζων,
τὸν δ' ἕτερον πάλιν, ὡς κεν ὁ Θεσσαλὸς εἴποι, ἀίτην·
ἀλλήλους δ' ἐφίλησαν ἴσῳ ζυγῷ. ἦ ῥα τότ' ἦσαν   15
χρύσειοι πάλιν ἄνδρες ὅτ' ἀντεφίλησ' ὁ φιληθείς.'
εἰ γὰρ τοῦτο, πάτερ Κρονίδη, πέλοι, εἰ γάρ, ἀγήρῳ
ἀθάνατοι, γενεῆς δὲ διηκοσίῃσιν ἔπειτα
ἀγγείλειεν ἐμοί τις ἀνέξοδον εἰς Ἀχέροντα·
'ἡ σὴ νῦν φιλότης καὶ τοῦ χαρίεντος ἄιτεω   20
πᾶσι διὰ στόματος, μετὰ δ' ἠιθέοισι μάλιστα.'
ἀλλ' ἤτοι τούτων μὲν ὑπέρτεροι Οὐρανίωνες·
ἔσσεται ὡς ἐθέλουσιν. ἐγὼ δέ σε τὸν καλὸν αἰνέων
ψεύδεα ῥινὸς ὕπερθεν ἀραιῆς οὐκ ἀναφύσω.
ἢν γὰρ καί τι δάκῃς, τὸ μὲν ἀβλαβὲς εὐθὺς ἔθηκας,   25
διπλάσιον δ' ὤνησας, ἔχων δ' ἐπίμετρον ἀπῆλθον.
Νισαῖοι Μεγαρῆες, ἀριστεύοντες ἐρετμοῖς,
ὄλβιοι οἰκείοιτε, τὸν Ἀττικὸν ὡς περίαλλα
ξεῖνον ἐτιμήσασθε, Διοκλέα τὸν φιλόπαιδα.
αἰεί οἱ περὶ τύμβον ἀολλέες εἴαρι πρώτῳ   30
κοῦροι ἐριδμαίνουσι φιλήματος ἄκρα φέρεσθαι·
ὃς δέ κε προσμάξῃ γλυκερώτερα χείλεσι χείλη,
βριθόμενος στεφάνοισιν ἑὴν ἐς μητέρ' ἀπῆλθεν.

Sein lieb sehn wann er wil, wird alt auff einen tag.
Soviel der Früling wird dem Winter vorgesetzt,
Vor wilden pflaumen vns ein Apffel auch ergetzt,
Das Schaff mit dicker woll' ein Lamb beschämen kan,
Die Jungfraw süsser ist als die den dritten Man
Bereit hat fort geschickt; so viel als besser springt
Ein rehbock als ein Kalb, vnd wann sie lieblich singt
Die leichte Nachtigall den Vogeln abgewint,
So ist dein beysein mir das liebste das man findt.
Ich habe mich gesetzt bey diesen Buchbawm hin,
Gleich wie ein Wandersman thut im fürüber ziehn,
In dem die Sonne sticht. ach, das die liebe doch
Vns wolte beyderseits auch fügen an jhr ioch,
An jhr gewündtschtes Joch, vnd das die nach vns sein
Von vns mit stettem rhum erzehlten vberein:
Es ist ein liebes par gewesen vor der zeit,
Das eine freyte selbst, das ander ward gefreyt:
Sie liebten beyde gleich. ward nicht das volck ergetzt
Wie liebe wiederumb mit liebe ward ersetzt!
Ach Jupiter, vnd jhr, jhr Götter, gebt mir zue,
Wann ich nach langer zeit schon lieg' in meiner rhue,
Das ich erfahren mag, das dem der mich jtzt liebt
Vnd meiner trewen gunst ein jeder zeugniß giebt;
Doch mehr das junge volck. nun diß muß nur ergehn,
Ihr Götter, wie jhr wolt. es pflegt bey euch zue stehn
Doch lob' ich dich zwar hoch, so hoff' ich dennoch nicht
Das jrrgend jemand ist der etwas anders spricht.
Dann ob dein grimm mir schon offt' etwas vbels thut
So machst du es hernach doch doppelt wieder gut.
O volck von Megara, jhr schiffer weit bekandt,
Ich wündsche das jhr wol bewohnt das reiche landt
Vnd vfer bey Athen, weil jhr so höchlich liebt
Dioclem der sich auch im lieben sehr geübt:
Weil allzeit vmb sein grab sehr viel liebhaber stehn,
Die lernen einig nur mit küssen vmb recht gehn,
Vnd streiten gleich darumb, vnd wer dann Mundt an mundt
Am aller besten legt, dem wird der krantz vergunt,
Den er nach hause dann zue seiner Mutter bringt.

ὄλβιος ὅστις παισὶ φιλήματα κεῖνα διαιτᾷ·
ἦ που τὸν χαροπὸν Γανυμήδεα πόλλ' ἐπιβῶται   35
Λυδίῃ ἶσον ἔχειν πέτρῃ στόμα, χρυσὸν ὁποίῃ
πεύθονται, μὴ φαῦλος, ἐτήτυμον ἀργυραμοιβοί.

*

ΣΥΡΑΚΟΣΙΑΙ Η ΑΔΩΝΙΑΖΟΥΣΑΙ

ΓΟΡΓΩ Ἔνδοι Πραξινόα;
ΠΡΑΞΙΝΟΑ   Γοργὼ φίλα, ὡς χρόνῳ. ἔνδοι.
   θαῦμ' ὅτι καὶ νῦν ἦνθες. ὅρη δίφρον, Εὐνόα, αὐτᾷ·
   ἔμβαλε καὶ ποτίκρανον.
ΓΟ.   ἔχει κάλλιστα.
ΠΡ.   καθίζευ.
ΓΟ. ὦ τᾶς ἀλεμάτω ψυχᾶς· μόλις ὕμμιν ἐσώθην,
   Πραξινόα, πολλῶ μὲν ὄχλω, πολλῶν δὲ τεθρίππων·   5
   παντᾷ κρηπῖδες, παντᾷ χλαμυδηφόροι ἄνδρες·
   ἁ δ' ὁδὸς ἄτρυτος· τὺ δ' ἑκαστέρω αἰὲν ἀποικεῖς.
ΠΡ. ταῦθ' ὁ πάραρος τῆνος· ἐπ' ἔσχατα γᾶς ἔλαβ' ἐνθών
   ἰλεόν, οὐκ οἴκησιν, ὅπως μὴ γείτονες ὦμες
   ἀλλάλαις, ποτ' ἔριν, φθονερὸν κακόν, αἰὲν ὁμοῖος.   10
ΓΟ. μὴ λέγε τὸν τεὸν ἄνδρα, φίλα, Δίνωνα τοιαῦτα
   τῶ μικκῶ παρεόντος· ὅρη, γύναι, ὡς ποθορῇ τυ.
   θάρσει, Ζωπυρίων, γλυκερὸν τέκος· οὐ λέγει ἀπφῦν.
ΠΡ. αἰσθάνεται τὸ βρέφος, ναὶ τὰν πότνιαν.
ΓΟ.   καλὸς ἀπφῦς.
ΠΡ. ἀπφῦς μὰν τῆνός γα πρόαν — λέγομες δὲ πρόαν θην   15

Ach, ach, wie glücklich ist dem es so wol gelingt
Das er mag richter sein. wie offte rufft er wol
Das Ganymedes jhm den mund so machen sol
Als einen Stein durch den der goldschmiedt vrtheil spricht
Ob auch gewiß das Goldt recht gut sey oder nicht.

Martin Opitz

DIE SYRAKUSERINNEN AM ADONISFEST

Gorgo.

Ist Praxinoa drinn?

Eunoa.

O Gorgo, wie spät! Sie ist drinnen. —

Praxinoa.

Wirklich! du bist schon hier? — Nun, Eunoa, stell' ihr den Sessel!
Leg' auch ein Polster darauf.

Gorgo.

Es ist gut so.

Praxinoa.

Setze dich, Liebe.

Gorgo.

Ach! halbtodt, Praxinoa, bin ich! Lebensgefahren
Stand ich aus, bei der Menge des Volks und der Menge der Wagen!
Stiefel und überall Stiefel, und nichts als Krieger in Mänteln!
Dann der unendliche Weg! Du wohnst auch gar zu entfernt mir.

Praxinoa.

Ja, da hat nun der Querkopf ganz am Ende der Erde
Solch' ein Loch, nicht ein Haus, mir genommen, damit wir doch
                                                    ja nicht
Nachbarn würden; nur mir zum Tort, mein ewiger Quälgeist!

Gorgo.

Sprich doch, Beste, nicht so von deinem Dinon; der Kleine
Ist ja dabei. Sieh, Weib, wie der Junge verwundert dich anguckt!
Lustig, Zopyrion, herziges Kind! sie meinet Papa nicht.

Praxinoa.

Heilige du! ja, er merkt es, der Bube. — Der liebe Papa der!
— Jener Papa gieng neulich (wir sprechen ja immer von neulich),

'πάππα, νίτρον καὶ φῦκος ἀπὸ σκανᾶς ἀγοράσδειν' —
ἵκτο φέρων ἅλας ἄμμιν, ἀνὴρ τρισκαιδεκάπαχυς.

ΓΟ. χὠμὸς ταυτᾷ ἔχει· φθόρος ἀργυρίω Διοκλείδας·
ἑπταδράχμως κυνάδας, γραιᾶν ἀποτίλματα πηρᾶν,
πέντε πόκως ἔλαβ' ἐχθές, ἅπαν ῥύπον, ἔργον ἐπ' ἔργῳ.   20
ἀλλ' ἴθι, τὤμπέχονον καὶ τὰν περονατρίδα λάζευ.
βᾶμες τῶ βασιλῆος ἐς ἀφνειῶ Πτολεμαίω
θασόμεναι τὸν Ἄδωνιν· ἀκούω χρῆμα καλόν τι
κοσμεῖν τὰν βασίλισσαν.

ΠΡ.   ἐν ὀλβίω ὄλβια πάντα.

ΓΟ. ὧν ἴδες, ὧν εἴπαις κεν ἰδοῖσα τὺ τῷ μὴ ἰδόντι.   25
ἕρπειν ὥρα κ' εἴη.

ΠΡ.   ἀεργοῖς αἰὲν ἑορτά.
Εὐνόα, αἶρε τὸ νῆμα καὶ ἐς μέσον, αἰνόδρυπτε,
θὲς πάλιν· αἱ γαλέαι μαλακῶς χρῄζοντι καθεύδειν.
κινεῦ δή· φέρε θᾶσσον ὕδωρ. ὕδατος πρότερον δεῖ,
ἁ δὲ σμᾶμα φέρει. δὸς ὅμως. μὴ δὴ πολύ, λᾳστρί.   30
ἔγχει ὕδωρ. δύστανε, τί μευ τὸ χιτώνιον ἄρδεις;
παῦέ ποχ'· οἷα θεοῖς ἐδόκει, τοιαῦτα νένιμμαι.
ἁ κλᾲξ τᾶς μεγάλας πεῖ λάρνακος; ὧδε φέρ' αὐτάν.

ΓΟ. Πραξινόα, μάλα τοι τὸ καταπτυχὲς ἐμπερόναμα
τοῦτο πρέπει· λέγε μοι, πόσσω κατέβα τοι ἀφ' ἱστῶ;   35

ΠΡ. μὴ μνάσῃς, Γοργοῖ· πλέον ἀργυρίω καθαρῶ μνᾶν
ἢ δύο· τοῖς δ' ἔργοις καὶ τὰν ψυχὰν ποτέθηκα.

ΓΟ. ἀλλὰ κατὰ γνώμαν ἀπέβα τοι· τοῦτό κεν εἴπαις.

ΠΡ. τὤμπέχονον φέρε μοι καὶ τὰν θολίαν· κατὰ κόσμον

Schmink' und Salpeter für mich aus dem Krämerladen zu holen,
Und kam wieder mit Salz, der dreizehnellige Dummkopf!

Gorgo.

G'rade so macht es der meine, der Geldabgrund Diokleidas!
Sieben Drachmen bezahlt' er für fünf Schafsfelle noch gestern:
Hundshaar, schäbige Klatten! nur Schmutz, nur Arbeit auf Arbeit!
— Aber nun lege den Mantel doch an, und das Kleid mit den
                                        Spangen!
Komm' zur Burg Ptolemäos', des hochgesegneten Königs,
Dort den Adonis zu seh'n. Etwas Prachtmäßiges, hör' ich,
Gebe die Königin dort.

Praxinoa.

            Reich macht bei den Reichen sich Alles.

Gorgo.

Wer was geseh'n, kann Dem und Jenem erzählen, der nichts sah.
Komm', es ist Zeit, daß.wir geh'n.

Praxinoa.

            Sei's! Stets hat der Müßige Festtag.
Eunoa, nimm mein Gespinnst. So leg' es doch, Träumerin, wieder
Mitten im Zimmer da hin! Weich liegen die Katzen ja gerne.
Rühr' dich! Wasser geschwind! — Nein, Wasser ja brauch' ich
                                        am ersten!
Bringt sie mir Seife! Nun, gib! — Halt' ein — Unmäßige! gieß' doch
Nicht so viel! Heillose, was mußt du den Rock mir begießen!
— Jetzt hör' auf! Wie's den Göttern gefiel, so bin ich gewaschen.
Nun, wo steckt denn der Schlüssel zum großen Kasten? So hol' ihn.

Gorgo.

Einzig, Praxinoa, steht dieß faltige Spangengewand dir.
Sage mir doch, wie hoch ist das Zeug vom Stuhl dir gekommen?

Praxinoa.

Ach! erinnre mich gar nicht daran! Zwei Minen und drüber,
Baar; und ich setzte beinah' mein Leben noch zu bei der Arbeit.

Gorgo.

Aber auch ganz nach Wunsche gerieth sie dir.

Praxinoa.

            Wahrlich, du schmeichelst.
— Gib den Mantel nun her, und setze den schattenden Hut mir

ἀμφίθες. οὐκ ἀξῶ τυ, τέκνον. Μορμώ, δάκνει ἵππος.   40
δάκρυ' ὅσσα θέλεις, χωλὸν δ' οὐ δεῖ τυ γενέσθαι.
ἕρπωμες. Φρυγία, τὸν μικκὸν παῖσδε λαβοῖσα,
τὰν κύν' ἔσω κάλεσον, τὰν αὐλείαν ἀπόκλαξον.

ὦ θεοί, ὅσσος ὄχλος. πῶς καὶ πόκα τοῦτο περᾶσαι
χρὴ τὸ κακόν; μύρμακες ἀνάριθμοι καὶ ἄμετροι.   45
πολλά τοι, ὦ Πτολεμαῖε, πεποίηται καλὰ ἔργα
ἐξ ὧ ἐν ἀθανάτοις ὁ τεκών· οὐδεὶς κακοεργὸς
δαλεῖται τὸν ἰόντα παρέρπων Αἰγυπτιστί,
οἷα πρὶν ἐξ ἀπάτας κεκροτημένοι ἄνδρες ἔπαισδον,
ἀλλάλοις ὁμαλοί, κακὰ παίχνια, πάντες ἀραῖοι.   50
ἀδίστα Γοργώ, τί γενώμεθα; τοὶ πολεμισταί
ἵπποι τῶ βασιλῆος. ἄνερ φίλε, μή με πατήσῃς.
ὀρθὸς ἀνέστα ὁ πυρρός· ἴδ' ὡς ἄγριος. κυνοθαρσής
Εὐνόα, οὐ φευξῇ; διαχρησεῖται τὸν ἄγοντα.
ὠνάθην μεγάλως ὅτι μοι τὸ βρέφος μένει ἔνδον.   55
ΓΟ. θάρσει, Πραξινόα· καὶ δὴ γεγενήμεθ' ὄπισθεν,
τοὶ δ' ἔβαν ἐς χώραν.
ΠΡ.   καὐτὰ συναγείρομαι ἤδη.
ἵππον καὶ τὸν ψυχρὸν ὄφιν τὰ μάλιστα δεδοίκω
ἐκ παιδός. σπεύδωμες· ὄχλος πολὺς ἄμμιν ἐπιρρεῖ.   60
ΓΟ. ἐξ αὐλᾶς, ὦ μᾶτερ;

ΓΡΑΥΣ   ἐγών, τέκνα.

ΓΟ.   εἶτα παρενθεῖν
εὐμαρές;

Auf nach der Art. Nicht mitgeh'n, Kind! Bubu da! das Pferd beißt!
Weine, so lange du willst; zum Krüppel mir sollst du nicht werden. —
Geh'n wir denn. — Phrygia, spiel' indeß mit dem Kleinen ein
wenig;
Locke den Hund in das Haus und verschließ' die Thüre des Ho-
fes. —

Götter! o welch' ein Gewühl! Durch dieses Gedränge zu kommen,
Wie und wann wird das geh'n? Ameisen, unendlich und zahllos!
Viel Preiswürdiges doch, Ptolemäos, danket man dir schon,
Seit bei den Himmlischen ist dein Vater. Es plündert kein schlauer
Dieb den Wandelnden mehr, ihn fein auf Aegyptisch beschlei-
chend,
Wie vordem aus Betrug zusammengelöthete Kerle,
All' einander sich gleich, durchtriebenes, freches Gesindel!
— Süßeste Gorgo, wie wird es uns geh'n! Da kommen des Königs
Prunkpferd', siehst du? — Mein Freund, mich nicht übergeritten,
das bitt' ich! —
Ha, der unbändige Fuchs, wie er bäumt! Du verwegenes Mädchen
Eunoa, wirst du nicht weichen? Der bricht dem Reiter den Hals
noch.
O nun segn' ich mich erst, daß mir der Junge daheim blieb!

Gorgo.
Faß' dich, Praxinoa, Muth! wir sind schon hinter den Pferden;
Jene reiten zum Platze.

Praxinoa.
Bereits erhol' ich mich wieder.
Pferd' und eisige Schlangen, die scheut' ich immer am meisten,
Von Kind an. O geschwind! Was dort ein Haufen uns zuströmt!

Gorgo.
Mütterchen, wohl aus der Burg?

Alte.
Ja, Kinderchen.

Gorgo.
Kommt man denn auch noch
Leichtlich hinein?

ΓΡ.   ἐς Τροίαν πειρώμενοι ἦνθον Ἀχαιοί,
κάλλισται παίδων· πείρᾳ θην πάντα τελεῖται.
ΓΟ. χρησμὼς ἁ πρεσβῦτις ἀπῴχετο θεσπίξασα.
ΠΡ. πάντα γυναῖκες ἴσαντι, καὶ ὡς Ζεὺς ἀγάγεθ' Ἥραν.
ΓΟ. θᾶσαι, Πραξινόα, περὶ τὰς θύρας ὅσσος ὅμιλος.   65
ΠΡ. θεσπέσιος. Γοργοῖ, δὸς τὰν χέρα μοι· λάβε καὶ τύ,
Εὐνόα, Εὐτυχίδος· πότεχ' αὑτᾶς μὴ ἀποπλαγχθῇς.
πᾶσαι ἅμ' εἰσένθωμες· ἀπρὶξ ἔχευ, Εὐνόα, ἁμῶν.
οἴμοι δειλαία, δίχα μοι τὸ θερίστριον ἤδη
ἔσχισται, Γοργοῖ. ποττῶ Διός, εἴ τι γένοιο   70
εὐδαίμων, ἄνθρωπε, φυλάσσεο τὤμπέχονόν μευ.
ΞΕΝΟΣ οὐκ ἐπ' ἐμὶν μέν, ὅμως δὲ φυλάξομαι.
ΠΡ.   ὄχλος ἀλαθέως·
ὠθεῦνθ' ὥσπερ ὕες.
ΞΕ.   θάρσει, γύναι· ἐν καλῷ εἰμές.
ΠΡ. κἠς ὥρας κἤπειτα, φίλ' ἀνδρῶν, ἐν καλῷ εἴης,
ἄμμε περιστέλλων. χρηστῶ κοἰκτίρμονος ἀνδρός.   75
φλίβεται Εὐνόα ἄμμιν· ἄγ', ὦ δειλὰ τύ, βιάζευ.
κάλλιστ'· 'ἔνδοι πᾶσαι', ὁ τὰν νυὸν εἶπ' ἀποκλάξας.

ΓΟ. Πραξινόα, πόταγ' ὧδε. τὰ ποικίλα πρᾶτον ἄθρησον,
λεπτὰ καὶ ὡς χαρίεντα· θεῶν περονάματα φασεῖς.
ΠΡ. πότνι' Ἀθαναία, ποῖαί σφ' ἐπόνασαν ἔριθοι,   80
ποῖοι ζωογράφοι τἀκριβέα γράμματ' ἔγραψαν.
ὡς ἔτυμ' ἑστάκαντι καὶ ὡς ἔτυμ' ἐνδινεῦντι,
ἔμψυχ', οὐκ ἐνυφαντά. σοφόν τι χρῆμ' ἄνθρωπος.
αὐτὸς δ' ὡς θαητὸς ἐπ' ἀργυρέας κατάκειται

Die Alte.

Durch Versuche gelangten die Griechen nach Troja,
Schönstes Kind; durch Versuch ist Alles und Jedes zu machen.

Gorgo.

Fort ist die Alte, die nur mit Orakelsprüchen uns abspeis't!
Alles weiß doch ein Weib, auch Zeus' Hochzeit mit der Hera.
— Sieh, Praxinoa, sieh, was dort ein Gewühl um die Thür' ist!

Praxinoa.

Ach, ein erschreckliches! — Gib mir die Hand! Du, Eunoa, fasse
Eutychis an, und laß' sie nicht los, sonst gehst du verloren.
Alle mit Einmal hinein! Fest, Eunoa, an uns gehalten! —
Wehe mir Unglückskind! Da riß mein Sommergewand schon
Mitten entzwei, o Gorgo! — Bei Zeus, und soll es dir jemals
Glücklich ergehen, mein Freund, so hilf mir und rette den Mantel!

Erster Fremder.

Je, wer's könnte! Doch sei es versucht.

Praxinoa.

Ein gräulich Gedränge!
Stoßen sie nicht wie die Schweine?

Der Fremde.

Getrost! nun haben wir Ruhe.

Praxinoa.

Jetzt und künftig sei Ruhe dein Loos, du bester der Männer,
Daß du für uns so gesorgt! — Der gute, mitleidige Mann der! —
Eunoa steckt in der Klemme! Du Tröpfin! frisch! mit Gewalt durch!
— Schön! wir alle sind drin! so sagt zur Braut, wer sie einschloß.

Gorgo.

Hier, Praxinoa, komm': sieh erst den künstlichen Teppich!
Schau, wie lieblich und zart! Du nähmst es für Arbeit der Götter.

Praxinoa.

Heilige Pallas Athene, wer hat die Tapeten gewoben?
Welcher Maler dazu so herrlich die Bilder gezeichnet?
Wie natürlich sie stehn', wie in jeder Bewegung natürlich!
Wahrlich beseelt, nicht gewebt! Ein kluges Geschöpf ist der
Mensch doch!
Aber er selber, wie reizend er dort auf dem silbernen Ruhbett

κλισμῶ, πρᾶτον ἴουλον ἀπὸ κροτάφων καταβάλλων,   85
ὁ τριφίλητος Ἄδωνις, ὁ κἠν Ἀχέροντι φιληθείς.

ΕΤΕΡΟΣ ΞΕΝΟΣ

παύσασθ', ὦ δύστανοι, ἀνάνυτα κωτίλλοισαι,
τρυγόνες· ἐκκναισεῦντι πλατειάσδοισαι ἅπαντα.

ΠΡ. μᾶ, πόθεν ὤνθρωπος; τί δὲ τὶν εἰ κωτίλαι εἰμές;
πασάμενος ἐπίτασσε· Συρακοσίαις ἐπιτάσσεις.   90
ὡς εἰδῆς καὶ τοῦτο, Κορίνθιαι εἰμὲς ἄνωθεν,
ὡς καὶ ὁ Βελλεροφῶν. Πελοποννασιστὶ λαλεῦμες,
Δωρίσδειν δ' ἔξεστι, δοκῶ, τοῖς Δωριέεσσι.
μὴ φύη, Μελιτῶδες, ὃς ἁμῶν καρτερὸς εἴη,
πλὰν ἑνός. οὐκ ἀλέγω. μή μοι κενεὰν ἀπομάξῃς.   95

ΓΟ. σίγη, Πραξινόα· μέλλει τὸν Ἄδωνιν ἀείδειν
ἁ τᾶς Ἀργείας θυγάτηρ, πολύιδρις ἀοιδός,
ἅτις καὶ πέρυσιν τὸν Ἰάλεμον ἀρίστευσε.
φθεγξεῖταί τι, σάφ' οἶδα, καλόν· διαχρέμπτεται ἤδη.

ΓΥΝΗ ΑΟΙΔΟΣ

Δέσποιν', ἁ Γολγώς τε καὶ Ἰδάλιον ἐφίλησας   100
αἰπεινάν τ' Ἔρυκα, χρυσῷ παίζοισ' Ἀφροδίτα,
οἷόν τοι τὸν Ἄδωνιν ἀπ' ἀενάω Ἀχέροντος
μηνὶ δυωδεκάτῳ μαλακαὶ πόδας ἄγαγον Ὧραι,
βάρδισται μακάρων Ὧραι φίλαι· ἀλλὰ ποθειναί
ἔρχονται πάντεσσι βροτοῖς αἰεί τι φέροισαι.   105
κύπρι Διωναία, τὺ μὲν ἀθανάταν ἀπὸ θνατᾶς,
ἀνθρώπων ὡς μῦθος, ἐποίησας Βερενίκαν,
ἀμβροσίαν ἐς στῆθος ἀποστάξασα γυναικός·
τὶν δὲ χαριζομένα, πολυώνυμε καὶ πολύναε,
ἁ Βερενικεία θυγάτηρ Ἑλένᾳ εἰκυῖα   110
Ἀρσινόα πάντεσσι καλοῖς ἀτιτάλλει Ἄδωνιν.
πὰρ μέν οἱ ὥρια κεῖται ὅσα δρυὸς ἄκρα φέροντι,
πὰρ δ' ἁπαλοὶ κᾶποι πεφυλαγμένοι ἐν ταλαρίσκοις
ἀργυρέοις, Συρίω δὲ μύρω χρύσει' ἀλάβαστρα,

Liegt, und die Schläfe herab ihm keimet das früheste Milchhaar!
Dreimal geliebter Adonis, der selbst noch im Hades geliebt wird!

Zweiter Fremder.

Schweigt doch, ihr Klatschen, einmal! Könnt' ihr kein Ende noch
finden?
Schnattergänse! Wie breit und wie platt sie die Wörter verhunzen!

Gorgo.

Mein! was will doch der Mensch? Was geht dich unser Geschwätz an?
Warte, bis du uns kaufst! Syrakuserinnen befiehlst du?
Wiß' auch dieß noch dazu: wir sind von korinthischer Abkunft,
Gleichwie Bellerophon war; wir reden ja peloponnesisch;
Doriern wird's doch, denk' ich, erlaubt sein, dorisch zu sprechen?

Praxinoa.

O so bewahr' uns vor einem zweiten Gebieter, du liebe
Melitodes! Nur zu! Du streichst mir den ledigen Scheffel.

Gorgo.

Still, Praxinoa! Gleich nun fängt sie das Lied von Adonis
An, die Sängerin dort, der Argeierin kundige Tochter,
Die den Trauergesang auf Sperchis so trefflich gesungen.
Sicherlich macht die's fein. Schon richtet sie schmachtend ihr
Köpfchen.

Die Sängerin.

Herrscherin! die du Golgos erkorst und Idalion's Haine,
Auch des Eryx Gebirg', goldspielende du, Aphrodita!
Sage, wie kam dir Adonis von Acheron's ewigen Fluthen
Nach zwölf Monden zurück, im Geleit' sanftwandelnder Horen?
Langsam geh'n die Horen vor anderen seligen Göttern;
Aber sie kommen mit Gaben auch stets und von Allen ersehnet.
Kypris, Diona's Kind, du erhobst, so meldet die Sage,
In der Unsterblichen Kreis, die sterblich war, Berenika,
Hold Ambrosiasaft in die Brust der Königin träufelnd.
Dir zum Dank, vielnamige, tempelgefeierte Göttin,
Ehrt Berenika's Tochter, an Liebreiz Helenen ähnlich,
Ehrt Arsinoa heut mit allerlei Gaben Adonis.
Neben ihm liegt anmuthig, was hoch auf dem Baume gereifet;
Neben ihm auch Lustgärtchen, umhegt von silbergeflocht'nen
Körben, auch goldene Krüglein, gefüllt mit syrischen Düften;

εἴδατά θ' ὅσσα γυναῖκες ἐπὶ πλαθάνῳ πονέονται   115
ἄνθεα μίσγοισαι λευκῷ παντοῖα μαλεύρῳ,
ὅσσα τ' ἀπὸ γλυκερῶ μέλιτος τά τ' ἐν ὑγρῷ ἐλαίῳ.
πάντ' αὐτῷ πετεηνὰ καὶ ἑρπετὰ τεῖδε πάρεστι·
χλωραὶ δὲ σκιάδες μαλακῷ βρίθοισαι ἀνήθῳ
δέδμανθ'· οἱ δέ τε κῶροι ὑπερπωτῶνται ῎Ερωτες,   120
οἷοι ἀηδονιδῆες ἀεξομενᾶν ἐπὶ δένδρῳ
πωτῶνται πτερύγων πειρώμενοι ὄζον ἀπ' ὄζω.
ὢ ἔβενος, ὢ χρυσός, ὢ ἐκ λευκῶ ἐλέφαντος
αἰετοὶ οἰνοχόον Κρονίδᾳ Διὶ παῖδα φέροντες,
πορφύρεοι δὲ τάπητες ἄνω μαλακώτεροι ὕπνω·   `   125
ἃ Μίλατος ἐρεῖ χὡ τὰν Σαμίαν καταβόσκων,
'ἔστρωται κλίνα τὡδώνιδι τῷ καλῷ ἄμμιν'.
τὸν μὲν Κύπρις ἔχει, τὰν δ' ὁ ῥοδόπαχυς ῎Αδωνις.
ὀκτωκαιδεκετὴς ἢ ἐννεακαίδεχ' ὁ γαμβρός·
οὐ κεντεῖ τὸ φίλημ'· ἔτι οἱ περὶ χείλεα πυρρά.   130
νῦν μὲν Κύπρις ἔχοισα τὸν αὐτᾶς χαιρέτω ἄνδρα·
ἀῶθεν δ' ἄμμες νιν ἅμα δρόσῳ ἀθρόαι ἔξω
οἰσεῦμες ποτὶ κύματ' ἐπ' ἀιόνι πτύοντα,
λύσασαι δὲ κόμαν καὶ ἐπὶ σφυρὰ κόλπον ἀνεῖσαι
στήθεσι φαινομένοις λιγυρᾶς ἀρξεύμεθ' ἀοιδᾶς.   135
ἕρπεις, ὦ φίλ' ῎Αδωνι, καὶ ἐνθάδε κῆς Ἀχέροντα
ἡμιθέων, ὡς φαντί, μονώτατος. οὔτ' Ἀγαμέμνων
τοῦτ' ἔπαθ' οὔτ' Αἴας ὁ μέγας, βαρυμάνιος ἥρως,
οὔθ' ῎Εκτωρ, Ἑκάβας ὁ γεραίτατος εἴκατι παίδων,
οὐ Πατροκλῆς, οὐ Πύρρος ἀπὸ Τροίας ἐπανενθών,   140
οὔθ' οἱ ἔτι πρότεροι Λαπίθαι καὶ Δευκαλίωνες,
οὐ Πελοπηιάδαι τε καὶ ῎Αργεος ἄκρα Πελασγοί.
ἵλαος, ὦ φίλ' ῎Αδωνι, καὶ ἐς νέωτ'· εὐθυμεύσαις
καὶ νῦν ἦνθες, ῎Αδωνι, καί, ὄκκ' ἀφίκῃ, φίλος ἡξεῖς.

ΓΟ. Πραξινόα, τὸ χρῆμα σοφώτατον ἁ θήλεια·   145
ὀλβία ὅσσα ἴσατι, πανολβία ὡς γλυκὺ φωνεῖ.
ὥρα ὅμως κῆς οἶκον. ἀνάριστος Διοκλείδας·
χὡνὴρ ὄξος ἅπαν, πεινᾶντι δὲ μηδὲ ποτένθῃς.
χαῖρε, ῎Αδων ἀγαπατέ, καὶ ἐς χαίροντας ἀφικνεῦ.

Auch des Gebackenen viel, was Frau'n in den Formen bereitet,
Mischend das weißeste Mehl mit mancherlei Würze der Blumen,
Was sie mit lieblichem Oele getränkt und der Süße des Honigs.
Alles ist hier, das Geflügel der Luft und die Thiere der Erde.
Grünende Laubgewölbe, vom zartesten Dille beschattet,
Bauete man: und oben als Kinderchen fliegen Eroten,
Gleichwie der Nachtigall Brut, von üppigen Bäumen umdunkelt,
Flattert umher von Zweig zu Zweige, die Fittige prüfend.
Sehet das Ebenholz! und das Gold! und den reizenden Schenken,
Herrlich aus Elfenbein, vom Adler entführt zu Kronion!
Auf den purpurnen Teppichen hier (noch sanfter wie Schlummer
Würde Milet sie nennen und wer da wohnet in Samos)
Ist ein Lager bereitet, zugleich dem schönen Adonis.
Hier ruht Kypris, und dort mit rosigen Armen Adonis.
Achtzehn Jahre nur zählt ihr Geliebtester, oder auch neunzehn;
Kaum schon sticht sein Kuß, noch säumet die Lippen ihm Goldhaar.
Jetzo mag sich Kypris erfreu'n des schönen Gemahles.
Morgen tragen wir ihn, mit der thauenden Frühe versammelt,
Alle hinaus in die Fluth, die herauf schäumt an die Gestade:
Und mit fliegendem Haare, den Schooß tief bis auf die Knöchel,
Offen die Brust, so stimmen wir hell den Feiergesang an:
Holder Adonis, du nahst bald uns, bald Acheron's Ufern,
Wie kein anderer Halbgott, sagen sie. Nicht Agamemnon
Traf dieß Loos, noch Aias, der schrecklich zürnende Heros,
Hektor auch nicht, von Hekabe's zwanzig Söhnen der erste,
Nicht Patroklos, noch Pyrrhos, der wiederkehrte von Troja,
Nicht die alten Lapithen und nicht die Deukalionen,
Noch die Pelasger, die grauen, in Pelops' Insel und Argos.
Schenk' uns Heil, o Adonis, und bring' ein fröhliches Neujahr!
Freundlich kamst du, Adonis, o komm', wenn du kehrest, auch
                                                         freundlich!

Gorgo.

Unvergleichlich! dieß Weib, Praxinoa! Was sie nicht Alles
Weiß, das glückliche Weib! und wie süß der Göttlichen Stimme!
Doch es ist Zeit, daß ich geh'; Diokleidas erwartet das Essen.
Bös ist er immer, und hungert ihn erst, dann bleib' ihm vom Leibe!
— Freue dich, lieber Adonis, und kehre zu Freudigen wieder!

Eduard Mörike nach älteren Übersetzern

ΚΗΡΙΟΚΛΕΠΤΗΣ

Τὸν κλέπταν ποτ' "Ερωτα κακὰ κέντασε μέλισσα
κηρίον ἐκ σίμβλων συλεύμενον, ἄκρα δὲ χειρῶν
δάκτυλα πάνθ' ὑπένυξεν. ὁ δ' ἄλγεε καὶ' χέρ' ἐφύση
καὶ τὰν γᾶν ἐπάταξε καὶ ἅλατο, τᾷ δ' Ἀφροδίτᾳ
δεῖξεν τὰν ὀδύναν, καὶ μέμφετο ὅττι γε τυτθὸν   5
θηρίον ἐντὶ μέλισσα καὶ ἁλίκα τραύματα ποιεῖ.
χἀ μάτηρ γελάσασα· 'τὺ δ' οὐκ ἴσος ἐσσὶ μελίσσαις,
ὃς τυτθὸς μὲν ἔεις τὰ δὲ τραύματα ἁλίκα ποιεῖς;'

*

ΑΛΑΚΑΤΑ

Γλαύκας, ὦ φιλέριθ' ἀλακάτα, δῶρον Ἀθανάας
γύναιξιν νόος οἰκωφελίας αἴσιν ἐπάβολος,
θέρσεισ' ἄμμιν ὑμάρτη πόλιν ἐς Νήλεος ἀγλάαν,
ὅππα Κύπριδος ἴρον καλάμω χλῶρον ὑπ' ἀπάλω.
τυίδε γὰρ πλόον εὐάνεμον αἰτήμεθα πὰρ Δίος   5
ὅππως ξέννον ἐμον τέρψομ' ἴδων κἀντιφιληθέω,
Νικίαν, Χαρίτων ἰμεροφώνων ἴερον φύτον,
καὶ σὲ τὰν ἐλέφαντος πολυμόχθω γεγενημέναν
δῶρον Νικίας εἰς ἀλόχω χέρρας ὀπάσσομεν,
σὺν τᾷ πόλλα μὲν ἔργ' ἐκτελέσῃς ἀνδρείοις πέπλοις,   10
πόλλα δ' οἷα γύναικες φορέοισ' ὑδάτινα βράκη.
δὶς γὰρ μάτερες ἄρνων μαλάκοις ἐν βοτάνᾳ πόκοις
πέξαιντ' αὐτοέτει, Θευγένιδός γ' ἔννεκ' ἐυσφύρω·
οὕτως ἀνυσίεργος, φιλέει δ' ὅσσα σαόφρονες.
οὐ γὰρ εἰς ἀκίρας οὐδ' ἐς ἀέργω κεν ἐβολλόμαν   15
ὀπασσαί σε δόμοις, ἀμμετέρας ἔσσαν ἀπὺ χθόνος.
καὶ γάρ τοι πάτρις ἂν ὣξ Ἐφύρας κτίσσε ποτ' Ἀρχίας,
νάσω Τρινακρίας μύελον, ἀνδρῶν δοκίμων πόλιν.
νῦν μὰν οἶκον ἔχοισ' ἀνέρος ὃς πόλλ' ἐδάη σόφα
ἀνθρώποισι νόσοις φάρμακα λύγραις ἀπαλάλκεμεν,   20

Der Honigdieb

Eros, den näschigen Dieb, stach jüngst ein tükkisches Bienchen,
Als aus dem Korb er Honig entwendete, traf ihm der Finger
Spizen all' an der Hand. Das schmerzet' ihn sehr, in die Händchen
Blies er, stampft' auf den Boden, und sprang hoch auf. Afroditen
Zeiget' er nun sein Weh, und klagete, daß ein so kleines
Thierchen die Biene doch sei, und schlüg so gewaltige Wunden.
Lächelnd die Mutter darauf: Was! bist du nicht ähnlich der Biene,
Bist du nicht selbst auch klein, und schlägst so gewaltige Wunden?

Leo von Seckendorf

Die Spindel

Spindel, hold dem Gespinst, Gabe der blauäugigen Pallas du,
Arbeit schaffend dem hauswirthlichen Weib, welche dich lenken
kann:
Sey zur glänzenden Stadt Nileus getrost meine Begleiterin,
Wo der Kypris, mit Schilfrohre bedeckt, grünet das Heiligthum.
Dorthin über die See bitt' ich um leichtwallende Fahrt den Zeus,
Daß ich fröhlich dem Gastfreunde mich nah', wiedergeliebt von ihm,
Meinem Nikias, Lustgarten der süßstimmigen Chariten.
Und dich, welche geschnitzt wurde vom mühseligen Elfenbein,
Reich' ich dann in die Hand, als ein Geschenk, Nikias Gattin dar,
Mit der mancherley Werk enden du wirst: Männergewande bald,
Bald, dergleichen die Fraun tragen, der durchsichtigen Hüllen Stoff.
Denn wohl zweymal im Jahr möchte man Schafmüttern ihr wei-
ches Fell
Scheeren, nimmer zur Last fiel' es der schlankfüß'gen Theogenis;
So viel fordert ihr Fleiß: aber sie liebt, was die Verständigen.
Wahrlich möcht' ich auch nicht wüsten noch unfleißigen Häusern
dich
Geben, weil dich zur Welt brachte mit mir einerley Vaterland.
Heimath ist dir, die einst Ephyra's Held, Archios, gründete,
Vom Trinakrischen Eilande das Mark, rühmlicher Männer Stadt.
Nun gehegt in des Manns Hause, der Heilmittel mit weiser Kunst
Viel erfand, so die trübselige Qual wenden den Sterblichen,

οἰκήσῃς κατὰ Μίλλατον ἐράνναν πεδ' Ἰαόνων,
ὡς εὐαλάκατος Θεύγενις ἐν δαμότισιν πέλῃ,
καί οἱ μνᾶστιν ἀεὶ τῶ φιλαοίδω παρέχῃς ξένω.
κῆνο γάρ τις ἐρεῖ τὤπος ἰδὼν σ'· 'ἦ μεγάλα χάρις
δώρῳ σὺν ὀλίγῳ· πάντα δὲ τίματα τὰ πὰρ φίλων'.　　　25

*

Τήναν τὰν λαύραν τόθι ταὶ δρύες, αἰπόλε, κάμψας
　　σύκινον εὑρήσεις ἀρτιγλυφὲς ξόανον
ἀσκελὲς αὐτόφλοιον ἀνούατον, ἀλλὰ φάλητι
　　παιδογόνῳ δυνατὸν Κύπριδος ἔργα τελεῖν.
σακὸς δ' εὑίερος περιδέδρομεν, ἀέναον δέ　　　　　　5
　　ῥεῖθρον ἀπὸ σπιλάδων πάντοσε τηλεθάει
δάφναις καὶ μύρτοισι καὶ εὐώδει κυπαρίσσῳ,
　　ἔνθα πέριξ κέχυται βοτρυόπαις ἕλικι
ἄμπελος, εἰαρινοὶ δὲ λιγυφθόγγοισιν ἀοιδαῖς
　　κόσσυφοι ἀχεῦσιν ποικιλότραυλα μέλη,　　　　　　10
ξουθαὶ δ' ἀδονίδες μινυρίσμασιν ἀνταχεῦσι
　　μέλπουσαι στόμασιν τὰν μελίγαρυν ὄπα.
ἕζεο δὴ τηνεὶ καὶ τῷ χαρίεντι Πριήπῳ
　　εὔχε' ἀποστέρξαι τοὺς Δάφνιδός με πόθους,
κεὐθὺς ἐπιρρέξειν χίμαρον καλόν. ἢν δ' ἀνανεύσῃ,　　15
　　τοῦδε τυχὼν ἐθέλω τρισσὰ θύη τελέσαι·
ῥέξω γὰρ δαμάλαν, λάσιον τράγον, ἄρνα τὸν ἴσχω
　　σακίταν. ἀίοι δ' εὐμενέως ὁ θεός.

*

Ἁ Κύπρις οὐ πάνδαμος. ἱλάσκεο τὰν θεὸν εἰπών
　　οὐρανίαν, ἁγνᾶς ἄνθεμα Χρυσογόνας
οἴκῳ ἐν Ἀμφικλέους, ᾧ καὶ τέκνα καὶ βίον εἶχε
　　ξυνόν· ἀεὶ δέ σφιν λώιον εἰς ἔτος ἦν
ἐκ σέθεν ἀρχομένοις, ὦ πότνια· κηδόμενοι γάρ　　　5
　　ἀθανάτων αὐτοὶ πλεῖον ἔχουσι βροτοί.

Wirst du wohnen im lustreichen Milet bey den Ioniern,
Daß Theogenis sey Spindelgeziert unter den Frauen dort,
Ins Gedächtniß ihr stets du den Gesangliebenden Fremdling bringst.
Jemand saget, dich anschauend wohl dieß:Wahrlich, in großer Gunst
Steht das kleine Geschenk; alles ist werth, was von den Lieben
                                                        kommt.

August Wilhelm von Schlegel

Jenen Gang einbiegend, o Geishirt, dort bei den Eichen,
  Schaust du von Feigenholz neulich geschnizt ein Gebild:
Rind' umher, dreibeinig, und ohrlos; aber gewaltig,
  Voll afrodisischer Kraft, drohet das schlimme Geräth.
Schön umringt die geweihte Kapell' ihn: und unversiegbar
  Strömende Flut vom Geklipp grünet an jeglichem Bord
Voll Lorbäum' und Myrten und balsamreicher Cypressen,
  Wo mit traubiger Frucht hoch der umklammernde Wein
Aufrankt. Fröhlich umher in gellenden Lenzmelodieen
  Tönt der Amselchen Chor häufig gewechselten Laut;
Ämsig trillernde Chöre der Nachtigall tönen entgegen,
  Deren Kehle Gesang, süßer denn Honig, ergießt.
Seze dich dort, und flehe dem anmutsvollen Priapos,
  Daß mir um Dafnis hinfort ruhiger schlage das Herz.
Opfern werd' ich sogleich ein köstliches Böcklein; doch winkt er
  Guten Erfolg, dreifach soll ihn das Opfer erfreun:
Färs' und gezottelter Bock, und ein Lamm auch meines Geheges,
  Werd' ihm gebracht. Huldreich höre das Flehen der Gott!

Johann Heinrich Voß

EINE INSCHRIFT AUF DIE BILDSEULE DER VENUS URANIA

Diese Küpris ist nicht die gemeine Göttin des Volkes;
  Daß sie günstig dir sei, nenne die Himlische Sie!
Chrüsogona weihete sie, das Weib des Amfikläs,
  Welchem liebend sie lebt, welchem sie Kinder gebar!
Immer wächset ihr Glük, von dir, o Göttin! began es,
  Dreimal selig ist der, welcher die Götter verehrt!

Friedrich Leopold zu Stolberg

ΜΟΣΧΟΣ

ΕΡΩΣ ΔΡΑΠΕΤΗΣ

Ἁ Κύπρις τὸν Ἔρωτα τὸν υἱέα μακρὸν ἐβώστρει·
'ὅστις ἐνὶ τριόδοισι πλανώμενον εἶδεν Ἔρωτα,
δραπετίδας ἐμός ἐστιν· ὁ μανύσας γέρας ἐξεῖ.
μισθός τοι τὸ φίλημα τὸ Κύπριδος· ἢν δ' ἀγάγῃς νιν,
οὐ γυμνὸν τὸ φίλημα, τὺ δ', ὦ ξένε, καὶ πλέον ἐξεῖς.   5
ἔστι δ' ὁ παῖς περίσαμος· ἐν εἴκοσι πᾶσι μάθοις νιν.
χρῶτα μὲν οὐ λευκός· πυρὶ δ' εἴκελος· ὄμματα δ' αὐτῷ
δριμύλα καὶ φλογόεντα· κακαὶ φρένες, ἁδὺ λάλημα·
οὐ γὰρ ἴσον νοέει καὶ φθέγγεται· ὡς μέλι φωνά,
ὡς δὲ χολὰ νόος ἐστίν· ἀνάμερος, ἠπεροπευτάς,   10
οὐδὲν ἀλαθεύων, δόλιον βρέφος, ἄγρια παίσδων.
εὐπλόκαμον τὸ κάρανον, ἔχει δ' ἰταμὸν τὸ μέτωπον.
μικκύλα μὲν τήνῳ τὰ χερύδρια, μακρὰ δὲ βάλλει·
βάλλει κεἰς Ἀχέροντα καὶ εἰς Ἀΐδεω βασίλεια.
γυμνὸς ὅλος τό γε σῶμα, νόος δέ οἱ εὖ πεπύκασται,   15
καὶ πτερόεις ὡς ὄρνις ἐφίπταται ἄλλον ἐπ' ἄλλῳ,
ἀνέρας ἠδὲ γυναῖκας, ἐπὶ σπλάγχνοις δὲ κάθηται.
τόξον ἔχει μάλα βαιόν, ὑπὲρ τόξῳ δὲ βέλεμνον —
τυτθὸν μὲν τὸ βέλεμνον, ἐς αἰθέρα δ' ἄχρι φορεῖται —
καὶ χρύσεον περὶ νῶτα φαρέτριον, ἔνδοθι δ' ἐντί   20
τοὶ πικροὶ κάλαμοι τοῖς πολλάκι κἀμὲ τιτρώσκει.
πάντα μὲν ἄγρια ταῦτα· πολὺ πλέον ἁ δαῖς αὐτῶ·
βαιὰ λαμπὰς ἐοῖσα τὸν ἅλιον αὐτὸν ἀναίθει.
ἢν τύγ' ἕλῃς τῆνον, δήσας ἄγε μηδ' ἐλεήσῃς,
κἢν ποτίδῃς κλαίοντα, φυλάσσεο μή σε πλανάσῃ·   25
κἢν γελάῃ, τύ νιν ἕλκε, καὶ ἢν ἐθέλῃ σε φιλῆσαι,
φεῦγε· κακὸν τὸ φίλημα· τὰ χείλεα φάρμακον ἐντί.
ἢν δὲ λέγῃ, "λάβε ταῦτα· χαρίζομαι ὅσσα μοι ὅπλα",
μὴ τὺ θίγῃς πλάνα δῶρα, τὰ γὰρ πυρὶ πάντα βέβαπται.'

MOSCHOS

Der verlorne Amor

Mit lauter Stimme rief einst Venus ihren Sohn, den Amor. Hat jemand, so sprach sie, den Amor auf den Kreuzwegen herumirren gesehn, der wiße, daß er mir entflohen ist. Ich will denjenigen, der mir Nachricht von ihm giebt, belohnen. Ein Kuß der Venus soll die Belohnung seyn. Wer ihn aber selbst zu mir führt, soll keinen bloßen Kuß, nein, noch etwas mehr haben. Der Knabe ist an tausend Merkmahlen kenntlich. Man kan ihn unter zwanzig andern kennen. Seine Haut ist nicht weiß, sondern feuerfarben, scharf und flammenvoll seine Augen, böse sein Herz, süß seine Worte. Er spricht nicht, was er denkt. Seine Reden sind so süß, wie Honig. Wird er aber zornig, so ist sein Herz grausam und betrügerisch. Es ist ein verschlagner Knabe, der niemahls die Wahrheit redt, lauter grausame Spiele spielt. Sein Haupt ist schöngelockt, sein Gesicht verwegen. Er hat nur ein paar kleine Händgen, und wirft doch seine Pfeile so weit. Bis in den Acheron wirft er sie, bis zum König des Orchus. Sein Leib ist gewandloß, seine Seele verhüllt. Beflügelt, wie ein Vogel, flattert er bald zu diesem, bald zu jenem, zu Jünglingen, zu Mädchen, und setzt sich auf ihre Herzen. Er hat einen kleinen Bogen, und einen Pfeil auf dem Bogen. Der Pfeil ist nur klein, er fliegt aber bis zum Aether. Um seinen Rücken hängt ein goldner Köcher, voll von jenen scharfen Pfeilen, womit er mich selbst so oft verwundet. Alles ist grausam, alles. Selbst die Sonne wird von der kleinen Fackel, die er trägt, entflammt. Bekommet ihr ihn gefangen, so führt ihn gefeßelt fort, bemitleidet ihn nicht; seht ihr ihn weinen, so nehmt euch in Acht, daß er euch nicht betrügt, und wenn er auch lächelt, schleppt ihn doch fort. Fliehet, wenn er euch küßen will. Sein Kuß ist schädlich, seine Lippen sind Gift. Spricht er, nehmt diese Waffen hin, ich schenke sie euch alle; so berührt sie nicht, es sind betrügrische Geschenke, sie sind alle in Feuer getaucht.

Ludwig Christoph Heinrich Hölty

ΕΥΡΩΠΗ

Εὐρώπῃ ποτὲ Κύπρις ἐπὶ γλυκὺν ἧκεν ὄνειρον,
νυκτὸς ὅτε τρίτατον λάχος ἵσταται ἐγγύθι δ' ἠώς,
ὕπνος ὅτε γλυκίων μέλιτος βλεφάροισιν ἐφίζων
λυσιμελὴς πεδάᾳ μαλακῷ κατὰ φάεα δεσμῷ,
εὖτε καὶ ἀτρεκέων ποιμαίνεται ἔθνος ὀνείρων.   5
τῆμος ὑπωροφίοισιν ἐνὶ κνώσσουσα δόμοισι
Φοίνικος θυγάτηρ ἔτι παρθένος Εὐρώπεια
ὠίσατ' ἠπείρους δοιὰς περὶ εἷο μάχεσθαι,
'Ασίδα τ' ἀντιπέρην τε· φυὴν δ' ἔχον οἷα γυναῖκες.
τῶν δ' ἡ μὲν ξείνης μορφὴν ἔχεν, ἡ δ' ἄρ' ἐῴκει   10
ἐνδαπίῃ, καὶ μᾶλλον ἑῆς περιίσχετο κούρης,
φάσκεν δ' ὥς μιν ἔτικτε καὶ ὡς ἀτίτηλέ μιν αὐτή.
ἡ δ' ἑτέρη κρατερῇσι βιωομένη παλάμῃσιν
εἶρυεν οὐκ ἀέκουσαν, ἐπεὶ φάτο μόρσιμον εἷο
ἐκ Διὸς αἰγιόχου γέρας ἔμμεναι Εὐρώπειαν.   15
ἡ δ' ἀπὸ μὲν στρωτῶν λεχέων θόρε δειμαίνουσα,
παλλομένη κραδίην· τὸ γὰρ ὡς ὕπαρ εἶδεν ὄνειρον.
ἑζομένη δ' ἐπὶ δηρὸν ἀκὴν ἔχεν, ἀμφοτέρας δέ
εἰσέτι πεπταμένοισιν ἐν ὄμμασιν εἶχε γυναῖκας.
ὀψὲ δὲ δειμαλέην ἀνενείκατο παρθένος αὐδήν·   20
'τίς μοι τοιάδε φάσματ' ἐπουρανίων προΐηλεν;
ποῖοί με στρωτῶν λεχέων ὕπερ ἐν θαλάμοισιν
ἡδὺ μάλα κνώσσουσαν ἀνεπτοίησαν ὄνειροι;
τίς δ' ἦν ἡ ξείνη τὴν εἴσιδον ὑπνώουσα;
ὥς μ' ἔλαβε κραδίην κείνης πόθος, ὥς με καὶ αὐτή   25
ἀσπασίως ὑπέδεκτο καὶ ὡς σφετέρην ἴδε παῖδα.
ἀλλά μοι εἰς ἀγαθὸν μάκαρες κρήνειαν ὄνειρον'.

῝Ως εἰποῦσ' ἀνόρουσε, φίλας δ' ἐπεδίζεθ' ἑταίρας
ἥλικας οἰέτεας θυμήρεας εὐπατερείας
τῇσιν ἀεὶ συνάθυρεν ὅτ' ἐς χορὸν ἐντύνοιτο   30
ἢ ὅτε φαιδρύνοιτο χρόα προχοῇσιν ἀναύρων
ἢ ὁπότ' ἐκ λειμῶνος ἔυπνοα λείρι' ἀμέργοι.

Die geraubte Europa

Cypris sah Europa im schlafe ligen und sandt' ihr
Einen lieblichen traum in der dritten nächtlichen wache;
Schon war nahe der morgen, wann izt ein honigter schlummer
Auf die augbrauen sizt, die glieder von fesseln entbindet,
Und die augen mit sanften banden umfaßt, in der stunde
Wann die felder das volk wahrsagender träume durchstreifet.
Damals schlief in dem fräulichen zimmer die tochter des Phönix
In jungfräulicher blüht', ein unberühretes mädchen.
Wie sie es dünkte, so stritten um sie zween theile der erde,
Asia und das land das gegenüber gestrekt ligt,
Beide mit sichtbarem cörper gleich wolgebildeten frauen;
Eine von ihnen in fremdem gewand, die andere schien ihr
Ihres landes zu seyn, und diese sagte sie wäre
Ihre tochter, von ihr erzogen, und hieß sie ihr folgen.
Aber die andere faßte mit starken armen das mädchen,
Das mit gutem willen ihr folgt'. Es wär im verhängniß
Jovis, so sprach sie, des ziegengesäugten Gottes, beschlossen,
Daß ihr Europa für eigen blieb', ein schönes geschenke.
Aber das mädchen sprang bestürzt mit schlagendem busen
Von dem gedekten bett' auf; ihr schwebten die bilder des traumes
Lebhaft vor ihrer stirn, wie wenn sie würklich da stühnden.
Lange saß sie und schwieg; sie hatte bey offenen augen
Immer die frau vor ihr. Nach langem erhob sie die stimme:
Wer von den himmlischen hat vor mir die scene gebildet?
Was für ein traum hat mir das herz gerührt, da ich sanfte
Auf dem gedekten bett' im arm des süssesten schlafs lag?
Und wer war die fremde gestalt, die ich schlafend erblikte?
O wie stürzte die liebe zu ihr in mein herz, und wie liebreich
Faßte sie mir die hand und sahe mütterlich lächelnd
Auf mich herab! Der Olympier leite den traum mir zum besten!

Also sprach sie, stand auf und gieng die gespielinnen suchen;
Mädchen von ihren jahren und an gestalt ihr die gleichsten,
Hoher geburt, die vertrauten von ihrer seele, die immer
Um sie waren, wann sie die reihen führte beym tanze,
Oder wann sie die schenkel sich badet' im kühlen Anaurus.

αἱ δέ οἱ αἶψα φάανθεν, ἔχον δ' ἐν χερσὶν ἑκάστη
ἀνθοδόκον τάλαρον· ποτὶ δὲ λειμῶνας ἔβαινον
ἀγχιάλους, ὅθι τ' αἰὲν ὁμιλαδὸν ἠγερέθοντο   35
τερπόμεναι ῥοδέῃ τε φυῇ καὶ κύματος ἠχῇ.
αὐτὴ δὲ χρύσεον τάλαρον φέρεν Εὐρώπεια
θηητόν, μέγα θαῦμα, μέγαν πόνον Ἡφαίστοιο
ὃν Λιβύῃ πόρε δῶρον ὅτ' ἐς λέχος Ἐννοσιγαίου
ἤιεν· ἡ δὲ πόρεν περικαλλέι Τηλεφαάσσῃ,   40
ἥτε οἱ αἵματος ἔσκεν· ἀνύμφῳ δ' Εὐρωπείῃ
μήτηρ Τηλεφάασσα περικλυτὸν ὤπασε δῶρον.
ἐν τῷ δαίδαλα πολλὰ τετεύχατο μαρμαίροντα·
ἐν μὲν ἔην χρυσοῖο τετυγμένη Ἰναχὶς Ἰώ
εἰσέτι πόρτις ἐοῦσα, φυὴν δ' οὐκ εἶχε γυναίην.   45
φοιταλέη δὲ πόδεσσιν ἐφ' ἁλμυρὰ βαῖνε κέλευθα
νηχομένῃ ἰκέλη, κυάνου δ' ἐτέτυκτο θάλασσα·
δοιοῦ δ' ἕστασαν ὑψοῦ ἐπ' ὀφρύσιν αἰγιαλοῖο
φῶτες ἀολλήδην θηεῦντο δὲ ποντοπόρον βοῦν.
ἐν δ' ἦν Ζεὺς Κρονίδης ἐπαφώμενος ἠρέμα χερσί   50
πόρτιος Ἰναχίης τήν θ' ἑπταπόρῳ παρὰ Νείλῳ
ἐκ βοὸς εὐκεράοιο πάλιν μετάμειβε γυναῖκα.
ἀργύρεος μὲν ἔην Νείλου ῥόος, ἡ δ' ἄρα πόρτις
χαλκείη, χρυσοῦ δὲ τετυγμένος αὐτὸς ἔην Ζεύς.
ἀμφὶ δὲ δινήεντος ὑπὸ στεφάνην ταλάροιο   55
Ἑρμείης ἤσκητο, πέλας δέ οἱ ἐκτετάνυστο
Ἄργος ἀκοιμήτοισι κεκασμένος ὀφθαλμοῖσι.
τοῖο δὲ φοινήεντος ἀφ' αἵματος ἐξανέτελλεν
ὄρνις ἀγαλλόμενος πτερύγων πολυανθέι χροιῇ,
τὰς ὃ γ' ἀναπλώσας ὡσεί τέ τις ὠκύαλος νηῦς   60
χρυσείου ταλάροιο περίσκεπε χείλεα ταρσοῖς.
τοῖος ἔην τάλαρος περικαλλέος Εὐρωπείης.

Αἱ δ' ἐπεὶ οὖν λειμῶνας ἐς ἀνθεμόεντας ἵκανον,
ἄλλη ἐπ' ἀλλοίοισι τότ' ἄνθεσι θυμὸν ἔτερπον.
τῶν ἡ μὲν νάρκισσον ἐύπνοον, ἡ δ' ὑάκινθον,   65
ἡ δ' ἴον, ἡ δ' ἔρπυλλον ἀπαίνυτο· πολλὰ δ' ἔραζε
λειμώνων ἐαροτρεφέων θαλέθεσκε πέτηλα.
αἱ δ' αὖτε ξανθοῖο κρόκου θυόεσσαν ἔθειραν
δρέπτον ἐριδμαίνουσαι· ἀτὰρ μέσσῃσιν ἄνασσα

Diese kamen ihr schnell entgegen und jede von ihnen
Hatt' in der hand ein blumen-körbgen, sie giengen zusammen
In die fluren am ufer des meers, dort hatten gewöhnlich
Ihre versammlung die mädchen und fühlten die unschuld der freude
Unter den rosenknospen, und an dem rauschen der wellen.
Aber Europa trug ein goldgeschmiedetes körbchen,
Prächtig und wunderartig, ein herrliches werk des Vulcanus,
Das er Libyen schenkte, da sie Neptunen vermählt ward;
Libya gab es hernach der holden Telephaessa,
Die von einem geblüt mit ihr war. Der schönen Europa
Gab das theure geschenk die mutter Telephaessa.
Hier und da waren darinn gegrabene bilder erhaben,
Io die Inachidin von klarem gold gearbeitet,
Wie in der kuhe sie war, der fräulichen bildung beraubet,
Und im haupte verrükt mit füssen die salzigte see trat,
Einer schwimmenden gleich, das meer war lazurblau geschmelzet.
Oben standen am rand des gestads zween männer beisammen,
Und sie sahen der kuh nach, die auf den wassern einhergieng.
Zeus war auch in den korb gegraben, so wie er die kuhe
Mit der göttlichen hand sanft streichelt und izt an dem Nilus,
Welcher durch sieben thüren ins meer fällt, die schneeweisse kuhe
In ein mädchen zurük verwandelt. Die flüsse des Nilus
Waren von silber, die kuhe von erz, und Iupiter selber
War von golde gemacht. An dem kränzenden gipfel des korbes
Stand Mercur und nahe bei ihm lag Argus. Die augen
Waren nun ewig beschlossen, die vormals immerfort wachten.
Aus dem purpurnen blut des manns entstand izt ein vogel,
Der mit den blumigten farben der federn prangte. Sein schwanz war
Ausgespreitet, er fuhr gleich einem segelnden schiffe,
Und bedekte mit seinen flügeln die höhe des korbes.
Als die mädchen izt an die blumigten ufer gekommen,
Wählte sich jede die blum' an der ihr herz sich ergezte,
Eine den zarten narciß, den hyacinthus die andre,
Diese das veilchen, die las den quendel; viel blätter der aue
Fielen ins gras, die mit eigener hand der frühling gewartet.
Andere pflükten das riechende haupt des goldenen Crocus
Mit geschäftigem eifer; doch in der mitte der mädchen,

ἀγλαΐην πυρσοῖο ῥόδου χείρεσσι λέγουσα   70
οἷά περ ἐν Χαρίτεσσι διέπρεπεν Ἀφρογένεια.

Οὐ μὲν δηρὸν ἔμελλεν ἐπ' ἄνθεσι θυμὸν ἰαίνειν,
οὐδ' ἄρα παρθενίην μίτρην ἄχραντον ἔρυσθαι.
ἢ γὰρ δὴ Κρονίδης ὥς μιν φράσαθ' ὣς ἐόλητο
θυμὸν ἀνωΐστοισιν ὑποδμηθεὶς βελέεσσι   75
Κύπριδος, ἢ μούνη δύναται καὶ Ζῆνα δαμάσσαι.
δὴ γὰρ ἀλευόμενός τε χόλον ζηλήμονος Ἥρης
παρθενικῆς τ' ἐθέλων ἀταλὸν νόον ἐξαπατῆσαι
κρύψε θεὸν καὶ τρέψε δέμας καὶ γείνετο ταῦρος,
οὐχ οἷος σταθμοῖς ἐνιφέρβεται, οὐδὲ μὲν οἷος   80
ὦλκα διατμήγει σύρων εὔκαμπὲς ἄροτρον,
οὐδ' οἷος ποίμνης ἔπι βόσκεται, οὐδὲ μὲν οἷος
†ὅστις† ὑποδμηθεὶς ἐρύει πολύφορτον ἀπήνην.
τοῦ δή τοι τὸ μὲν ἄλλο δέμας ξανθόχροον ἔσκε,
κύκλος δ' ἀργύφεος μέσσῳ μάρμαιρε μετώπῳ,   85
ὄσσε δ' ὑπογλαύσσεσκε καὶ ἵμερον ἀστράπτεσκεν.
ἶσά τ' ἐπ' ἀλλήλοισι κέρα ἀνέτελλε καρήνου
ἄντυγος ἡμιτόμου κεραῆς ἅτε κύκλα σελήνης.
ἤλυθε δ' ἐς λειμῶνα καὶ οὐκ ἐφόβησε φαανθεὶς
παρθενικάς, πάσῃσι δ' ἔρως γένετ' ἐγγὺς ἱκέσθαι   90
ψαῦσαί θ' ἱμερτοῖο βοὸς τοῦ τ' ἄμβροτος ὀδμή
τηλόθι καὶ λειμῶνος ἐκαίνυτο λαρὸν ἀϋτμήν.
στῆ δὲ ποδῶν προπάροιθεν ἀμύμονος Εὐρωπείης
καί οἱ λιχμάζεσκε δέρην, κατέθελγε δὲ κούρην.
ἡ δέ μιν ἀμφαφάασκε καὶ ἠρέμα χείρεσιν ἀφρὸν   95
πολλὸν ἀπὸ στομάτων ἀπομόργνυτο καὶ κύσε ταῦρον.
αὐτὰρ ὁ μειλίχιον μυκήσατο· φαῖό κεν αὐλοῦ
Μυγδονίου γλυκὺν ἦχον ἀνηπύοντος ἀκούειν·
ὤκλασε δὲ πρὸ ποδοῖιν ἐδέρκετο δ' Εὐρώπειαν
αὐχέν' ἐπιστρέψας καί οἱ πλατὺ δείκνυε νῶτον.   100
ἡ δὲ βαθυπλοκάμοισι μετέννεπε παρθενικῇσι·
'δεῦθ', ἑτάραι φίλιαι καὶ ὁμήλικες, ὄφρ' ἐπὶ τῷδε

Uebertreffend an glanz wie unter den Gratien Venus,
Stand das fürstliche kind und pflükte den purpur der rose.
Aber sie sollte nicht lang das herz an den blumen ergezen,
Noch den jungfräulichen gürtel lang unbefleket bewahren.
Denn sie erblikte Zeus, und als der Gott sie erblikte,
O wie schlug ihm das herz, wie fühlt' er die pfeile der Cypris,
Unversehens besiegt, sie allein kann Iovem besiegen!
Aber den zorn der eifersüchtigen Iuno zu meiden,
Und das zarte gemüth des mädchens mit list zu erobern,
Leget er Iovem ab, und ward, verwandelt, zum stiere,
Doch dem stiere nicht ähnlich, der auferzogen im stalle
Ueber das feld die pflugschaar schleppt, und die furchen durch-
                                   schneidet,
Oder mit anderm vieh die auen der kräuter beraubet,
Oder unter dem joche mit schweren bürden sich krümmet.
Durchgehnds war sein leib von blonder farbe, nur glänzte
Mitten auf seiner stirn ein heller, silberner, zirkel,
Blau die augen, sie schimmerten von aufwallender liebe.
An dem naken erhob sich ein paar der ähnlichsten hörner,
Wie der zirkel des hörnigten monds bei halber bestralung.
Dieser kam in die flur, die mädchen, da sie ihn sahen,
Scheuten ihn nicht, vielmehr beliebt es jeder von ihnen
Zu ihm zu treten und dies liebenswürdige viehe
Mit der hand zu berühren, das ambrosialische düfte
Fern hinwehte, die alle die süssen düfte der aue
Uebertrafen. Er stand vor der unbeflekten Europa,
Lekt' ihr den hals liebkosend mit sanftem, schweigenden, schmei-
                                   cheln;
Sie berührt' ihn hinwieder und wusch mit freundlichen händen
Ihm den schaum von dem mund und gab ihm kostbare küsse.
Damals brüllt' er so etwas holdes, man hätte betheuert,
Daß die helle mygdonische flöt in den ohren erschallte.
Alsdann neigt' er die knier vor ihr zur erden und gab ihr
Umgewandt sanfte blik', und zeigt' ihr die breite des rükens.

Phönix kind rief die mädchen von langen lokichten haaren:
Kommet die neue lust zu versuchen, o liebsten, wir wollen

ἑζόμεναι ταύρῳ τερπώμεθα· δὴ γὰρ ἁπάσας
νῶτον ὑποστορέσας ἀναδέξεται οἷά τ' ἐνηής
πρηύς τ' εἰσιδέειν καὶ μείλιχος· οὐδέ τι ταύροις   105
ἄλλοισι προσέοικε, νόος δέ οἱ ἠύτε φωτός
αἴσιμος ἀμφιθέει, μούνης δ' ἐπιδεύεται αὐδῆς'.

῍Ως φαμένη νώτοισιν ἐφίζανε μειδιόωσα,
αἱ δ' ἄλλαι μέλλεσκον, ἄφαρ δ' ἀνεπήλατο ταῦρος,
ἣν θέλεν ἁρπάξας, ὠκὺς δ' ἐπὶ πόντον ἵκανεν.   110
ἡ δὲ μεταστρεφθεῖσα φίλας καλέεσκεν ἑταίρας
χεῖρας ὀρεγνυμένη, ταὶ δ' οὐκ ἐδύναντο κιχάνειν.
ἀκτάων δ' ἐπιβὰς πρόσσω θέεν ἠύτε δελφίς ...   113
Νηρεΐδες δ' ἀνέδυσαν ὑπὲξ ἁλός, αἱ δ' ἄρα πᾶσαι   118
κητείοις νώτοισιν ἐφήμεναι ἐστιχόωντο.
καὶ δ' αὐτὸς βαρύδουπος ὑπεὶρ ἅλα Ἐννοσίγαιος   120
κῦμα κατιθύνων ἁλίης ἡγεῖτο κελεύθου
αὐτοκασιγνήτῳ· τοὶ δ' ἀμφί μιν ἡγερέθοντο
Τρίτωνες, πόντοιο βαρύθροοι αὐλητῆρες,
κόχλοισιν ταναοῖς γάμιον μέλος ἠπύοντες.
ἡ δ' ἄρ' ἐφεζομένη Ζηνὸς βοέοις ἐπὶ νώτοις   125
τῇ μὲν ἔχεν ταύρου δολιχὸν κέρας, ἐν χερὶ δ' ἄλλῃ
εἴρυε πορφυρέην κόλπου πτύχα ὄφρά κε μή μιν
δεύοι ἐφελκόμενον πολιῆς ἁλὸς ἄσπετον ὕδωρ.
κολπώθη δ' ὤμοισι πέπλος βαθὺς Εὐρωπείης
ἱστίον οἷά τε νηός· ἐλαφρίζεσκε δὲ κούρην.   130
ἡ δ' ὅτε δὴ γαίης ἄπο πατρίδος ἦεν ἄνευθεν,
φαίνετο δ' οὔτ' ἀκτή τις ἁλίρροθος οὔτ' ὄρος αἰπύ,
ἀλλ' ἀὴρ μὲν ὕπερθεν ἔνερθε δὲ πόντος ἀπείρων,
ἀμφί ἑ παπτήνασα τόσην ἀνενείκατο φωνήν·
'πῇ με φέρεις θεόταυρε; τίς ἔπλεο; πῶς δὲ κέλευθα   135
ἀργαλέ' εἰλιπόδεσσι διέρχεαι οὐδὲ θάλασσαν
δειμαίνεις; νηυσὶν γὰρ ἐπίδρομός ἐστι θάλασσα
ὠκυάλοις, ταῦροι δ' ἁλίην τρομέουσιν ἀταρπόν.
ποῖον σοὶ ποτὸν ἡδύ, τίς ἐξ ἁλὸς ἔσσετ' ἐδωδή;

Uns auf ihn sezen, er will auf seinen rüken uns nehmen;
Wahrlich er wird wie ein schiff uns tragen, sanftmüthig und lieb-
                                                    reich,
Wie ihr ihn seht, nicht gleich den stieren von seinem geschlechte;
In ihm lebt ein gemüth wie eines denkenden menschen,
Und ihm fehlt nur die stimme. Sie sprach und sezte sich lachend
Auf den rüken des thiers, die mädchen wollten ihr folgen,
Aber der stier sprang auf, als er die einzig verlangte
Auf sich hatt', und er eilte mit ihr zum ufer. Europa
Wandte sich um, sie rief die liebsten schwestern um hülf an,
Strekte die hände zu ihnen. Umsonst, die mädchen vermochten
Nicht dem flüchtigen nachzukommen. Er stieg von dem ufer
In das wasser hinein, und lief dem schnellen Delphin gleich.
Dann stieg aus den wassernen gründen ein chor Nereiden
Auf die fläche hervor; sie fuhren auf seerossen sizend
In lang schleppendem zug; Neptun an der stirne des heeres
Hieß die wellen sich legen, und wies dem bruder die wege
Durch sein gebiet, ein getreuer führer der seltsamen seefahrt.
Um ihn her war das volk der Tritons, der meerbewohner
Zahlreich versammelt; sie bliesen in krumme hörner von muscheln
Hochzeitgesäng'. Europa saß auf dem rüken des stieres,
Der den Olympier in sich verbarg, sie hielt mit der rechten
Eines der hörner und zog besorgt mit der andern die fittchen
Ihres purpurgewands zusammen, damit nicht die fluten
Seine säume berührten. Ihr loosgewundener schleyer
Floß von der schulter empor, voll wie ein segel, und schwung sie
Aufwärts von ihrem siz. Schon war ihr werthes geburtsland
Fern gewichen, da ward kein meerbegränzendes ufer,
Kein erhabener berg gesehen, man sah nur den himmel
Oben, und unten die see ohn' ufer. Europa, die holde,
Sandte die blik' um sich her, und erhob die stimme zu reden:

Wohin trägst du mich stier? und nenn ich diesen mit recht so,
Der mit mir schwimmt, wie gehst du den pfad des flüßigen wassers
Mit den gespaltenen füssen, und scheust die flut nicht? Die schiffe
Wandeln die wege des meers, die stier' entsagen der meerfahrt.
Wo ligt der port der auf dich wartet? wo nimmst du die speise

ἢ ἄρα τις θεὸς ἐσσί; θεοῖς γ' ἐπεοικότα ῥέζεις.   140
οὔθ' ἅλιοι δελφῖνες ἐπὶ χθονὸς οὔτε τι ταῦροι
ἐν πόντῳ στιχόωσι, σὺ δὲ χθόνα καὶ κατὰ πόντον
ἄτρομος ἀίσσεις, χηλαὶ δέ τοί εἰσιν ἐρετμά.
ἦ τάχα καὶ γλαυκῆς ὑπὲρ ἤερος ὑψόσ' ἀερθείς
εἴκελος αἰψηροῖσι πετήσεαι οἰωνοῖσιν.   145
ὤμοι ἐγὼ μέγα δή τι δυσάμμορος, ἦ ῥά τε δῶμα
πατρὸς ἀποπρολιποῦσα καὶ ἑσπομένη βοΐ τῷδε
ξείνην ναυτιλίην ἐφέπω καὶ πλάζομαι οἴη.
ἀλλὰ σύ μοι, μεδέων πολιῆς ἁλὸς Ἐννοσίγαιε,
ἵλαος ἀντιάσειας, ὃν ἔλπομαι εἰσοράασθαι   150
τόνδε κατιθύνοντα πλόον προκέλευθον ἐμεῖο·
οὐκ ἀθεεὶ γὰρ ταῦτα διέρχομαι ὑγρὰ κέλευθα'.

Ὣς φάτο· τὴν δ' ὧδε προσεφώνεεν ἠύκερως βοῦς·
'θάρσει παρθενική· μὴ δείδιθι πόντιον οἶδμα.
αὐτός τοι Ζεύς εἰμι, κεἰ ἐγγύθεν εἴδομαι εἶναι   155
ταῦρος, ἐπεὶ δύναμαί γε φανήμεναι ὅττι θέλοιμι.
σὸς δὲ πόθος μ' ἀνέηκε τόσην ἅλα μετρήσασθαι
ταύρῳ ἐειδόμενον. Κρήτη δέ σε δέξεται ἤδη
ἥ μ' ἔθρεψε καὶ αὐτόν, ὅπῃ νυμφήια σεῖο
ἔσσεται· ἐξ ἐμέθεν δὲ κλυτοὺς φιτύσεαι υἷας   160
οἳ σκηπτοῦχοι ἅπαντες ἐπιχθονίοισιν ἔσονται'.

Ὣς φάτο· καὶ τετέλεστο τά περ φάτο. φαίνετο μὲν δή
Κρήτη, Ζεὺς δὲ πάλιν σφετέρην ἀνελάζετο μορφήν
λῦσε δέ οἱ μίτρην, καί οἱ λέχος ἔντυον Ὧραι.
ἡ δὲ πάρος κούρη Ζηνὸς γένετ' αὐτίκα νύμφη,   165
καὶ Κρονίδῃ τέκε τέκνα ...

*

Ἤρατο Πὰν Ἀχῶς τᾶς γείτονος, ἤρατο δ' Ἀχώ
σκιρτατᾶ Σατύρω, Σάτυρος δ' ἐπεμήνατο Λύδᾳ.

Mitten im wasser? Bist du vielleicht vom olympischen hause,
Warum zeigst du dich nicht mit dem glanz, der die götter um-
                              leuchtet?
Niemals gehen auf festem land die wasserdelphine,
Nimmer die stier' im meere; du gehst die wege des meeres
Wie das trokene land, und wirst nicht naß, du gebrauchest
Deine klauen anstatt der ruder. Wer weiß ob du kürzlich
Nicht in die blaue luft auf fliegst mit den vögeln des himmels.
Wie unglüklich bin ich! Fern von des vaters behausung
Mach ich mit einem rind die seltsame reise zu wasser,
Ohne gefährten, allein! O Neptun, beherrscher der fluten,
Nimm mich in deinen schuz! Ich hoffe den Gott bald zu sehen,
Der die fahrt mit mir hält, mein führer. In wahrheit ich fahre
Ohne der götter einen nicht über die wasserne tiefe.

Also sprach sie; und so der stier mit den silbernen hörnern:
Mädchen sey wol getrost, und scheue die wege des meers nicht;
Der dich führet ist Zeus und nur ein stier der gestalt nach,
Denn ich kann die gestalt annehmen, die mir je beliebet.
Mich vermocht nur die liebe, die in die brust mir gesessen,
Daß ich das hohe meer in der fremden bildung durchstreifte.
Bald wird Creta in seinen schooß dich nehmen, die insel,
Die mich erzogen, da sollst du die hochzeitfeier begehen;
Und da wirst du mir weltberühmte söhne gebähren,
Welche mit königesstaat die völker der erde beherrschen.

Also sagt' er; und was er sagte ward alles erfüllet.
Creta erschien und nahm an sein ufer den Gott und das mädchen;
Zeus vertauschte den stier mit einer würdigern bildung,
Alsdann löst' er dem mädchen den gürtel auf und die stunden
Deketen unter dem Gott das brautbett'. Europa behielt nicht
Länger den jungfernkranz, sie hielt izt hochzeit mit Iove,
Und gebahr ihm in folgender zeit durchlauchtige söhne.

                             Johann Jacob Bodmer

LIEBE UND GEGENLIEBE

Sehnend liebete Pan die nahe Echo; die Echo
Liebte den tanzenden Satyr; der Satyr glühte für Lyda.

ὡς Ἀχὼ τὸν Πᾶνα, τόσον Σάτυρος φλέγεν Ἀχώ
καὶ Λύδα Σατυρίσκον· Ἔρως δ' ἐσμύχετ' ἀμοιβά.
ὅσσον γὰρ τήνων τις ἐμίσεε τὸν φιλέοντα,   5
τόσσον ὁμῶς φιλέων ἠχθαίρετο, πάσχε δ' ἃ ποίει.
ταῦτα λέγω πᾶσιν τὰ διδάγματα τοῖς ἀνεράστοις·
στέργετε τὼς φιλέοντας ἵν' ἦν φιλέητε φιλῆσθε.

*

Ἀλφειὸς μετὰ Πῖσαν ἐπὴν κατὰ πόντον ὁδεύῃ,
ἔρχεται εἰς Ἀρέθοισαν ἄγων κοτινηφόρον ὕδωρ,
ἕδνα φέρων καλὰ φύλλα καὶ ἄνθεα καὶ κόνιν ἱράν,
καὶ βαθὺς ἐμβαίνει τοῖς κύμασι τὰν δὲ θάλασσαν
νέρθεν ὑποτροχάει, κοὐ μίγνυται ὕδασιν ὕδωρ,   5
ἁ δ' οὐκ οἶδε θάλασσα διερχομένω ποταμοῖο.
κῶρος δεινοθέτας κακομάχανος αἰνὰ διδάσκων
καὶ ποταμὸν διὰ φίλτρον Ἔρως ἐδίδαξε κολυμβῆν.

*

ΕΙΣ ΕΡΩΤΑ ΑΡΟΤΡΙΩΝΤΑ

Λαμπάδα θεὶς καὶ τόξα βοηλάτιν εἵλετο ῥάβδον
    οὖλος Ἔρως, πήρην δ' εἶχε κατωμαδίην,
καὶ ζεύξας ταλαεργὸν ὑπὸ ζυγὸν αὐχένα ταύρων
    ἔσπειρεν Δηοῦς αὔλακα πυροφόρον·
εἶπε δ' ἄνω βλέψας αὐτῷ Διί, 'πλῆσον ἀρούρας   5
    μή σε τὸν Εὐρώπης βοῦν ὑπ' ἄροτρα βάλω'.

ΒΙΩΝ

ΕΠΙΤΑΦΙΟΣ ΑΔΩΝΙΔΟΣ

Αἰάζω τὸν Ἄδωνιν, 'ἀπώλετο καλὸς Ἄδωνις'·
'ὤλετο καλὸς Ἄδωνις', ἐπαιάζουσιν Ἔρωτες.

Aber so wenig die Echo für Pan, so wenig entbrannte
Für die Echo der Satyr und für den Satyr die Lyda.
Jegliches liebt' ein Andres; so viel es den Liebenden haßte,
Ward es gehaßet und litt die Strafe der Wiedervergeltung.

Diese Lehren erzähl' ich den Liebentfremdeten. Liebet
Die euch lieben: so werdet ihr liebend wieder geliebet.

Johann Gottfried Herder

DER WEG DER LIEBE

Wo sich hinter Pisa der Alpheusstrom in das Meer gießt,
Eilt er zur Arethusa. Er führet Zweige des Oelbaums,
Schöne Blätter und Blumen und heiligen Staub von der Rennbahn
Als Geschenke mit sich und taucht sich unter die Wellen
Tief und eilt da drunten, mit keiner Welle sich mischend,
Leis' hinweg; es spüret das Meer den gleitenden Strom nicht.
Also hat der Knabe, der tief verwundet und Manches
Leidige ausersann und schwere Dinge gelehrt hat,
Auch aus Macht der Liebe den Strom zu schwimmen gelehret.

Johann Gottfried Herder

DER PFLÜGENDE EROS

Fackel und Pfeil ablegend, ergriff den Stecken des Treibers
   Eros, der Schalk, und ein Sack hing ihm die Schulter herab.
Als er in's Joch nun gespannt den duldsamen Nacken der Stiere,
   Streuet' er Weizensaat über der Deo Gefild.
Auf zum Zeus dann blickt' er und rief: »Jezt fülle die Furchen!
   Oder ich hole dich gleich, Stier der Europa, zum Pflug!«

Eduard Mörike nach Johann Heinrich Voß

BION

TODESFEIER DES ADONIS

Ach bejammert den schönen Adonis! todt ist Adonis!
Todt ist Adonis! es jammern um ihn die Liebesgötter!

μηκέτι πορφυρέοις ἐνὶ φάρεσι Κύπρι κάθευδε·
ἔγρεο, δειλαία, κυανόστολα καὶ πλατάγησον
στήθεα καὶ λέγε πᾶσιν, 'ἀπώλετο καλὸς Ἄδωνις'.   5

αἰάζω τὸν Ἄδωνιν· ἐπαιάζουσιν Ἔρωτες.

κεῖται καλὸς Ἄδωνις ἐν ὤρεσι μηρὸν ὀδόντι,
λευκῷ λευκὸν ὀδόντι τυπείς, καὶ Κύπριν ἀνιῇ
λεπτὸν ἀποψύχων· τὸ δέ οἱ μέλαν εἶβεται αἷμα
χιονέας κατὰ σαρκός, ὑπ' ὀφρύσι δ' ὄμματα ναρκῇ,   10
καὶ τὸ ῥόδον φεύγει τῶ χείλεος· ἀμφὶ δὲ τήνῳ
θνάσκει καὶ τὸ φίλημα, τὸ μήποτε Κύπρις ἀποίσει.
Κύπριδι μὲν τὸ φίλημα καὶ οὐ ζώοντος ἀρέσκει,
ἀλλ' οὐκ οἶδεν Ἄδωνις ὅ νιν θνάσκοντα φίλησεν.

αἰάζω τὸν Ἄδωνιν· ἐπαιάζουσιν Ἔρωτες.   15

ἄγριον ἄγριον ἕλκος ἔχει κατὰ μηρὸν Ἄδωνις,
μεῖζον δ' ἁ Κυθέρεια φέρει ποτικάρδιον ἕλκος.
τῆνον μὲν περὶ παῖδα φίλοι κύνες ὠρύονται
καὶ Νύμφαι κλαίουσιν Ὀρειάδες· ἁ δ' Ἀφροδίτα
λυσαμένα πλοκαμῖδας ἀνὰ δρυμὼς ἀλάληται   20
πενθαλέα νήπλεκτος ἀσάνδαλος, αἱ δὲ βάτοι νιν
ἐρχομέναν κείροντι καὶ ἱερὸν αἷμα δρέπονται·
ὀξὺ δὲ κωκύοισα δι' ἄγκεα μακρὰ φορεῖται
Ἀσσύριον βοόωσα πόσιν, καὶ παῖδα καλεῦσα.
ἀμφὶ δέ νιν μέλαν αἷμα παρ' ὀμφαλὸν ἀωρεῖτο,   25
στήθεα δ' ἐκ μηρῶν φοινίσσετο, τοὶ δ' ὑπὸ μαζοί
χιόνεοι τὸ πάροιθεν Ἀδώνιδι πορφύροντο.

'αἰαῖ τὰν Κυθέρειαν', ἐπαιάζουσιν Ἔρωτες.

ὤλεσε τὸν καλὸν ἄνδρα, σὺν ὤλεσεν ἱερὸν εἶδος.
Κύπριδι μὲν καλὸν εἶδος ὅτε ζώεσκεν Ἄδωνις,   30
κάτθανε δ' ἁ μορφὰ σὺν Ἀδώνιδι. 'τὰν Κύπριν αἰαῖ'
ὤρεα πάντα λέγοντι, καὶ αἱ δρύες 'αἲ τὸν Ἄδωνιν'·
καὶ ποταμοὶ κλαίοντι τὰ πένθεα τᾶς Ἀφροδίτας,
καὶ παγαὶ τὸν Ἄδωνιν ἐν ὤρεσι δακρύοντι,

Keine Purpurgewand' umwallen dich fürder o Küpris,
Richte dich auf und schlage die Brüste, du Trauerverhüllte!
Sag' es allen, Unseelige: todt ist, todt ist Adonis!

Ach bejammert Adonis! Es jammern die Liebesgötter!
Auf dem Gebirge lieget Adonis, die Lende verwundet,
Von dem glänzenden Zahn des Keulers. Es klaget Küthärä,
Langsam aechzet Adonis: ihm träufeln purpurne Tropfen
Ueber den schneeichten Leib, tief starren im Haupte die Augen,
Und es entfleucht die Rose den Lippen; ach es ersterben
Auf den Lippen die Küße die ihnen verschwendet Küthärä!
Ach ihr lindert den Schmerz der Kuß auf athemlose
Lippen! Adonis ist sterbend und fühlt nicht ihre Küße!

Ach bejammert Adonis! es jammern die Liebesgötter!
Grausame, grausame Wunde! sie traf die Lende des Jünglings,
Aber blutender ist die Wund' im Herzen der Göttin.
Kläglich erschallte um ihn das Geheul der winselnden Hunde,
Und es weinen die Oreaden; aber Küthärä
Irret die Wälder traurend hindurch, mit fliegenden Loken,
Ungeschmükt, mit nakten Füßen, Dornen verlezen
Sie, die Wandlende; heiliges Blut entquillet den Füßen.
Berg' und Thal durchirrt sie mit lauter, flehender Klage,
Fodert im Angstgeschrei den Gatten, und ruft dem Geliebten.
Ihm entspringt bei dem Nabel die Quelle des schwarzen Blutes,
Von der Lende zur Brust ergeußt sie sich. Ach da wo ehmal
Glänzte der Schnee des Leibes, fließet izt Purpur, Adonis!

Wehe dir Kütherea! es jammern die Liebesgötter!
Sie verlor mit dem schönen Gemahl die göttliche Bildung,
Denn es war schön Afrodität Gestalt als Adonis noch lebte;
Ach! es verblich die Schöne der Göttin, ach mit Adonis!
Alle Berge rufen, es rufen die Eichen Adonis,
Alle Ströme beweinen den Gram der traurenden Küpris,
Alle Quellen auf dem Gebirge beweinen Adonis,

ἄνθεα δ' ἐξ ὀδύνας ἐρυθαίνεται, ἁ δὲ Κυθήρα   35
πάντας ἀνὰ κναμώς, ἀνὰ πᾶν νάπος οἰκτρὸν ἀείδει,

'αἰαῖ τὰν Κυθέρειαν· ἀπώλετο καλὸς Ἄδωνις'·

Ἀχὼ δ' ἀντεβόασεν, 'ἀπώλετο καλὸς Ἄδωνις'.
Κύπριδος αἰνὸν ἔρωτα τίς οὐκ ἔκλαυσεν ἂν αἰαῖ;

ὡς ἴδεν, ὡς ἐνόησεν Ἀδώνιδος ἄσχετον ἕλκος,   40
ὡς ἴδε φοίνιον αἷμα μαραινομένῳ περὶ μηρῷ,
πάχεας ἀμπετάσασα κινύρετο, 'μεῖνον Ἄδωνι,
δύσποτμε μεῖνον Ἄδωνι, πανύστατον ὥς σε κιχείω,
ὥς σε περιπτύξω καὶ χείλεα χείλεσι μίξω.
ἔγρεο τυτθόν, Ἄδωνι, τὸ δ' αὖ πύματόν με φίλησον,   45
τοσσοῦτόν με φίλησον ὅσον ζώει τὸ φίλημα,
ἄχρις ἀποψύχῃς ἐς ἐμὸν στόμα, κεἰς ἐμὸν ἧπαρ
πνεῦμα τεὸν ῥεύσῃ, τὸ δέ σευ γλυκὺ φίλτρον ἀμέλξω,
ἐκ δὲ πίω τὸν ἔρωτα· φίλημα δὲ τοῦτο φυλάξω
ὡς αὐτὸν τὸν Ἄδωνιν, ἐπεὶ σύ με, δύσμορε, φεύγεις.   50
φεύγεις μακρόν, Ἄδωνι, καὶ ἔρχεαι εἰς Ἀχέροντα
πὰρ στυγνὸν βασιλῆα καὶ ἄγριον· ἁ δὲ τάλαινα
ζώω καὶ θεός ἐμμι καὶ οὐ δύναμαί σε διώκειν.
λάμβανε, Περσεφόνα, τὸν ἐμὸν πόσιν· ἐσσὶ γὰρ αὐτά
πολλὸν ἐμεῦ κρέσσων, τὸ δὲ πᾶν καλὸν ἐς σὲ καταρρεῖ.   55
ἐμμὶ δ' ἐγὼ πανάποτμος, ἔχω δ' ἀκόρεστον ἀνίαν,
καὶ κλαίω τὸν Ἄδωνιν, ὅ μοι θάνε, καί σε φοβεῦμαι.
θνᾴσκεις, ὦ τριπόθητε, πόθος δέ μοι ὡς ὄναρ ἔπτα,
χήρα δ' ἁ Κυθέρεια, κενοὶ δ' ἀνὰ δώματ' Ἔρωτες,
σοὶ δ' ἄμα κεστὸς ὄλωλε. τί γάρ, τολμηρέ, κυνάγεις;   60
καλὸς ἐὼν τί τοσοῦτον ἐμήναο θηρὶ παλαίειν;'
ὧδ' ὀλοφύρατο Κύπρις· ἐπαιάζουσιν Ἔρωτες,

'αἰαῖ τὰν Κυθέρειαν, ἀπώλετο καλὸς Ἄδωνις'.

δάκρυον ἁ Παφία τόσσον χέει ὅσσον Ἄδωνις
αἷμα χέει, τὰ δὲ πάντα ποτὶ χθονὶ γίνεται ἄνθη·   65
αἷμα ῥόδον τίκτει, τὰ δὲ δάκρυα τὰν ἀνεμώναν.

Und für Schmerz verbleichen die Blumen, aber Küthärä
Klaget auf allen Hügeln, und ruft mit weinender Stimme:

Wehe dir Kütherea! todt ist, todt ist Adonis!
Seufzend erwiedert Echo: todt ist, todt ist Adonis!
Ach wer beweinet nicht, ach! Afroditäs unseelige Liebe,
Da sie erblikte, da sie beschaute, die rinnende Wunde,
Da sie sahe das purpurne Blut der ermatteten Lende.
Flehend rief sie, mit offenen Armen: Adonis, o bleibe
Bleib Adonis, Unglüklicher, daß ich mit dir mich letze!
Dich umarm', und vermische mit deinen Lippen die Lippen!
Ach erwache! nur daß zum leztenmal du mich küßest;
Küße so lang', Adonis! so lange noch leben die Küße!
Bis mit dem lezten Odem in Mund und Herz du mir flößest
Deine Seele, saug' ich aus dir die süßeste Liebe,
Trinke sie, deine Lieb', und bewahre den lezten der Küße,
Gleich wie Adonis selbst! weil du, mich Unseelige, fliehest;
Weit entflohst du, Adonis, zum Acheron bist du geflohen,
Zum gehäßigen grausamen König! Ach! und ich Arme
Ach ich leb', und bin unsterblich, und kann dir nicht folgen!
Meinen Gatten empfange, Persefona! denn du bist mächtig
Mehr denn ich, und es strömet zu dir was da schön ist hinunter!

Unersättlich, ich Allerunseeligste, nagt mich der Kummer,
Ach ich weine daß er mir starb, Adonis! und bebe!
O du Verlangtester stirbst! mir entfleucht wie ein Traum das
                                                    Verlangen;
Nun ist Pafia Wittwe, die Liebesgötter sind Waisen,
Und mit dir ist gesunken der Wollust Gürtel! O sage
Was, Verwegener, hat dich bewogen, dich o du Schönster!
Dich, unsinnigen Jäger, mit Ungeheuern zu kämpfen? —

Also jammerte Küpris; es klagten die Liebesgötter.
Wehe dir Kütherea! todt ist, todt ist Adonis!
Afroditä vergeußt der Thränen so viel als Adonis
Tropfen Bluts, die sich alle verwandeln in Blumen der Erde,
Rosen entsprießen dem Blut', und Anemonen den Thränen.

'αἰάζω τὸν Ἄδωνιν, 'ἀπώλετο καλὸς Ἄδωνις'.

μηκέτ' ἐνὶ δρυμοῖσι τὸν ἀνέρα μύρεο, Κύπρι·
οὐκ ἀγαθὰ στιβάς ἐστιν Ἀδώνιδι φύλλὰς ἐρήμα.
λέκτρον ἔχοι, Κυθέρεια, τὸ σὸν νῦν νεκρὸς Ἄδωνις·   70
καὶ νέκυς ὢν καλός ἐστι, καλὸς νέκυς, οἷα καθεύδων.
κάτθεό νιν μαλακοῖς ἐνὶ φάρεσιν οἷς ἐνίαυεν
ὡς μετὰ τεῦς ἀνὰ νύκτα τὸν ἱερὸν ὕπνον ἐμόχθει·
παγχρυσέῳ κλιντῆρι πόθες καὶ στυγνὸν Ἄδωνιν,
βάλλε δέ νιν στεφάνοισι καὶ ἄνθεσι· πάντα σὺν αὐτῷ·   75
ὡς τῆνος τέθνακε καὶ ἄνθεα πάντ' ἐμαράνθη.
ῥαῖνε δέ νιν Συρίοισιν ἀλείφασι, ῥαῖνε μύροισιν·
ὀλλύσθω μύρα πάντα· τὸ σὸν μύρον ὤλετ' Ἄδωνις.

κέκλιται ἁβρὸς Ἄδωνις ἐν εἵμασι πορφυρέοισιν,
ἀμφὶ δέ νιν κλαίοντες ἀναστενάχουσιν Ἔρωτες   80
κειράμενοι χαίτας ἐπ' Ἀδώνιδι· χὢ μὲν ὀιστώς,
ὃς δ' ἐπὶ τόξον ἔβαλλεν, ὁ δὲ πτερόν, ὃς δὲ φαρέτραν·
χὢ μὲν ἔλυσε πέδιλον Ἀδώνιδος, οἱ δὲ λέβητι
χρυσείῳ φορέοισιν ὕδωρ, ὁ δὲ μηρία λούει,
ὃς δ' ὄπιθεν πτερύγεσσιν ἀναψύχει τὸν Ἄδωνιν.   85

'αἰαῖ τὰν Κυθέρειαν', ἐπαιάζουσιν Ἔρωτες.

ἔσβεσε λαμπάδα πᾶσαν ἐπὶ φλιαῖς Ὑμέναιος
καὶ στέφος ἐξεκέδασσε γαμήλιον· οὐκέτι δ' 'ὑμήν
ὑμήν', οὐκέτ' ἄειδεν ἑὸν μέλος, ἀλλ' ἔλεγ', 'αἰαῖ
αἰαῖ', καὶ 'τὸν Ἄδωνιν' ἔτι πλέον ἢ ''Υμέναιον'.   90
αἱ Χάριτες κλαίοντι τὸν υἱέα τῶ Κινύραο,
'ὤλετο καλὸς Ἄδωνις' ἐν ἀλλάλαισι λέγοισαι,
'αἰαῖ' δ' ὀξὺ λέγοντι πολὺ πλέον ἢ Παιῶνα.
χαὶ Μοῖραι τὸν Ἄδωνιν ἀνακλείοισιν, Ἄδωνιν,
καὶ νιν ἐπαείδουσιν, ὁ δέ σφισιν οὐκ ἐπακούει·   95
οὐ μὰν οὐκ ἐθέλει, Κώρα δέ νιν οὐκ ἀπολύει.

λῆγε γόων Κυθέρεια τὸ σάμερον, ἴσχεο κομμῶν·
δεῖ σε πάλιν κλαῦσαι, πάλιν εἰς ἔτος ἄλλο δακρῦσαι.

*

Ach bejammert den schönen Adonis! todt ist Adonis!
Deinen Gatten beweine nicht mehr in den Wäldern, Küthärä,
Seiner harret ein köstliches Lager, mit Laube geschmüket,
Küpris es ruhet auf deinem Bette der Leichnam Adonis,
Auch im Tode noch schön, so schön als im Schlummer, im Tode.
Leg' ihn auf goldene Thronen, in zarten Gewanden, in denen
Ihm im heiligen Schlafe mit dir, die Nächte verfloßen.
Dich ergreife die sehnende Lust des erblaßten Adonis!
Streue Blumen, und kröne mit Kränzen Ihn! — Ach es welkten
Alle bei seinem Tode, die Blumen alle verwelkten!
Träufle duftenden Balsam auf ihn, und Würze der Narde!
Sterbet ihr Narden alle! wie deine Narden Adonis!

Siehe, nun lieget Adonis geschmükt in Purpurgewanden
Seufzende Liebesgötter umringen weinend den Todten!
Seinetwegen, das Haar beschoren! Dieser zerstampfet
Seine Pfeile, dieser den Bogen, und jener den Köcher,
Dieser löset Adonis die Sohlen; im goldenen Keßel
Träget Waßer dieser, und jener badet die Lende,
Dieser wehet ihm Kühlung zu, mit fächelndem Fittig —

Wehe dir Kütherea! es jammern die'Liebesgötter!
Hümenaios löscht, auf der Schwelle, die lodernde Fakel,
Und verstreuet den bräutlichen Kranz. Es schallet das Jauchzen
Hümen! Hümen! fürder nicht mehr, nun aechzet das Wehe:
Ach Hümenaios! und kläglicher aechzet es: Ach Adonis!

Künüras schönen Erzeugten beweinen die Grazien klagend,
Todt ist, todt ist Adonis! rufen sie gegen einander.
Heller tönet ihr Rufen, wie deine Stimme, Diona!
Und die Musen: Adonis! es seufzen: Adonis! die Musen
Rufen ihn in Gesängen zurük, ach! die er nicht höret!
Nicht zu hören vermag! Persefona hält ihn gefeßelt!

Ende Küthärä heute den Schmerz, und das Trauergepränge,
Klagen sollst du im kommenden Jahr von neuem, und weinen.

Christian zu Stolberg

ΕΠΙΘΑΛΑΜΙΟΣ ΑΧΙΛΛΕΩΣ ΚΑΙ ΔΗΙΔΑΜΕΙΑΣ

ΜΥΡΣΩΝ Λῇς νύ τί μοι, Λυκίδα, Σικελὸν μέλος ἁδὺ λιγαίνειν,
Ἱμερόεν γλυκύθυμον ἐρωτικόν, οἷον ὁ Κύκλωψ
ἄεισεν Πολύφαμος ἐπ' ἠόνι ⟨τᾷ⟩ Γαλατείᾳ;
ΛΥΚΙΔΑΣ κἠμοὶ συρίσδεν, Μύρσων, φίλον, ἀλλὰ τί μέλψω;
ΜΥ. Σκύριον ⟨ὃν⟩, Λυκίδα, ζαλώμενος ᾆδες ἔρωτα,　　　　　5
λάθρια Πηλείδαο φιλάματα, λάθριον εὐνάν,
πῶς παῖς ἔσσατο φᾶρος, ὅπως δ' ἐψεύσατο μορφάν,
χὤπως ἐν κώραις Λυκομηδίσιν †ἀπαλέγοισαι
ἠείδη κατὰ παστὸν Ἀχιλλέα Δηιδάμεια.
ΛΥ. ἅρπασε τὰν Ἑλέναν πόθ' ὁ βωκόλος, ἆγε δ' ἐς Ἴδαν,　　10
Οἰνώνῃ κακὸν ἄλγος. ἐχώσατο ⟨δ'⟩ ἁ Λακεδαίμων
πάντα δὲ λαὸν ἄγειρεν Ἀχαϊκόν, οὐδέ τις Ἕλλην,
οὔτε Μυκηναίων οὔτ' Ἤλιδος οὔτε Λακώνων,
μεῖνεν ἐὸν κατὰ δῶμα φυγὼν δύστανον Ἄρηα.
λάνθανε δ' ἐν κώραις Λυκομηδίσι μοῦνος Ἀχιλλεύς,　　　15
εἴρια δ' ἀνθ' ὅπλων ἐδιδάσκετο, καὶ χερὶ λευκᾷ
παρθενικὸν κόρον εἶχεν, ἐφαίνετο δ' ἠύτε κώρα·
καὶ γὰρ ἴσον τήναις θηλύνετο, καὶ τόσον ἄνθος
χιονέαις πόρφυρε παρηίσι, καὶ τὸ βάδισμα
παρθενικῆς ἐβάδιζε, κόμας δ' ἐπύκαζε καλύπτρῃ.　　　　20
θυμὸν δ' ἀνέρος εἶχε καὶ ἀνέρος εἶχεν ἔρωτα·
ἐξ ἀοῦς δ' ἐπὶ νύκτα παρίζετο Δηιδαμείᾳ,
καὶ ποτὲ μὲν τήνας ἐφίλει χέρα, πολλάκι δ' αὐτᾶς
στάμονα καλὸν ἄειρε τὰ δαίδαλα δ' ἄτρι' ἐπήνει·
ἤσθιε δ' οὐκ ἄλλᾳ σὺν ὁμάλικι, πάντα δ' ἐποίει　　　　25
σπεύδων κοινὸν ἐς ὕπνον. ἔλεξέ νυ καὶ λόγον αὐτᾷ·
'ἄλλαι μὲν κνώσσουσι σὺν ἀλλήλαισιν ἀδελφαί,
αὐτὰρ ἐγὼ μούνα, μούνα δὲ σύ, νύμφα, καθεύδεις.
αἱ δύο παρθενικαὶ συνομάλικες, αἱ δύο καλαί,
ἀλλὰ μόναι κατὰ λέκτρα καθεύδομες, ἁ δὲ πονηρά　　　30

ACHILLEUS UND DEÏDAMIA

Myrson.

Spiele mir, Lykidas, doch Sikelische liebliche Weise,
Schmeichelnd, süß dem Gemüth und buhlerisch wie der Kyklope,
Dort am Gestade des Meers, Polyphemos, sang Galateen.

Lykidas.

Myrson, wie dich ergötzt die Syringe mich: aber was sing' ich?

Myrson.

Jenes Skyrische Lied, o Lykidas, lieblicher Liebe,
Von des Peliden geheimen Umarmungen, heimlichen Küssen;
Wie der Knabe verkleidet im Faltengewand die Gestalt barg,
Und wie unter den Mädchen vom Stamm Lykomedes ihn pflegte,
Den von keinem errathnen Achilleus, Deïdamia.

Lykidas.

Raubend entführte der Hirt einst Helena, hin zu dem Ida,
Bittren Gram für Oenone; es zürnete nun Lakedämon,
Und sie berief das Volk, das Achaeische: keiner aus Hellas,
Von den Mykenern auch, von Elis, von den Lakonen,
Blieb daheim; sie brachten Vergeltungen, schreckliche Kriegs-
                           wuth.
Bey Lykomedes Töchtern versteckte sich einzig Achilleus.
Statt der Waffen erlernt' er die Wolle nur, übte mit weißer
Hand jungfräulichen Fleiß, und völlig als Mädchen erschien er.
Denn er war gleich jenen verweiblichet, eben die Blüthe
Hatt' ihm die schneeichten Wangen bepurpurt; auch mit der
                           Jungfrau
Tritten ging er einher, und umgab mit dem Netze die Locken:
Ares Muth doch hatt' er, und hatte die Liebe des Mannes.
Von der Frühe zur Nacht nun saß er bey Deïdamia,
Küßte bald ihr die Hand, oft hob er wiederum ihren
Schönen Leib in die Höh, es entflossen ihm zärtliche Thränen.
Nimmer aß er mit andern Gespielinnen; alles ersann er,
Suchend gemeinsamen Schlaf; so redet' er dieses zu ihr auch:
Alle die übrigen Schwestern, sie schlummern neben einander,
Ich nur muß allein, allein du, Nymphe, nur schlafen.
Beyde Gespielinnen wir, jungfräuliche, beyde die schönen,
Schlafen doch auf dem Lager allein wir: jene verhaßte

†νύσσα† δολία με κακῶς ἀπὸ σεῖο μερίσδει.
οὐ γὰρ ἐγὼ σέο ...

*

Οὐ καλόν, ὦ φίλε, πάντα λόγον ποτὶ τέκτονα φοιτῆν,
μηδ᾽ ἐπὶ πάντ᾽ ἄλλω χρέος ἰσχέμεν· ἀλλὰ καὶ αὐτός
τεχνᾶσθαι σύριγγα, πέλει δέ τοι εὐμαρὲς ἔργον.

*

Εἰ μευ καλὰ πέλει τὰ μελύδρια, καὶ τάδε μῶνα
κῦδος ἐμοὶ θήσοντι τά μοι πάρος ὤπασε Μοῖσα·
εἰ δ᾽ οὐχ ἀδέα ταῦτα, τί μοι πολὺ πλείονα μοχθεῖν;
εἰ μὲν γὰρ βιότω διπλόον χρόνον ἄμμιν ἔδωκεν
ἢ Κρονίδας ἢ Μοῖρα πολύτροπος, ὥστ᾽ ἀνύεσθαι   5
τὸν μὲν ἐς εὐφροσύναν καὶ χάρματα τὸν δ᾽ ἐπὶ μόχθῳ,
ἢν τάχα μοχθήσαντι ποθ᾽ ὕστερον ἐσθλὰ δέχεσθαι.
εἰ δὲ θεοὶ κατένευσαν ἕνα χρόνον ἐς βίον ἐλθεῖν
ἀνθρώποις, καὶ τόνδε βραχὺν καὶ μείονα πάντων,
ἐς πόσον, ἆ δειλοί, καμάτως κεῖς ἔργα πονεῦμες,   10
ψυχὰν δ᾽ ἄχρι τίνος ποτὶ κέρδεα καὶ ποτὶ τέχνας
βάλλομες ἱμείροντες ἀεὶ πολὺ πλείονος ὄλβω;
λαθόμεθ᾽ ἦ ἄρα πάντες ὅτι θνατοὶ γενόμεσθα,
χὥς βραχὺν ἐκ Μοίρας λάχομες χρόνον;

*

῞Εσπερε, τᾶς ἐρατᾶς χρύσεον φάος ᾿Αφρογενείας,
῞Εσπερε, κυανέας ἱερόν, φίλε, νυκτὸς ἄγαλμα,
τόσσον ἀφαυρότερος μήνας ὅσον ἔξοχος ἄστρων,
χαῖρε, φίλος, καί μοι ποτὶ ποιμένα κῶμον ἄγοντι
ἀντὶ σελαναίας τὺ δίδου φάος, ὥνεκα τήνα   5
σάμερον ἀρχομένα τάχιον δύεν. οὐκ ἐπὶ φωρὰν
ἔρχομαι οὐδ᾽ ἵνα νυκτὸς ὁδοιπορέοντας ἐνοχλέω,
ἀλλ᾽ ἐράω· καλὸν δέ γ᾽ ἐρασσαμένῳ συναρέσθαι.

*

Und arglistige Wand, sie scheidet böslich von dir mich.
Denn ich könnte ja nicht ...

August Wilhelm von Schlegel

Übel, o Freund, um jeden Bedarf zum Künstler zu wandern.
Suche dir nicht stets Hülfe bei anderen; sondern auch selber
Schaffe dir eine Syringe: das ist dir gemächliche Arbeit.

Johann Heinrich Voß

DIE UNNÜTZE MÜHE

Sind die Gesänge schön, die ich singe, wie sie die Muse
Mir verleihet: so werden auch sie schon Ehre mir bringen.
Und gefallen sie nicht, wozu die weitere Mühe?
Hätte Jupiter uns, hätt' uns die windende Parze
Zwo Lebzeiten zu leben gegönnt, die Eine voll Arbeit,
Eine andre voll Freuden und Lust, daß man sich der Mühe
Nun begeben könnt' und ihre Früchte genießen.
Aber da uns die Götter nur Einen flüchtigen Kreislauf
Senden, ihn durchzuleben, der schnell und allen ungnügsam
Wegrollt; ach wir Arme! wie lange wollen wir mühend
Uns abmatten? wie lange den Geist auf Wucher und Künste
Wenden, immer begehrend mehr und reichere Güter.
Wahrlich, wir vergessen, daß uns zum Tode gebohrnen
Eine kurze Zeit die Parze zu leben bestimmt hat.

Johann Gottfried Herder

AN DEN ABENDSTERN

Abendstern, du goldenes Licht der lieblichen Cypris!
Abendstern, der dunkelen Nacht ein heiliger Glanzschmuck;
Wie vom Mond' überglänzt, so überglänzend die Sterne.
Heil dir, Lieber! Und da ich anjetzt zum Schmause des Hirten
Geh: so leuchte du mir an statt des freundlichen Mondes,
Der, heut neu, gar zeitig hinabsteigt. Geh' ich zum Diebstal
Ja doch nicht, noch daß ich den nächtlichen Wandrer beraube;
Sondern ich lieb'; und Liebende mitzulieben, ist artig.

Johann Gottfried Herder

Ὄλβιοι ⟨οἱ⟩ φιλέοντες ἐπὴν ἴσον ἀντεράωνται.
ὄλβιος ἦν Θησεὺς τῶ Πειριθόω παρεόντος,
εἰ καὶ ἀμειλίκτοιο κατήλυθεν εἰς Ἀΐδαο·
ὄλβιος ἦν χαλεποῖσιν ἐν Ἀξείνοισιν Ὀρέστας
ὥνεκά οἱ ξυνὰς Πυλάδας ἄρητο κελεύθως·					5
ἦν μάκαρ Αἰακίδας ἑτάρω ζώοντος Ἀχιλλεύς·
ὄλβιος ἦν θνᾴσκων ὃ οἱ οὐ μόρον αἰνὸν ἄμυνεν.

*

Ἰξευτὰς ἔτι κῶρος ἐν ἄλσεῖ δενδράεντι
ὄρνεα θηρεύων τὸν ἀπότροπον εἶδεν Ἔρωτα
ἐσδόμενον πύξοιο ποτὶ κλάδον· ὡς δὲ νόησε,
χαίρων ὥνεκα δὴ μέγα φαίνετο τὦρνεον αὐτῷ,
τὼς καλάμως ἄμα πάντας ἐπ' ἀλλάλοισι συνάπτων			5
τᾷ καὶ τᾷ τὸν Ἔρωτα μετάλμενον ἀμφεδόκευε.
χὠ παῖς, ἀσχαλάων ὅκα οἱ τέλος οὐδὲν ἀπάντη,
τὼς καλάμως ῥίψας ποτ' ἀροτρέα πρέσβυν ἵκανεν
ὅς νιν τάνδε τέχναν ἐδιδάξατο, καὶ λέγεν αὐτῷ
καὶ οἱ δεῖξεν Ἔρωτα καθήμενον. αὐτὰρ ὁ πρέσβυς			10
μειδιάων κίνησε κάρη καὶ ἀμείβετο παῖδα·
'φείδεο τᾶς θήρας, μηδ' ἐς τόδε τὦρνεον ἔρχευ.
φεῦγε μακράν· κακόν ἐντι τὸ θηρίον. ὄλβιος ἔσσῃ
εἰσόκε μή νιν ἕλῃς· ἢν δ' ἀνέρος ἐς μέτρον ἔλθῃς
οὗτος ὁ νῦν φεύγων καὶ ἀπάλμενος αὐτὸς ἀφ' αὑτῶ			15
ἐλθὼν ἐξαπίνας κεφαλὰν ἔπι σεῖο καθιξεῖ'.

*

Ἄμερε Κυπρογένεια, Διὸς τέκος ἠὲ θαλάσσας,
τίπτε τόσον θνατοῖσι καὶ ἀθανάτοισι χαλέπτεις;
τυτθὸν ἔφαν. τί νυ τόσσον ἀπήχθεο καὶ τεῒν αὐτᾷ
ταλίκον ὡς πάντεσσι κακὸν τὸν Ἔρωτα τεκέσθαι,
ἄγριον, ἄστοργον, μορφᾷ νόον οὐδὲν ὁμοῖον;				5
ἐς τί δέ νιν πτανὸν καὶ ἑκαβόλον ὤπασας ἦμεν
ὡς μὴ πικρὸν ἐόντα δυναίμεθα τῆνον ἀλύξαι;

*

Das Glück der Liebenden

Selig der Liebenden Loos, wenn von Gegenliebe sie glühen,
Selig war Theseüs einst, als ihm Peirithoos beistand,
Wandelt' er gleich zum Hause des unversönlichen Aides.
Selig Orestes vordem bei den unwirtbaren Axeinern,
Weil die Reisen, verbunden mit ihm, sein Pülades theilte.
Selig im Leben des Freünds der Aiakide Achilleüs,
Selig im Tod, da er fernte von ihm das grause Verderben.

Leo von Seckendorf

Der Vogelsteller

Ein junger Vogelsteller, der in einem dichten Walde den Vögeln
nachstellte, sah den fliehenden Amor auf dem Ast eines Buchs-
baums sitzen. Wie er ihn sah, freuete er sich, weil er das Ansehn
eines großen Vogels hatte, band alle Rohrstäbe zusammen, und
lauerte auf den Amor, der hier und da herumhüpfte. Der Knabe
wurde unwillig, weil er nirgends seine Absicht erreichte, warf die
Rohrstäbe von sich, gieng zu einem alten Pflüger, welcher ihn
diese Kunst gelehrt hatte, redte ihn an, und wies ihm den Amor,
der noch auf dem Zweige saß. Aber der Greiß schüttelte lächelnd
das Haupt, und antwortete dem Knaben, unterlaß diesen Fang,
nahe dich diesem Vogel nicht, fliehe weit von ihm hinweg. Es
ist ein böses Thier. Beglückt wirst du seyn, wenn du ihn nicht
fängst. Wenn du aber zum Manne gereift bist, alsdann wird dieser Vogel, der jetzt fliehet und herumhüpft, plötzlich von freyen
Stücken kommen, und sich auf dein Haupt setzen.

Ludwig Christoph Heinrich Hölty

An die Göttin der Liebe

Tochter Jupiters und des Meers, holdseelige Cypris,
Sage, warum du so auf Menschen und Götter erzürnt bist?
Und was reizete dich zu der feindseligen Rache,
Daß du den Amor gebahrst? Den Amor, allen ein Uebel,
Wild und unbarmherzig, sein Sinn ist nicht der Gestalt gleich.
Und noch gabst du ihm Flügel und fernhin-treffende Pfeile,
Daß wir den bittern Wunden auch nicht zu entrinnen vermögen.

Johann Gottfried Herder

ΚΛΕΟΔΑΜΟΣ Εἶαρος, ὦ Μύρσων, ἢ χείματος ἢ φθινοπώρω
    ἢ θέρεος τί τοι ἀδύ; τί δὲ πλέον εὔχεαι ἐλθεῖν;
    ἢ θέρος, ἀνίκα πάντα τελείεται ὅσσα μογεῦμες,
    ἢ γλυκερὸν φθινόπωρον, ὅκ' ἀνδράσι λιμὸς ἐλαφρά,
    ἢ καὶ χεῖμα δύσεργον – ἐπεὶ καὶ χείματι πολλοί   5
    θαλπόμενοι θέλγονται ἀεργίᾳ τε καὶ ὄκνῳ –
    ἢ τοι καλὸν ἔαρ πλέον εὔαδεν; εἰπὲ τί τοι φρήν
    αἱρεῖται, λαλέειν γὰρ ἐπέτραπεν ἀ σχολὰ ἄμμιν.

ΜΥΡΣΩΝ κρίνειν οὐκ ἐπέοικε θεήια ἔργα βροτοῖσι,
    πάντα γὰρ ἱερὰ ταῦτα καὶ ἀδέα· σεῦ δὲ ἕκατι   10
    ἐξερέω, Κλεόδαμε, τό μοι πέλεν ἄδιον ἄλλων.
    οὐκ ἐθέλω θέρος ἦμεν, ἐπεὶ τόκα μ' ἅλιος ὀπτῇ·
    οὐκ ἐθέλω φθινόπωρον, ἐπεὶ νόσον ὥρια τίκτει.
    οὖλον χεῖμα φέρει νιφετόν, κρυμὼς δὲ φοβεῦμαι
    εἶαρ ἐμοὶ τριπόθητον ὅλῳ λυκάβαντι παρείη,   15
    ἀνίκα μήτε κρύος μήθ' ἅλιος ἄμμε βαρύνει.
    εἶαρι πάντα κύει, πάντ' εἶαρος ἀδέα βλαστεῖ,
    χἀ νὺξ ἀνθρώποισιν ἶσα καὶ ὁμοίιος ἀώς.

ΑΔΗΛΟΝ

Ἄρτι λοχευομένην σε μελισσοτόκων ἔαρ ὕμνων,
    ἄρτι δὲ κυκνείῳ φθεγγομένην στόματι
ἤλασεν εἰς Ἀχέροντα διὰ πλατὺ κῦμα καμόντων
    Μοῖρα, λινοκλώστου δεσπότις ἠλακάτης·
σὸς δ' ἐπέων, Ἤριννα, καλὸς πόνος οὔ σε γεγωνεῖ   5
    φθίσθαι, ἔχειν δὲ χοροὺς ἄμμιγα Πιερίσιν.

Die beste Jahrszeit

Kleodamus.

Myrson, sage wann ist dir wohler? Im Frühling, im Sommer,
Oder im Herbst und Winter? Auf welche der Jahreszeiten
Freuest du dich am meisten? Des Sommers etwa, wenn unsre
Arbeit alle gethan ist? oder des süßen Herbstes,
Wenn die Sterblichen wohl den Mangel am mindesten fühlen?
Oder des müssigen Winters: denn auch im Winter ergötzen
Viele sich, wohlgewärmt, an träger und lässiger Ruhe?
Oder sage, gefällt dir der schöne Frühling am besten?
Rede, was dir behagt: die müssige Stunde vergönnt dirs.

Myrson.

»Zwar es ziemet den Sterblichen nicht, die Werke der Götter
Richten zu wollen: denn jedes ihr Werk ist heilig und lieblich.
Aber dir zu gefallen, Kleodamus, will ich es sagen,
Was mir am liebsten ist. Den Sommer mag ich so eben
Nicht, weil dann die Sonne mich brennt. Die Früchte des Herbstes
Zeugen Krankheit und Seuchen. Den bösen Winter zu tragen
Fället mir schwer: ich fürchte den Schnee und die reifenden Nächte.
Aber der Frühling ist mein dreimallieber! Ich wollte,
Frühling wäre das ganze Jahr. Da brennet die Sonne
Nicht; da drücket uns nicht die harterstarrende Kälte.
Alles gebiert im Frühling; im Frühling knospet das Schöne
Alles; und Tag und Nacht stehn uns in gleichender Waage.«

Johann Gottfried Herder

UNBESTIMMTER DICHTER ÜBER ERINNA

Erinna

Einen Frühling der Hymnen voll Honigdüfte gebarst du,
  Holde Erinna, und sangst lieblichen Schwanengesang;
Da rief dich die Parze zum Reich der Schatten hinunter;
  Aber doch bleibt dein Lied in der Unsterblichen Chor.

Johann Gottfried Herder

HPINNA

Νύμφας Βαυκίδος εἰμί, πολυκλαύταν δὲ παρέρπων
   στάλαν τῷ κατὰ γᾶς τοῦτο λέγοις Ἀΐδᾳ·
'βάσκανος ἔσσ', 'Αΐδα'. τὰ δέ τοι καλὰ σάμαθ' ὁρῶντι
   ὠμοτάταν Βαυκοῦς ἀγγελέοντι τύχαν,
ὡς τὰν παῖδ' Ὑμέναιος ἐφ' αἶς ἀείδετο πεύκαις   5
   τᾶσδ' ἐπὶ καδεστὰς ἔφλεγε πυρκαϊᾶς,
καὶ σὺ μέν, ὦ Ὑμέναιε, γάμων μολπαῖον ἀοιδάν
   ἐς θρήνων γοερὸν φθέγμα μεθαρμόσαο.

ANYTH

Οὐκέτι δὴ πλωτοῖσιν ἀγαλλόμενος πελάγεσσιν
   αὐχέν' ἀναρρίψω βυσσόθεν ὀρνύμενος,
οὐδὲ περὶ σκαρθμοῖσι νεὼς περικαλλέα χείλη
   ποιφύξω τἀμᾷ τερπόμενος προτομᾷ,
ἀλλά με πορφυρέα πόντου νοτὶς ὦσ' ἐπὶ χέρσον   5
   κεῖμαι δὲ ῥαδινὰν τάνδε παρ' ἀϊόνα.

*

ERINNA

Ich bin der jungvermählten Baukis Grab,
Die sie mit langer Totenklage riefen;
Gehst du vorbei, ruf dieses Wort hinab
Dem Hades drunten in der Erde Tiefen:

»O Tod, du hast des Neides bösen Blick.« —
Doch dieses Mal mit seiner Bilder Zier
Der Baukis allzu grausames Geschick,
Wenn du's betrachten willst, erzählt es dir:

Denn ach, dieselben Fackeln, welche lohten,
Als man mit Hochzeitsliedern sie geleitet,
Dieselben waren's auch, womit der Toten
Des Scheiterhaufens Flamme ward bereitet.

Und du, der Gott der bräutlichen Gesänge,
Hast umgestimmt dein Lied für diese Braut,
O Hymenäus, wandelnd seine Klänge
Zu einer Totenklage Seufzerlaut.

August Oehler

ANYTE

Nicht werf' ich mehr, mich freuend an dem Schmuck
Der schnellen Flossen, die von Wasser triefen,
Den Nacken aus der See mit stolzem Ruck,
Nicht steig ich künftig wieder aus den Tiefen.

Nicht werd' ich mehr am wunderschönen Kiel
Der Sciffe stets die alte Lust erneun,
Mich tummeln hin und her in frohem Spiel,
An meinem eignen Umriß mich erfreun.

Denn jetzt hat den Delphin ans feste Land
Das purpurfarbne Meer herangetrieben;
Auf dieser steilen Felsenküste Rand
Warf es mich aus und hier bin ich geblieben.

Κύπριδος οὗτος ὁ χῶρος ἐπεὶ φίλον ἔπλετο τήνᾳ
  αἰὲν ἀπ' ἠπείρου λαμπρὸν ὁρῆν πέλαγος
ὄφρα φίλον ναύτῃσι τελῇ πλόον· ἀμφὶ δὲ πόντος
  δειμαίνει λιπαρὸν δερκόμενος ξόανον.

*

Θάεο τὸν Βρομίου κεραὸν τράγον, ὡς ἀγερώχως
  ὄμμα κατὰ λασιᾶν γαῦρον ἔχει γενύων
κυδιόων ὅτι οἱ θάμ' ἐν οὔρεσιν ἀμφὶ παρῆδα
  βόστρυχον εἰς ῥοδέαν Ναῒς ἔδεκτο χέρα.

*

Τίπτε κατ' οἰόβατον, Πὰν ἀγρότα, δάσκιον ὕλαν
  ἥμενος ἀδυβόᾳ τῷδε κρέκεις δόνακι; —
Ὄφρα μοι ἐρσήεντα κατ' οὔρεα ταῦτα νέμοιντο
  πόρτιες ἠυκόμων δρεπτόμεναι σταχύων.

ΑΣΚΛΗΠΙΑΔΗΣ

Ἡδὺ θέρους διψῶντι χιὼν ποτόν, ἡδὺ δὲ ναύταις
  ἐκ χειμῶνος ἰδεῖν εἰαρινὸν Στέφανον·

Der Ort hier ist für Kypris abgegrenzt,
Denn dieser ist es lieb, vom Festland aus
Zu blicken fort und fort aufs Meer hinaus
Und anzuschauen, wie es strahlt und glänzt.

Denn für den Schiffer sorgt sie hilfsbereit,
Dem allzulange schon die Seefahrt dauert,
Und ringsumher der Ozean erschauert
Vor ihres Götterbildes Herrlichkeit.

August Oehler

Sieh nur des Bromios gehörnten Bock,
Wie er die Augen rollt, wie stolz er tut,
Aus seiner Backen zottigem Gelock
Blickt er hervor mit frechem Übermut.

Er wirft sich in die Brust mit eitlem Prangen,
Weil Nais im Gebirg zu ihm gekommen
Und oft die Zotteln seiner beiden Wangen
In ihre rosenfarbne Hand genommen.

August Oehler

Was sitzt du hier, du Herr der Fluren, sag',
Und lockest süßen Klang aus deinem Rohr,
O Pan, in diesem schattendunklen Hag,
Wohin sich nie des Menschen Fuß verlor?

»Damit mir weiden meiner Rinder Scharen
Auf diesen Bergen, die der Tau benetzt,
Und jegliches am Futter sich ergötzt,
Abpflückend von der Halme feinen Haaren.«

August Oehler

ASKLEPIADES

Süß ist in Sommersglut ein Trank von Schnee,
Den ausgedörrten Gaumen zu erquicken,
Süß ist's dem Schiffer, nach des Sturmes Weh
Das Blühn der Heimatküste zu erblicken.

ἥδιον δ' ὁπόταν κρύψῃ μία τοὺς φιλέοντας
χλαῖνα, καὶ αἰνῆται Κύπρις ὑπ' ἀμφοτέρων.

ΗΔΥΛΟΣ

Οἶνος καὶ προπόσεις κατεκοίμισαν Ἀγλαονίκην
αἱ δόλιαι, καὶ ἔρως ἡδὺς ὁ Νικαγόρεω,
ἧς πάρα Κύπριδι ταῦτα μύροις ἔτι πάντα μυδῶντα
κεῖνται, παρθενίων ὑγρὰ λάφυρα πόθων,
σάνδαλα καὶ μαλακαὶ μαστῶν ἐκδύματα μίτραι, 5
ὕπνου καὶ σκυλμῶν τῶν τότε μαρτύρια.

ΣΙΜΙΑΣ ΡΟΔΙΟΣ

Πρόσθε μὲν ἀγραύλοιο δασύτριχος ἰξάλου αἰγός
†δοιὸν ἐπὶ χλωροῖς ἐστεφόμαν πετάλοις†
νῦν δέ με Νικομάχῳ κεραοξόος ἥρμοσε τέκτων
ἐντανύσας ἕλικος καρτερὰ νεῦρα βοός.

Doch süßer noch als alles dieses scheint
Es mir zu sein, wenn zu vertrautem Bunde
Zwei Liebende die Decke heimlich eint
Und Kypris' Lob erklingt aus beider Munde.

August Oehler

HEDYLOS

Sie überlistete der böse Wein,
Von dem der Jüngling oft ihr zugetrunken;
Auch schuf Nikagoras ihr süße Pein;
So ist Aglaonike hingesunken.

Sie hat, was hier liegt, Kypris dargebracht.
Den Sieg der Wünsche, die im Mädchen schliefen,
Verkünde dieser Raub; seit jener Nacht
Von Salben noch des Sieges Zeichen triefen.

Hier sind Sandalen, weiche Gürtelschlingen,
Mit denen sie die junge Brust bedeckt,
Die Kunde dir von jenem Schlummer bringen,
Aus dem sie heißes Ringen aufgeweckt.

August Oehler

SIMIAS VON RHODOS

Einst war ich das geschwungne Hörnerpaar
Von einer wilden Ziege, wie sie klettern
Auf hohe Felsen gern, in dichtem Haar,
Und war gar oft bekränzt mit grünen Blättern.

Nun hat mich für Nikomachos zum Bogen
Ein Drechslermeister schön zusammgeschweißt,
Hat mich geschickt geglättet und bezogen
Mit einer Rindersehne, die nicht reißt.

August Oehler

ΛΕΩΝΙΔΑΣ ΤΑΡΑΝΤΙΝΟΣ — ΝΟΣΣΙΣ — ΠΑΜΦΙΛΟΣ

ΛΕΩΝΙΔΑΣ ΤΑΡΑΝΤΙΝΟΣ

Τὸν ἀργυροῦν Ἔρωτα καὶ περίσφυρον
πέζαν τὸ πορφυρεῦν τε Λεσβίδος κόμης
ἕλιγμα καὶ μηλοῦχον ὑαλόχροα,
τὸ χάλκεόν τ' ἔσοπτρον ἠδὲ τὸν πλατύν
τριχῶν σαγηνευτῆρα, πύξινον κτένα,   5
ὧν ἤθελεν τυχοῦσα, γνησία Κύπρι,
ἐν σαῖς τίθησι Καλλίκλεια παστάσιν.

ΝΟΣΣΙΣ

Χαίροισάν τοι ἔοικε κομᾶν ἄπο τὰν Ἀφροδίταν
    ἄνθεμα κεκρύφαλον τόνδε λαβεῖν Σαμύθας,
δαιδάλεός τε γάρ ἐστι καὶ ἁδύ τι νέκταρος ὄσδει·
    τούτῳ καὶ τήνα καλὸν Ἄδωνα χρίει.

ΠΑΜΦΙΛΟΣ

Οὐκέτι δὴ χλωροῖσιν ἐφεζόμενος πετάλοισιν
    ἀδεῖαν μέλπων ἐκπροχέεις ἰαχάν,
ἀλλά σε γαρύοντα κατήναρεν, ἀχέτα τέττιξ,
    παιδὸς ἀπ' ἠιθέου χεὶρ ἀναπεπταμένα.

LEONIDAS VON TARENT

Den Silbergürtel mit des Eros Bild
Sowie der beiden Füße Knöchelspangen,
Purpurgewind, das Haar ihr einzufangen
Getreu dem Brauche, der auf Lesbos gilt,

Dies Band — durchsichtigen Gewebes spannte
Es ihre Brust — des erznen Spiegels Stolz
Und ihn, der ihrer Haarflut Tiefen kannte,
Den breiten Kamm, geschnitzt aus Buchsbaumholz,

Dies alles, Kypris, die auf Kreta wohnt,
Legt Kallikleia hin in deiner Halle:
Sie ist am Ziel und dir sei es gelohnt,
Denn du gewährtest ihre Wünsche alle.

August Oehler

NOSSIS

Gewiß hat Aphroditens Herz gelacht,
Als sie die Locke hier entgegennahm,
Die von Samythens Haaren dargebracht
Als Weihgeschenk in ihren Tempel kam.

Denn sieh nur an: sie ist in Glanz getaucht
Und süße Wohlgerüche ihr entfließen,
Wie Nektar, den die Göttin selber braucht,
Ihn auf Adonis' schönes Haupt zu gießen.

August Oehler

PAMPHILOS

So läßt du nicht auf grüner Blätter Rand
Dein süßes Lied, Zikade, mehr erklingen!
Dich hat erschlagen mitten unterm Singen
Ein dummes Kind mit ausgespreizter Hand.

August Oehler

ΜΕΛΕΑΓΡΟΣ

Ἔγχει τᾶς Πειθοῦς καὶ Κύπριδος Ἡλιοδώρας
　καὶ πάλι τᾶς αὐτᾶς ἁδυλόγου Χάριτος·
αὐτὰ γὰρ μί' ἐμοὶ γράφεται θεός, ἇς τὸ ποθεινόν
　οὔνομ' ἐν ἀκρήτῳ συγκεράσας πίομαι.

＊

Ὁ στέφανος περὶ κρατὶ μαραίνεται Ἡλιοδώρας,
　αὐτὴ δ' ἐκλάμπει τοῦ στεφάνου στέφανος.

＊

Ἒν τόδε, παμμήτειρα θεῶν, λίτομαί σε, φίλη Νύξ,
　ναὶ λίτομαι κώμων σύμπλανε πότνια Νύξ·
εἴ τις ὑπὸ χλαίνῃ βεβλημένος Ἡλιοδώρας
　θάλπεται ὑπναπάτῃ χρωτὶ χλιαινόμενος,
κοιμάσθω μὲν λύχνος, ὁ δ' ἐν κόλποισιν ἐκείνης 　　　　5
　ῥιπτασθεὶς κείσθω δεύτερος Ἐνδυμίων.

＊

Τί ξένον εἰ βροτολοιγὸς Ἔρως τὰ πυρίπνοα τόξα
　βάλλει καὶ λαμυροῖς ὄμμασι πικρὰ γελᾷ;

MELEAGROS

Wohlan, schenk' mir auf Heliodora ein,
Die Peitho mir zugleich und Kypris ist,
Und wieder leer' ich auf ihr Wohl den Wein,
Der süßen Charis voller Zauberlist.

Von allen Göttinnen sie ganz allein
Erkenn' ich an — allein in meiner Brust
Ihr Name steht; ich misch' ihn in den Wein,
Trink' ihn hinab mit sehnsuchtsvoller Lust!

August Oehler

Der Kranz

Heliodora, die Blume verwelkt, womit ich dich kränzte;
  Heliodora du blühst, Blume der Blumen im Kranz.

Johann Gottfried Herder

Nur um dies eine bitt' ich dich, o Nacht,
O liebe Nacht, du Mutter aller Götter,
Ehrwürdige, die über alle wacht,
Verliebte Schwärmer und betrunkne Spötter:

Wenn irgendeiner heimlich und vertraut
Mit Heliodora jetzt im Bette ruht,
An sie geschmiegt, an ihrer zarten Haut
Sich wärmet, die im Schlafe Wunder tut,

So soll das Licht mit einem Mal vergehn:
Gleich dem Endymion sei ihm nicht erlaubt,
Das Antlitz der Geliebten anzusehn,
Nacht sei um ihn wie einst um jenes Haupt.

August Oehler

Kein Wunder ist's, daß Liebe tödlich endet,
Daß Eros Männer würgt wie in der Schlacht,
Und wenn er seine Feuerpfeile sendet,
Dazu mit Schelmenblicken höhnisch lacht.

οὐ μάτηρ στέργει μὲν Ἄρη, γαμέτις δὲ τέτυκται
  Ἀφαίστου, κοινὰ καὶ πυρὶ καὶ ξίφεσι;
ματρὸς δ' οὐ μάτηρ ἀνέμων μάστιξι Θάλασσα   5
  τραχὺ βοᾷ, γενέτας δ' οὔτε τις οὔτε τινός;
τοὔνεκεν Ἀφαίστου μὲν ἔχει φλόγα, κύμασι δ' ὀργάν
  στέρξεν ἴσαν, Ἄρεως δ' αἱματόφυρτα βέλη.

*

Χείματος ἠνεμόεντος ἀπ' αἰθέρος οἰχομένοιο,
  πορφυρέη μείδησε φερανθέος εἴαρος ὥρη.
γαῖα δὲ κυανέη χλοερὴν ἐστέψατο ποίην
  καὶ φυτὰ θηλήσαντα νέοις ἐκόμησε πετήλοις.
οἱ δ' ἀπαλὴν πίνοντες ἀεξιφύτου δρόσον Ἠοῦς   5
  λειμῶνες γελόωσιν ἀνοιγομένοιο ῥόδοιο.
χαίρει καὶ σύριγγι νομεὺς ἐν ὄρεσσι λιγαίνων,
  καὶ πολιοῖς ἐρίφοις ἐπιτέρπεται αἰπόλος αἰγῶν.
ἤδη δὲ πλώουσιν ἐπ' εὐρέα κύματα ναῦται
  πνοιῇ ἀπημάντῳ Ζεφύρου λίνα κολπώσαντες.   10
ἤδη δ' εὐάζουσι φερεσταφύλῳ Διονύσῳ,
  ἄνθει βοτρυόεντος ἐρεψάμενοι τρίχα κισσοῦ.
ἔργα δὲ τεχνήεντα βοηγενέεσσι μελίσσαις
  καλὰ μέλει, καὶ σίμβλῳ ἐφήμεναι ἐργάζονται
λευκὰ πολυτρήτοιο νεόρρυτα κάλλεα κηροῦ.   15
πάντη δ' ὀρνίθων γενεὴ λιγύφωνον ἀείδει,
  ἀλκυόνες περὶ κῦμα, χελιδόνες ἀμφὶ μέλαθρα,
κύκνος ἐπ' ὄχθαισιν ποταμοῦ καὶ ὑπ' ἄλσος ἀηδών.
εἰ δὲ φυτῶν χαίρουσι κόμαι καὶ γαῖα τέθηλεν,

Sitzt nicht die Mutter an Hephaistos' Herd,
Und liebt sie Ares nicht zu gleicher Zeit?
So ist sie denn dem Feuer und dem Schwert
In gleichem Maße immer dienstbereit.

Sie selber doch stammt aus den Tiefen her,
Wo mit Geheul der Wind die Geißel schwingt,
Die Mutter seiner Mutter ist das Meer,
Doch niemand weiß, woher das Meer entspringt.

Drei große Götter machten ihn zum Erben:
Hephaistos schenkte ihm der Flamme Glut,
Der Krieg der Pfeile blutiges Verderben,
Und von den Wogen lernte er die Wut.

August Oehler

Schon entfliehet der Winter, es schwebt durch die säuslenden Lüfte
Lächlend nieder der blumige Lenz, auf purpurnen Schwingen,
Ihm bekränzt sich die Erde, sie schmükt mit duftenden Blumen
Ihren bräutlichen Schoos, und die Locken mit Blüten des Sprös-
                                                        lings.

Siehe die Wiesen lachen! sie saugen die Tropfen die Aeos
Träufelt, die Allernährende, denen die Rose sich aufschleußt.
Auf dem Gebirge frolocken die Hirten, es tönen die Flöten
Und der Gesang, und es freut sich der hüpfenden Lämmer, der
                                                        Schäfer.
Schon befahren die Schiffer des Meeres Wogen; es schwellen
Ihre Segel vom Hauche des lieblichathmenden Zefür's.
Schon erschallet das Jauchzen der Winzer, mit Efeu bekränzet
Flehen sie Bakchos um reiches Gedeihen der schwangeren Reben;
Nun erwachen zu künstlichen Werken die Bienen, allein sie
Bleiben aemsig daheim und bereiten die wächsernen Zellen;
Alle Geschlechte der Vögel erheben mit Wonne die Stimme,
Ueber den Wellen die Mewen, und über den Dächern die Schwalbe,
An dem Gestade die Schwanen, und Nachtigallen im Haine!
Jezt da die Erde sich schmükt, da die Blumen und Spröslinge
                                                        lachen,

συρίζει δὲ νομεὺς καὶ τέρπεται εὔκομα μῆλα
καὶ ναῦται πλώουσι, Διώνυσος δὲ χορεύει   20
καὶ μέλπει πετεεινὰ καὶ ὠδίνουσι μέλισσαι,
πῶς οὐ χρὴ καὶ ἀοιδὸν ἐν εἴαρι καλὸν ἀεῖσαι;

ΑΝΑΚΡΕΟΝΤΕΙΑ

ΕΙΣ ΠΟΤΗΡΙΟΝ ΑΡΓΥΡΟΥΝ

Τὸν ἄργυρον τορεύων
Ἥφαιστέ μοι ποίησον
πανοπλίαν μὲν οὐχί·
τί γὰρ μάχαισι κἀμοί;
ποτήριον δὲ κοῖλον   5
ὅσον δύνῃ, βαθύνας.
ποίει δέ μοι κατ' αὐτοῦ
μήτ' ἄστρα μήτ' Ἄμαξαν,
μὴ στυγνὸν Ὠρίωνα.
τί Πλειάδων μέλει μοι,   10
τί γὰρ καλοῦ Βοώτου;
ποίησον ἀμπέλους μοι
καὶ βότρυας κατ' αὐτῶν
καὶ μαινάδας τρυγώσας ...   14
ὁμοῦ καλῷ Λυαίῳ,   20
Ἔρωτα κἀφροδίτην.

*

ΕΙΣ ΕΑΥΤΟΝ

Λέγουσιν αἱ γυναῖκες·
"Ἀνακρέων, γέρων εἶ·
λαβὼν ἔσοπτρον ἄθρει
κόμας μὲν οὐκέτ' οὔσας,
ψιλὸν δέ σευ μέτωπον".   5
ἐγὼ δὲ τὰς κόμας μέν,

Jezt da der Hirte sich freuet der Flöte, der Lämmer der Schäfer,
Jezt da der Schiffer tanzt auf dem Meer, auf den Hügeln der Winzer,
Jezt da die Bienen gedenken des Honigs, die Vögel des Liedes
Sollte der Dichter izt schweigen, nicht Er den Frühling besingen?

Christian zu Stolberg

ANAKREONTISCHE VERSE

AN EINE SILBERNE TRINKSCHAALE

O Vulkan, Bearbeiter des Silbers, verfertige mir keine Waffen,
denn was habe ich mit Gefechten zu thun? verfertige mir eine
Trinkschaale, und gieb ihr eine so tiefe Höhlung, als du nur
kannst.

Bilde darauf keine Gestirne, keine Wagen, keinen furchtbaren
Orion ab. Was frag ich nach den Plejaden? nach dem Gestirn des
Bootes? Ziere sie mit Weinstöcken, die mit Trauben behangen
sind, mit einer Gruppe von goldnen Wintzern, dem schönen
Lyäus, dem Amor und Bathyll.

Ludwig Christoph Heinrich Hölty

DAS ALTER

Euch, lose Mädchen, hör' ich sagen:
»Du bist ja alt, Anakreon.
»Sieh her! du kannst den Spiegel fragen,
»Sieh, deine Haare schwinden schon;
»Und von den trocknen Wangen
»Ist Blüth' und Reiz entflohn.« —
Wahrhaftig! ob die Wangen
Noch mit dem Lenze prangen,

εἴτ᾽ εἰσὶν εἴτ᾽ ἀπῆλθον,
οὐκ οἶδα· τοῦτο δ᾽ οἶδα,
ὡς τῷ γέροντι μᾶλλον
πρέπει τὸ τερπνὰ παίζειν,   10
ὅσῳ πέλας τὰ Μοίρης.

*

ΕΙΣ ΕΡΩΤΑΣ

Εἰ φύλλα πάντα δένδρων
ἐπίστασαι κατειπεῖν,
εἰ κυματῶδες εὑρεῖν
τὸ τῆς ὅλης θαλάσσης,
σὲ τῶν ἐμῶν ἐρώτων   5
μόνον ποῶ λογιστήν.
πρῶτον μὲν ἐξ ᾽Αθηνῶν
ἔρωτας εἴκοσιν θὲς
καὶ πεντεκαίδεκ᾽ ἄλλους.
ἔπειτα δ᾽ ἐκ Κορίνθου   10
θὲς ὁρμαθοὺς ἐρώτων·
᾽Αχαΐης γάρ ἐστιν,
ὅπου καλαὶ γυναῖκες.
τίθει δὲ Λεσβίους μοι
καὶ μέχρι τῶν ᾽Ιώνων   15
καὶ Καρίης ῾Ρόδου τε
δισχιλίους ἔρωτας·
»τί φῂς ἀεὶ ληρώδης;
οὔπω Σύρους ἔλεξα,
οὔπω πόθους Κανώβου,   20
οὐ τῆς ἅπαντ᾽ ἐχούσης
Κρήτης, ὅπου πόλεσσιν
῎Ερως ἐποργιάζει.
τί σοι θέλεις ἀριθμῶ
καὶ τοὺς Γαδείρων ἐκτός,   25
τῶν Βακτρίων τε κινδῶν
ψυχῆς ἐμῆς ἔρωτας;

*

Wie, oder ob den Wangen
Der kurze Lenz vergangen,
Das weiß ich nicht; doch was ich weiß,
Will ich euch sagen: daß ein Greis,
Sein Bißchen Zeit noch zu genießen,
Ein doppelt Recht hat, euch zu küssen.

Gotthold Ephraim Lessing

RECHNUNG

Verstehst du alle Blätter
Der Bäume anzugeben,
Hast du gelernt, die Wellen
Der weiten See zu zählen,
Sollst du allein die Summe
Berechnen meiner Mädchen.

Erst von Athen nimm zwanzig,
Und dann noch fünfzehn andre.
Dann eine lange Reihe
Von Liebchen aus Korinthos;
Denn in Achaia liegt es,
Dem Lande schöner Weiber.
Aus Ionien und Lesbos,
Aus Karien und Rhodos
Nimm an: zwei tausend Mädchen.
Was sagst du, Freund? du staunest?
Noch hab' ich zu gedenken
Der Schätzchen aus Kanobos,
Aus Syrien und Kreta,
Dem segensreichen Kreta,
Wo Eros in den Städten
Der Liebe Feste feiert.
Wie könnt' ich, was von Gades
Und weiterher, von Baktra
Und Indien mich beglücket,
Dir Alles hererzählen?

Eduard Mörike nach Johann Friedrich Degen

'Η γῆ μέλαινα πίνει,
πίνει δένδρεα δ' αὐτήν.
πίνει θάλασσα δ' αὔρας
ὁ δ' ἥλιος θάλασσαν,
τὸν δ' ἥλιον σελήνη·   5
τί μοι μάχεσθ', ἑταῖροι,
καὐτῷ θέλοντι πίνειν;

*

ΕΙΣ ΚΙΘΑΡΑΝ

Θέλω λέγειν ᾿Ατρείδας,
θέλω δὲ Κάθμον ᾄδειν,
ἁ βάρβιτος δὲ χορδαῖς
῎Ερωτα μοῦνον ἠχεῖ.
ἤμειψα νεῦρα πρώην   5
καὶ τὴν λύρην ἅπασαν·
κἀγὼ μὲν ᾖδον ἄθλους
'Ηρακλέους· λύρη δὲ
῎Ερωτας ἀντεφώνει.
χαίροιτε λοιπὸν ἡμῖν,   10
ἥρωες· ἡ λύρη γὰρ
μόνους ἔρωτας ᾄδει.

————

ΕΙΣ ΚΙΘΑΡΑΝ

Θέλω λέγειν ᾿Ατρείδας,
θέλω δὲ Κάθμον ᾄδειν,
ἁ βάρβιτος δὲ χορδαῖς
῎Ερωτα μοῦνον ἠχεῖ.
ἤμειψα νεῦρα πρώην   5
καὶ τὴν λύρην ἅπασαν·
κἀγὼ μὲν ᾖδον ἄθλους
'Ηρακλέους· λύρη δὲ
῎Ερωτας ἀντεφώνει.
χαίροιτε λοιπὸν ἡμῖν,   10

Die Erde trinckt für sich, die Bäwme trincken erden,
Vom Meere pflegt die lufft auch zue getruncken werden,
Die Sonne trinckt das Meer, der Monde trinckt die Sonnen;
Wolt dann, jhr freunde, mir das trincken nicht vergonnen?

Martin Opitz

DIE LIEBES-INSTRUMENTEN

ICh wolte nechst Atrei Stamm besingen,
  Und das was sonst ein Cadmus hat gethan;
Allein da ließ die Laute sich nicht zwingen,
  Sie stimmte nichts als Liebes-Oden an.
Ich änderte drauf Instrument und Seyten,
  Und wolte nun Alcidens grossem Sohn
Durch Laut und Schall ein schönes Lob bereiten,
  Doch hörte man nur einen Liebes-Thon.
Gehabt euch wol, ihr wolversuchten Helden,
  Bey euch verdirbt mir sicher alle Kunst;
Ein ander mag stat meiner von euch melden,
  Mein Seitenspiel spielt nur von Lieb und Gunst.

Philander von der Linde (Johann Burckhardt Mencke)

———

Ich will zwar die Atriden,
Ich will den Cadmus preisen:
Doch meiner Leyer Seyten
Ertönen nur von Liebe.
Ich wechselte noch neulich
Die Seyten sammt der Leyer,
Und sang Alcidens Thaten:
Doch meine Leyer spielte
Von nichts, als lauter Liebe.
Drum gute Nacht ihr Helden!

ἥρωες· ἡ λύρη γὰρ
μόνους ἔρωτας ᾄδει.

———

ΕΙΣ ΚΙΘΑΡΑΝ

Θέλω λέγειν Ἀτρείδας,
θέλω δὲ Κάθμον ᾄδειν,
ἁ βάρβιτος δὲ χορδαῖς
Ἔρωτα μοῦνον ἠχεῖ.
ἤμειψα νεῦρα πρώην   5
καὶ τὴν λύρην ἅπασαν·
κἀγὼ μὲν ᾖδον ἄθλους
Ἡρακλέους· λύρη δὲ
Ἔρωτας ἀντεφώνει.
χαίροιτε λοιπὸν ἡμῖν,   10
ἥρωες· ἡ λύρη γὰρ
μόνους ἔρωτας ᾄδει.

———

ΕΙΣ ΚΙΘΑΡΑΝ

Θέλω λέγειν Ἀτρείδας,
θέλω δὲ Κάθμον ᾄδειν,
ἁ βάρβιτος δὲ χορδαῖς
Ἔρωτα μοῦνον ἠχεῖ.
ἤμειψα νεῦρα πρώην   5
καὶ τὴν λύρην ἅπασαν·
κἀγὼ μὲν ᾖδον ἄθλους
Ἡρακλέους· λύρη δὲ

Denn meine Leyer tönet
Doch nur von lauter Liebe.

Johann Christoph Gottsched

————

AUF SEINE LEYER

Ich möchte die Atriden,
Ich möcht auch Cadmum preisen.
Doch meiner Leyer Saiten
Erthönen bloß von Liebe.
Ich wechselte noch neulich
Die Saiten nebst der Leyer,
Und sang von Herkuls Thaten,
Allein die Leyer schnarrte
Von Liebe stets entgegen.
So lebt denn wohl ihr Helden,
Denn meine Leyer thönet
Doch nur allein von Liebe.

Johann Nikolaus Götz und Johann Peter Uz

————

AN DIE HELDEN

Ich wollte Kriegeshelden
Und das, was sie gethan,
In meine Leyer singen,
Und fieng zu singen an;

Allein die Leyer tönte
Dem Liede viel zu fein,
Von Helden will ich singen,
Den Amor ganz allein!

Ich spannte stärkre Saiten
Der ganzen Leyer auf,
Sang Friedrichs Heldenthaten,
Und spielte sie darauf.

Ἔρωτας ἀντεφώνει.
χαίροιτε λοιπὸν ἡμῖν,   10
ἥρωες· ἡ λύρη γὰρ
μόνους ἔρωτας ᾄδει.

──────

ΕΙΣ ΚΙΘΑΡΑΝ

Θέλω λέγειν Ἀτρείδας,
θέλω δὲ Κάθμον ᾄδειν,
ἁ βάρβιτος δὲ χορδαῖς
Ἔρωτα μοῦνον ἠχεῖ.
ἤμειψα νεῦρα πρώην   5
καὶ τὴν λύρην ἅπασαν·
κἀγὼ μὲν ᾖδον ἄθλους
Ἡρακλέους· λύρη δὲ
Ἔρωτας ἀντεφώνει.
χαίροιτε λοιπὸν ἡμῖν,   10
ἥρωες· ἡ λύρη γὰρ
μόνους ἔρωτας ᾄδει.

──────

ΕΙΣ ΚΙΘΑΡΑΝ

Θέλω λέγειν Ἀτρείδας,
θέλω δὲ Κάθμον ᾄδειν,
ἁ βάρβιτος δὲ χορδαῖς
Ἔρωτα μοῦνον ἠχεῖ.
ἤμειψα νεῦρα πρώην   5
καὶ τὴν λύρην ἅπασαν·
κἀγὼ μὲν ᾖδον ἄθλους
Ἡρακλέους· λύρη δὲ
Ἔρωτας ἀντεφώνει.

Allein die Leyer tönte
Dem Liede viel zu fein,
Von Helden will ich singen,
Den Amor ganz allein.

Drum weg, ihr andern Helden,
Ihr könn't mein Lied nicht seyn;
Denn meine Leyer singet
Den Amor ganz allein.

Wilhelm Ludwig Gleim

———

DER LIEDERDICHTER

Von den Atriden wollt' ich,
Vom Kadmus wollt' ich singen,
Und siehe! meine Saiten
Ertönten nur von Liebe.
Jüngst nahm ich andre Saiten,
Nahm eine neue Leyer,
Und sang die Thaten Herkuls:
Doch auch die neue Leyer
Ertönte nur von Liebe.
So lebt denn wohl, ihr Helden!
Ich sehe, meine Leyer
Kann nur von Liebe singen.

Karl Wilhelm Ramler

———

DIE WAHL DES GESANGS

Ich will Atreiden preisen,
Ich will von Kadmos singen,
Doch tönt in ihren Saiten
Die Barbitos nur Liebe,
Jüngst wechselt' ich die Chorden,
Und meine ganze Leier,
Zu singen die Trofäen
Herakles, doch die Leier
Erwiederte mir Liebe.

χαίροιτε λοιπὸν ἡμῖν,   10
ἥρωες· ἡ λύρη γὰρ
μόνους ἔρωτας ᾄδει.

———

ΕΙΣ ΚΙΘΑΡΑΝ

Θέλω λέγειν Ἀτρείδας,
θέλω δὲ Κάθμον ᾄδειν,
ἁ βάρβιτος δὲ χορδαῖς
Ἔρωτα μοῦνον ἠχεῖ.
ἤμειψα νεῦρα πρώην   5
καὶ τὴν λύρην ἅπασαν·
κἀγὼ μὲν ᾖδον ἄθλους
Ἡρακλέους· λύρη δὲ
Ἔρωτας ἀντεφώνει.
χαίροιτε λοιπὸν ἡμῖν,   10
ἥρωες· ἡ λύρη γὰρ
μόνους ἔρωτας ᾄδει.

*

ΕΙΣ ΤΕΤΤΙΓΑ ΩΙΔΑΡΙΟΝ

Μακαρίζομέν σε, τέττιξ,
ὅτε δενδρέων ἐπ᾽ ἄκρων
ὀλίγην δρόσον πεπωκὼς
βασιλεὺς ὅπως ἀείδεις.
σὰ γάρ ἐστι κεῖνα πάντα,   5
ὁπόσα βλέπεις ἐν ἀγροῖς
χὠπόσα φέρουσιν ὗλαι.
σὺ δὲ φιλία γεωργῶν,
ἀπὸ μηδενός τι βλάπτων·
σὺ δὲ τίμιος βροτοῖσιν,   10
θέρεος γλυκὺς προφήτης·
φιλέουσι μέν σε Μοῦσαι,
φιλέει δὲ Φοῖβος αὐτός,
λιγυρὴν δ᾽ ἔδωκεν οἴμην·

So fahret wol in Frieden
Heroen! denn die Leier
Singt einzig nur von Liebe.

Leo von Seckendorf

DIE LEIER

Ich will des Atreus Söhne,
Ich will den Kadmos singen:
Doch meiner Laute Saiten,
Sie tönen nur von Liebe.
Jüngst nahm ich andre Saiten,
Ich wechselte die Leier,
Herakles' hohe Thaten
Zu singen: doch die Laute,
Sie tönte nur von Liebe.
Lebt wohl denn, ihr Heroen!
Weil meiner Laute Saiten
Von Liebe nur ertönen.

Eduard Mörike nach Johann Friedrich Degen

DIE GRILLE

Selig preisen wir dich Grille,
Daß du auf der Bäume Wipfeln
Von ein wenig Thaue trunken
Wie ein König thronst und singest.
Dein ist, was umher du schauest
Auf den Fluren. Dein ist Alles
Was die Frühlingsstunden tragen,
Du ein Freund der Landbewohner,
Die du auch in nichts beschädigst,
Du der Sterblichen Geehrter,
Ihres Sommers süßer Bote,
Du, den alle Musen lieben,
Du, den selbst Apollo liebte
Und gab dir die helle Stimme.

τὸ δὲ γῆρας οὔ σε τείρει,   15
σοφέ, γηγενής, φίλυμνε·
ἀπαθής, ἀναιμόσαρκε,
σχεδὸν εἶ θεοῖς ὅμοιος.

———

ΕΙΣ ΤΕΤΤΙΓΑ ΩΙΔΑΡΙΟΝ

Μακαρίζομέν σε, τέττιξ,
ὅτε δενδρέων ἐπ' ἄκρων
ὀλίγην δρόσον πεπωκὼς
βασιλεὺς ὅπως ἀείδεις.
σὰ γάρ ἐστι κεῖνα πάντα,   5
ὁπόσα βλέπεις ἐν ἀγροῖς
χὠπόσα φέρουσιν ὗλαι.
σὺ δὲ φιλία γεωργῶν,
ἀπὸ μηδενός τι βλάπτων·
σὺ δὲ τίμιος βροτοῖσιν,   10
θέρεος γλυκὺς προφήτης·
φιλέουσι μέν σε Μοῦσαι,
φιλέει δὲ Φοῖβος αὐτός,
λιγυρὴν δ' ἔδωκεν οἴμην·
τὸ δὲ γῆρας οὔ σε τείρει,   15
σοφέ, γηγενής, φίλυμνε·
ἀπαθής, ἀναιμόσαρκε,
σχεδὸν εἶ θεοῖς ὅμοιος.

———

ΕΙΣ ΤΕΤΤΙΓΑ ΩΙΔΑΡΙΟΝ

Μακαρίζομέν σε, τέττιξ,
ὅτε δενδρέων ἐπ' ἄκρων
ὀλίγην δρόσον πεπωκὼς
βασιλεὺς ὅπως ἀείδεις.

Auch kein Alter drückt dich. Weiser
Erdensohn, du Freund der Lieder,
Frei von Schmerz und Fleisch und Blute,
Fast bist du den Göttern ähnlich.

Johann Gottfried Herder

———

AN DIE CICADE

Selig bist du, liebe Kleine,
Die du auf der Bäume Zweigen,
Von geringem Trank begeistert,
Singend, wie ein König lebest!
Dir gehöret eigen alles,
Was du auf den Feldern siehest,
Alles, was die Stunden bringen;
Lebest unter Ackersleuten,
Ihre Freundin, unbeschädigt,
Du den Sterblichen Verehrte,
Süßen Frühlings süßer Bote!
Ja, dich lieben alle Musen,
Phöbus selber muß dich lieben,
Gaben dir die Silberstimme,
Dich ergreifet nie das Alter,
Weise, Zarte, Dichterfreundin,
Ohne Fleisch und Blut Geborne,
Leidenlose Erdentochter,
Fast den Göttern zu vergleichen.

Johann Wolfgang von Goethe

———

AN DIE CIKADE

Selig preis' ich dich Cikade,
Die du auf der Bäume Wipfeln,
Durch ein wenig Thau geletzet,
Singend, wie ein König, lebest.

σὰ γάρ ἐστι κεῖνα πάντα,   5
ὁπόσα βλέπεις ἐν ἀγροῖς
χὤπόσα φέρουσιν ὗλαι.
σὺ δὲ φιλία γεωργῶν,
ἀπὸ μηδενός τι βλάπτων·
σὺ δὲ τίμιος βροτοῖσιν,   10
θέρεος γλυκὺς προφήτης·
φιλέουσι μέν σε Μοῦσαι,
φιλέει δὲ Φοῖβος αὐτός,
λιγυρὴν δ' ἔδωκεν οἴμην·
τὸ δὲ γῆρας οὔ σε τείρει,
σοφέ, γηγενής, φίλυμνε·   15
ἀπαθής, ἀναιμόσαρκε,
σχεδὸν εἰ θεοῖς ὅμοιος.

*

ΕΙΣ ΕΡΩΤΑ

Ἔρως ποτ' ἐν ῥόδοισι
κοιμωμένην μέλιτταν
οὐκ εἶδεν, ἀλλ' ἐτρώθη·
τὸν δάκτυλον παταχθεὶς
τᾶς χειρὸς ὠλόλυξε.   5
δραμὼν δὲ καὶ πετασθεὶς
πρὸς τὴν καλὴν Κυθήρην
"ὄλωλα, μῆτερ" εἶπεν,
"ὄλωλα κἀποθνήσκω·
ὄφις μ' ἔτυψε μικρὸς   10
πτερωτός, ὃν καλοῦσιν
μέλιτταν οἱ γεωργοί".
ἃ δ' εἶπεν· "εἰ τὸ κέντρον
πονεῖ τὸ τᾶς μελίττας,
πόσον δοκεῖς πονοῦσιν,   15
Ἔρως, ὅσους σὺ βάλλεις;"

Dir gehöret eigen Alles
Was du siehest auf den Fluren,
Alles was die Horen bringen.
Lieb und werth hält dich der Landmann,
Denn du trachtest nicht zu schaden;
Du den Sterblichen verehrte,
Süße Heroldin des Sommers!
Auch der Musen Liebling bist du,
Bist der Liebling selbst Apollons,
Der dir gab die Silberstimme.
Nie versehret dich das Alter,
Weise Tochter du der Erde,
Liederfreundin, Leidenlose,
Ohne Fleisch und Blut Geborne,
Fast den Göttern zu vergleichen!

Eduard Mörike nach Johann Friedrich Degen

AMOR UND DIE BIENE

Tief im Schooße einer Rose
Schlief einst eine kleine Biene,
Und verwundete den Amor,
Als er in die Rose schlüpfte,
Sich im Silberthau zu baden.
Plötzlich flog er zu Cytheren,
Wies die kranke Hand, und sagte,
Eine kleine böse Schlange,
Die der Landmann Biene nennet,
Drückte Tod mir in den Finger.
Welche Schmerzen, o Mamachen,
Muß ich leiden! Venus sagte,
Wenn der Stachel einer Biene
Dir, o Amor, Schmerz erzeuget,
Welche Qual muß der empfinden,
Den dein Pfeil, o Sohn, durchboret!

Ludwig Christoph Heinrich Hölty

ΡΟΥΦΙΝΟΣ

Ποῦ νῦν Πραξιτέλης; ποῦ δ' αἱ χέρες αἱ Πολυκλείτου,
  αὐταῖς πρόσθε τέχναις πνεῦμα χαριζόμεναι;
τίς πλοκάμους Μελίτης εὐώδεας ἢ πυρόεντα
  ὄμματα καὶ δειρῆς φέγγος ἀποπλάσεται;
ποῦ πλάσται, ποῦ δ' εἰσὶ λιθοξόοι; ἔπρεπε τῇδε   5
  μορφῇ νηὸν ἔχειν ὡς μακάρων ξοάνῳ.

ΔΙΟΝΥΣΙΟΣ ΣΟΦΙΣΤΗΣ

Ἡ τὰ ῥόδα, ῥοδόεσσαν ἔχεις χάριν. ἀλλὰ τί πωλεῖς;
  σαυτὴν ἢ τὰ ῥόδα ἠὲ συναμφότερα;

ΓΛΥΚΩΝ

Πάντα γέλως καὶ πάντα κόνις καὶ πάντα τὸ μηδέν·
  πάντα γὰρ ἐξ ἀλόγων ἐστὶ τὰ γινόμενα.

ΑΔΕΣΠΟΤΟΝ

Ἠράσθην, ἐφίλουν, ἔτυχον, κατέπραξ', ἀγαπῶμαι.
  τίς δὲ καὶ ἧς καὶ πῶς, ἡ θεὸς οἶδε μόνη.

ΑΔΕΣΠΟΤΟΝ

Αἰετέ, τίπτε βέβηκας ὑπὲρ τάφον ἢ τίνος, εἰπέ,
  ἀστερόεντα θεῶν οἶκον ἀποσκοπέεις; –

RUPHINOS

Die Göttergestalt

O Praxiteles, o Polykletus, seyd ihr gestorben?
  lebet denn nirgend mehr Eure belebende Kunst?
Dieses duftende Haar der Melite, die stralenden Augen,
  ihre Göttergestalt Einem Altare zu weihn —
Bildner, Künstler, wo seyd ihr? Das schönste Menschengebilde
  kam vom Himmel, um uns Paphia selber zu seyn.

Johann Gottfried Herder

DIONYSIOS DER SOPHIST

An eine Blumenhändlerinn

Du mit den Rosen, und mit den Reitzen der Rose, verkaufst du
  Diese Rosen? dich selbst? oder auch Beides zugleich?

Karl Reinhard

GLYKON

Alles nur Poss', und alles nur Dreck und alles ein Garnichts,
  Alles aus Unvernunft ist ja nur, was da geschieht.

Friedrich Wilhelm Riemer

UNBEKANNTER DICHTER

Die Ungenannten

Wißt! Ich lieb' und werde geliebt und küß' und genieße —
  Aber wer? und bei wem? wisse die Göttin allein.

Johann Gottfried Herder

UNBEKANNTER DICHTER

Der Adler auf dem Grabe

Göttlicher Adler, warum stehst du, dem Himmel entflogen,
  hier auf dem Grab' und schaust kühn zu den Sternen hinauf?

'Ψυχῆς εἰμι Πλάτωνος ἀποπταμένης ἐς Ὄλυμπον
  εἰκών· σῶμα δὲ γῆ γηγενὲς Ἀτθὶς ἔχει.'

ΑΔΗΛΟΝ

Τύμβος Ἀχιλλῆος ῥηξήνορος, ὃν ποτ' Ἀχαιοὶ
  δώμησαν Τρώων δεῖμα καὶ ἐσσομένων·
αἰγιαλῷ δὲ νένευκεν, ἵνα στοναχῇσι θαλάσσης
  κυδαίνοιτο πάις τῆς ἁλίας Θέτιδος.

ΑΔΕΣΠΟΤΟΝ

Γαῖα φίλη, τὸν πρέσβυν Ἀμύντιχον ἔνθεο κόλποις,
  πολλῶν μνησαμένη τῶν ἐπὶ σοὶ καμάτων.
καὶ γὰρ ἀεὶ πρέμνον σοι ἀνεστήριξεν ἐλαίης,
  πολλάκι καὶ Βρομίου κλήμασί σ' ἠγλάισεν
καὶ Δηοῦς ἔπλησε, καὶ ὕδατος αὔλακας ἕλκων   5
  θῆκε μὲν εὐλάχανον, θῆκε δ' ὀπωροφόρον.
ἀνθ' ὧν σὺ πρηεῖα κατὰ κροτάφου πολιοῖο
  κεῖσο καὶ εἰαρινὰς ἀνθοκόμει βοτάνας.

ΑΔΕΣΠΟΤΟΝ

Ἦν νέος, ἀλλὰ πένης· νῦν γηρῶν πλούσιός εἰμι·
  ὢ μόνος ἐκ πάντων οἰκτρὸς ἐν ἀμφοτέροις,
ὃς τότε μὲν χρῆσθαι δυνάμην, ὁπότ' οὐδὲ ἓν εἶχον,
  νῦν δ' ὁπότε χρῆσθαι μὴ δύναμαι, τοτ' ἔχω.

»Plato's Seele bild' ich dir vor: sie flog zu den Sternen;
  nur den heiligen Leib decket das Attische Grab.«

Johann Gottfried Herder

UNBESTIMMTER DICHTER

DAS GRAB DES ACHILL

Dies ist der Hügel Achills, des zermalmenden, von den Achäern
  Künftigem Troergeschlecht noch zum Entsetzen getürmt
Dicht am Ufer; dem Sohne der Meerflutherrscherin Thetis
  Ziemt es zu ruhn, von des Meers ewiger Klage gewiegt.

Emanuel Geibel

UNBEKANNTER DICHTER

DAS GRAB EINES LANDMANNS

Gütige Mutter Erde, nimm leicht und freundlich den alten
  guten Amyntichus auf, der dich im Leben geliebt:
Denn er schmückte dich unverdrossen mit emsigen Händen;
  Fluren von Oel und Wein kränzten sein friedliches Haus:
Reiche Saaten der Ceres und milde Gewächse belebten
  seinen Boden, den Er tränkte mit frohem Genuß.
Darum decke nun sanft den grauen Scheitel und laß ihm
  dankbar über dem Haupt Kräuter und Blumen blühn.

Johann Gottfried Herder

UNBEKANNTER DICHTER

Arm war ich jung und frisch, alt und schwach bin ich reich,
Gleichwol bin alt und jung gantz ellend ich zugleich.
Mein gut jung (leyder) kont, alt kan ich nicht geniessen:
Solt arm und reich zusein mich dann nicht gleich verdriessen?

Georg Rudolf Weckherlin

ΑΔΕΣΠΟΤΟΝ

Ἐλπίδα καὶ Νέμεσιν Εὔνους παρὰ βωμὸν ἔτευξα,
  τὴν μέν, ἵν' ἐλπίζῃς, τὴν δ', ἵνα μηδὲν ἔχῃς.

ΑΔΗΛΟΝ

Ἔρχευ καὶ κατ' ἐμὰν ἵζευ πίτυν, ἃ τὸ μελιχρὸν
  πρὸς μαλακοὺς ἠχεῖ κεκλιμένα Ζεφύρους.
ἠνίδε καὶ κρούνισμα μελισταγές, ἔνθα μελίσδων
  ἡδὺν ἐρημαίοις ὕπνον ἄγω καλάμοις.

ΑΔΗΛΟΝ

Ἁ Κύπρις τὰν Κύπριν ἐνὶ Κνίδῳ εἶπεν ἰδοῦσα·
  'Φεῦ, φεῦ, ποῦ γυμνὴν εἶδέ με Πραξιτέλης;'

*

Γυμνὴν εἶδε Πάρις με καὶ Ἀγχίσης καὶ Ἄδωνις·
  τοὺς τρεῖς οἶδα μόνους. Πραξιτέλης δὲ πόθεν;

ΑΔΕΣΠΟΤΟΝ

ΕΙΣ ΤΗΝ ΕΝ ΣΠΑΡΤΗΙ ΕΝΟΠΛΟΝ ΑΦΡΟΔΙΤΗΝ

Παλλὰς τὰν Κυθέρειαν ἔνοπλον εἶπεν ἰδοῦσα·
  'Κύπρι, θέλεις οὕτως ἐς κρίσιν ἐρχόμεθα;'
ἡ δ' ἁπαλὸν γελάσασα· 'Τί μοι σάκος ἀντίον αἴρειν;
  εἰ γυμνὴ νικῶ πῶς ὅταν ὅπλα λάβω;'

UNBEKANNTER DICHTER

Hofnung und Furcht

Zwo Göttinnen sind mir, die Hofnung und Nemesis heilig;
Jene beflügelt den Wunsch, diese begränzet ihn mir.

Johann Gottfried Herder

UNBESTIMMTER DICHTER

Die schöne Fichte

Wanderer, laß dich nieder an dieser Fichte. Du hörest
hoch im Wipfel des Baums spielen der Lüfte Gesang;
Und dort rauscht die Quelle, wo Pan gern flötet; er wird dir
bald mit ruhigem Schlaf schließen die Augen zu.

Johann Gottfried Herder

UNBESTIMMTER DICHTER

Das Bild der Venus von Praxiteles

Als sich Paphia selbst in ihrem Bilde zu Knidus
fröhlich anschauete; »wie? sprach sie erröthend zu sich,
Drei der Sterblichen sahen mich nackt, Adonis und Paris
und Anchises; doch wo sahe Praxiteles mich?«

Johann Gottfried Herder

UNBEKANNTER DICHTER

Die gewaffnete Venus

ALs Venus Helm vnd Schild hat ohn gefehr genommen,
Sprach Pallas: streit mit mir, jetzund mag Paris kommen,
Die Venus sagt: ich darff kein Waffen ganzt vnd gar,
Weil ich dich vberwandt, da ich doch nackend war.

Martin Opitz

ΑΛΦΕΙΟΣ ΜΥΤΙΛΗΝΑΙΟΣ

Οὐ στέργω βαθυληίους ἀρούρας,
οὐκ ὄλβον πολύχρυσον οἷα Γύγης·
αὐτάρκους ἔραμαι βίου, Μακρῖνε,
τὸ μηθὲν γὰρ ἄγαν ἄγαν με τέρπει.

ΦΙΛΙΠΠΟΣ ΘΕΣΣΑΛΟΝΙΚΕΥΣ

Μεμφομένη Βορέην ἐπεπωτώμην ὑπὲρ ἅλμης,
    πνεῖ γὰρ ἐμοὶ Θρῄκης ἤπιος οὐδ' ἄνεμος·
ἀλλά με τὴν μελίγηρυν ἀηδόνα δέξατο νώτοις
    δελφὶν καὶ πτηνὴν πόντιος ἡνιόχει.
πιστοτάτῳ δ' ἐρέτῃ πορθμευομένη τὸν ἄκωπον   5
    ναύτην τῇ στομάτων θέλγον ἐγὼ κιθάρῃ.
εἰρεσίην δελφῖνες ἀεὶ Μούσῃσιν ἄμισθον
    ἤνυσαν· οὐ ψεύστης μῦθος ᾿Αριόνιος.

ΛΟΥΚΙΛΛΙΟΣ

Ψευδὲς ἔσοπτρον ἔχει Δημοσθενίς· εἰ γὰρ ἀληθὲς
    ἔβλεπεν, οὐκ ἂν ὅλως ἤθελεν αὐτὸ βλέπειν.

ΣΤΡΑΤΩΝ

Εἰ μὲν γηράσκει τὸ καλόν, μετάδος, πρὶν ἀπέλθῃ·
    εἰ δὲ μένει, τί φοβῇ τοῦθ' ὅ, μένει, διδόναι;

ALPHEIOS VON MYTILENE

Keine satenreichen Gefilde wünsch ich,
Und begehr' nie glüklich zu sein mit Schäzen.
Wenn mir, was ich brauche, die Götter geben,
Leb' ich dürftig glüklicher, als ein König.

Wilhelm von Humboldt

PHILIPPOS VON THESSALONIKE

DIE NACHTIGALL

Fliehend den wütenden Nord, der mir die Zunge geraubet,
    flog ich über das Meer, Boreas stürmte mir nach.
Und schon sank ich; siehe, da nahm ein frommer Delphin mich
    auf den Rücken und trug mich ohne Ruder davon.
Guter Schiffer, du trugst Philomelen, und Philomele
    singt vom Ufer herab dir nun Arions Gesang.

Johann Gottfried Herde

LUKILLIOS

AN EINE VNGESTALTETE JUNGFRAW

DIe Spiegel sein gantz falsch: dann wann sie richtig wehren,
Du würdest dir zusehn in keinen nicht begehren.

Martin Opitz

STRATON

AN DIE LIEBSTE

WO fern die Zeit die Schönheit gantz vertreibet,
    So brauche sie, weil sie noch ist bey dir,
    Verwartet sie vollkommen für vnd für,
So gib sie mir, weil sie dir gleichwol bleibet.

Martin Opitz

ΠΥΘΑΓΟΡΙΚΑ

ΧΡΥΣΑ ΕΠΗ

... τούτων δὲ κρατήσας
γνώσεαι ἀθανάτων τε θεῶν θνητῶν τ' ἀνθρώπων   (50)
σύστασιν, ᾗ τε ἕκαστα διέρχεται, ᾗ τε κρατεῖται.
γνώσῃ δ', ᾗ θέμις ἐστί, φύσιν περὶ παντὸς ὁμοίην,
ὥστε σε μήτε ἄελπτ' ἐλπίζειν μήτε τι λήθειν ...   5

ΜΕΣΟΜΗΔΗΣ

ΥΜΝΟΣ ΕΙΣ ΗΛΙΟΝ

Εὐφαμείτω πᾶς αἰθήρ,
γῆ καὶ πόντος καὶ πνοιαί,
οὔρεα τέμπεα σιγάτω,
ἦχοι φθόγγοι τ' ὀρνίθων·
μέλλει γὰρ πρὸς ἡμᾶς βαίνειν   5
Φοῖβος ἀκερσεκόμας εὐχαίτας.

Χιονοβλεφάρου πάτερ Ἀοῦς,
ῥοδόεσσαν ὃς ἄντυγα πώλων
πτανοῖς ὑπ' ἴχνεσσι διώκεις,
χρυσέαισιν ἀγαλλόμενος κόμαις,   10
περὶ νῶτον ἀπείριτον οὐρανοῦ
ἀκτῖνα πολύστροφον ἀμπλέκων,
αἴγλας πολυδερκέα παγάν
περὶ γαῖαν ἅπασαν ἑλίσσων.
ποταμοὶ δὲ σέθεν πυρὸς ἀμβρότου   15
τίκτουσιν ἀκήρατον ἀμέραν.
σοὶ μὲν χορὸς εὔδιος ἀστέρων
κατ' Ὄλυμπον ἄνακτα χορεύει,
ἄνετον μέλος αἰὲν ἀείδων
Φοιβηΐδι τερπόμενος λύρᾳ.   20

PYTHAGORAS ZUGESCHRIEBEN

Und wenn du's vollbracht hast,
Wirst du erkennen der Götter und Menschen unänderlich Wesen,
Drin sich alles bewegt, und davon alles umgränzt ist,
Stille schaun die Natur, sich gleich in allem und allem,
Nichts Unmögliches hoffen und doch dem Leben genug sein.

Johann Wolfgang von Goethe

MESOMEDES

AN DIE SONNE,
EIN MORGENGESANG

Feyre ringsum, hoher Aether!
Und ihr Thäler und ihr Berge,
Erd' und Meer und Lüfte schweiget!
Schweigt ihr Vögel, schweig' o Echo,
Denn zu uns wird Phöbus nahn,
Der lockige Sänger.

O du der holden Aurora
Vater, der ihren rosigen Wagen
Mit dem Flügeltritt der Roße verfolgt,
Frohlockend im goldenen Haar
Den unendlichen hohen Himmel hinan.

Um dich windend den vielgelenkigen Strahl
Lenkst du den güterreichen Glanzquell
Rings um die ganze Erd'
Und Ströme ambrosischen Feuers
Bringen von dir uns her den lieblichen Tag.

Der schöne Chor der Sterne tanzt
Am Olympus dir dem Könige, Reihentanz,
Anstimmend dir sein heiliges Lied
Entzückt von der Phöbeischen Leier Klang.

γλαυκὰ δὲ πάροιθε Σελάνα
χρόνον ὥριον ἀγεμονεύει
λευκῶν ὑπὸ σύρμασι μόσχων.
γάνυται δέ τέ οἱ νόος εὐμενής
πολυείμονα κόσμον ἑλίσσων.   25

*

ΥΜΝΟΣ ΕΙΣ ΝΕΜΕΣΙΝ

Νέμεσι, πτερόεσσα βίου ῥοπά,
κυανῶπι θεά, θύγατερ Δίκας,
ἃ κοῦφα φρυάγματα θνατῶν
ἐπέχεις ἀδάμαντι χαλινῷ,
ἔχθουσα δ᾽ ὕβριν ὀλοὰν βροτῶν   5
μέλανα Φθόνον ἐκτὸς ἐλαύνεις.
ὑπὸ σὸν τροχὸν ἄστατον ἀστιβῆ
χαροπὰ μερόπων στρέφεται τύχα,
λήθουσα δὲ πὰρ πόδα βαίνεις,
γαυρούμενον αὐχένα κλίνεις.   10
ὑπὸ πῆχυν ἀεὶ βίοτον μετρεῖς,
νεύεις δ᾽ ὑπὸ κόλπον ὄφρυν ἀεί
ζυγὸν μετὰ χεῖρα κρατοῦσα.
Ἴλαθι μάκαιρα δικασπόλε
Νέμεσι, πτερόεσσα βίου ῥοπά.   15

Νέμεσιν θεὸν ἄδομεν ἄφθιτον,
Νίκην τανυσίπτερον ὀμβριμάν
νημερτέα καὶ πάρεδρον Δίκας,
ἃ τὰν μεγαλανορίαν βροτῶν
νεμεσῶσα φέρει κατὰ ταρτάρου.   20

Indeß vor ihnen her die blasse Luna
Anführt den frühen Chor,
Bespannt den Wagen mit weißer Stiere Gespan.

Er aber freut in seinem Gemüth sich hoch
Und eilt hinüber die viel durchpfadete Welt.

Johann Gottfried Herder

AN DIE NEMESIS

Geflügelte Nemesis, Du des Lebens Entscheiderin,
Göttin mit ernstem Blick, Tochter der Gerechtigkeit,
Du die der Sterblichen stolz-schnaubenden Lauf
Mit ehernem Zügel lenkt,
Und hasset ihren verderblichen Uebermuth,
Und bannt hinweg den schwarzen Neid.

Ringsum dein Rad, das immer-bewegliche,
Spurlose, wendet sich nur der Menschen lachendes Glück.
Verborgen gehst du ihrem Fuße nach
Und beugst der Stolzen Nacken.

Und missest am Maaße stets der Sterblichen Leben ab,
Und blickst zum Busen hinunter mit ernstem Blick,
Indeß die Hand das Joch hält.

Sei gnädig, o Selige, du, des Rechts Vertheilerin,
Geflügelte Nemesis, du, des Lebens Entscheiderin,
Nemesis, dich die Untrügliche singen wir,
Und ihre Beisitzerin, die Gerechtigkeit.

Die Gerechtigkeit, die mit weiten Flügeln fliegt,
Die Mächtige, die der Sterblichen hochaufstrebendes Herz
Der Nemesis und dem Tartarus selbst entzeucht.

Johann Gottfried Herder

ΑΝΤΙΠΑΤΡΟΣ ΣΙΔΩΝΙΟΣ

Οὐκέτι θελγομένας, Ὀρφεῦ, δρύας, οὐκέτι πέτρας
   ἄξεις, οὐ θηρῶν αὐτονόμους ἀγέλας·
οὐκέτι κοιμάσεις ἀνέμων βρόμον, οὐχὶ χάλαζαν,
   οὐ νιφετῶν συρμούς, οὐ παταγεῦσαν ἅλα.
ὤλεο γάρ, σὲ δὲ πολλὰ κατωδύραντο θύγατρες   5
   Μναμοσύνας, μάτηρ δ᾽ ἔξοχα Καλλιόπα.
τί φθιμένοις στοναχεῦμεν ἐφ᾽ υἱάσιν ἀνίκ᾽ ἀλαλκεῖν
   τῶν παίδων Ἀίδην οὐδὲ θεοῖς δύναμις;

ΟΡΦΕΩΣ ΥΜΝΟΙ

ΑΙΘΕΡΟΣ ΘΥΜΙΑΜΑ ΚΡΟΚΟΝ

Ὦ Διὸς ὑψιμέλαθρον ἔχων κράτος αἰὲν ἀτειρές,
ἄστρων ἠελίου τε σεληναίης τε μέρισμα,
πανδαμάτωρ, πυρίπνου, πᾶσι ζωοῖσιν ἔναυσμα,
ὑψιφανὴς Αἰθήρ, κόσμου στοιχεῖον ἄριστον,
ἀγλαὸν ὦ βλάστημα, σελασφόρον, ἀστεροφεγγές,   5
κικλήσκων λίτομαί σε κεκραμένον εὔδιον εἶναι.

ΠΡΩΤΟΓΟΝΟΥ ΘΥΜΙΑΜΑ ΣΜΥΡΝΑΝ

Πρωτόγονον καλέω διφυῆ, μέγαν, αἰθερόπλαγκτον,
ὠιογενῆ, χρυσέαισιν ἀγαλλόμενον πτερύγεσσι,
ταυροβόαν, γένεσιν μακάρων θνητῶν τ᾽ ἀνθρώπων.
σπέρμα πολύμνηστον, πολυόργιον, Ἠρικεπαῖον,
ἄρρητον, κρύφιον ῥοιζήτορα, παμφαὲς ἔρνος,   5
ὄσσων ὃς σκοτόεσσαν ἀπημαύρωσας ὁμίχλην
πάντη δινηθεὶς πτερύγων ῥιπαῖς κατὰ κόσμον
λαμπρὸν ἄγων φάος ἁγνόν, ἀφ᾽ οὗ σε Φάνητα κικλήσκω
ἠδὲ Πρίηπον ἄνακτα καὶ Ἀνταύγην ἑλίκωπον.

ANTIPATROS VON SIDON ÜBER ORPHEUS

ORPHEUS TOD

Nicht mehr wirst du die Eichen, nicht mehr die Felsen, o Orpheus,
  nicht das horchende Wild lenken mit süssem Gesang;
Nicht besänftigen mehr der Winde Brausen, des Hagels
  schwarzen, wolkigen Zug und das erzürnete Meer.
Denn du bist todt! Es weinen um dich des Gedächtnisses Töchter
  alle; doch bitterer weint um dich Kalliope jetzt
Deine Mutter. O wir, wir Sterbliche klagen der Unsern
  Tod, der selber ja auch Söhne der Götter nicht schont.

Johann Gottfried Herder

ORPHISCHE HYMNEN

AN DEN AETHER

Heiliger Aether, ich bete dich an, du aller Gestirne
Schwingende Kraft, die sie hält und bezähmt, und mit lebendem
                                                        Feuer
Anhaucht. Mächtiger Gott, du aller Lebenden Athem,
Kraft und Geist und Sinn und Gemüth und unsterbliches Wesen!
Blume der Schöpfung, du Glanzaussenderinn, die die Gestirne
Leuchten macht, die Sonne, den Mond und die Blüthe der Erde,
Fröhliche Menschen! Sie strahlen von dir, unsterblicher Aether.

Johann Gottfried Herder

AN DAS LICHT

Erstgebohrner, o Du, der aus dem Eie der Nacht sich
Hoch in den Aether schwang, und droben auf goldenen Flügeln
Regend erfreuet, du, der Götter und Menschen erweckte,
Licht, o du mächtiger, zarter, du vielbesungner, und dennoch
Unaussprechlich, geheim, und allenthalben im Glanze
Stralend. Du nahmst die Nacht von unserm geschlossenen Auge,
Indem du den heiligen Stral fern über die Welt hin
Wälztest und mit der Stille des Lichtstrals mächtig ertöntest.
Weltenkönig, du weithinschauender Erdenumleuchter,

ἀλλά, μάκαρ, πολύμητι, πολύσπορε, βαῖνε γεγηθὼς   10
ἐς τελετὴν ἁγίαν πολυποίκιλον ὀργιοφάνταις.

ΩΡΩΝ ΘΥΜΙΑΜΑ ΑΡΩΜΑΤΑ

Ὧραι θυγατέρες Θέμιδος καὶ Ζηνὸς ἄνακτος,
Εὐνομίη τε Δίκη τε καὶ Εἰρήνη πολύολβε,
εἰαριναί, λειμωνιάδες, πολυάνθεμοι, ἁγναί,
παντόχροοι, πολύοδμοι ἐν ἀνθεμοειδέσι πνοιαῖς,
Ὧραι ἀειθαλέες, περικυκλάδες, ἡδυπρόσωποι,   5
πέπλους ἐννύμεναι δροσεροὺς ἀνθῶν πολυθρέπτων,
⟨ἀγνῆς⟩ Περσεφόνης συμπαίκτορες, ἡνίκα Μοῖραι
καὶ Χάριτες κυκλίοισι χοροῖς πρὸς φῶς ἀνάγωσι
Ζηνὶ χαριζόμεναι καὶ μητέρι καρποδοτείρῃ·
ἔλθετ' ἐπ' εὐφήμους τελετὰς ὁσίας νεομύστοις   10
εὐκάρπους καιρῶν γενέσεις ἐπάγουσαι ἀμεμφῶς.

ΕΙΣ ΑΦΡΟΔΙΤΗΝ

Οὐρανία, πολύυμνε, φιλομμειδὴς Ἀφροδίτη,
ποντογενής, γενέτειρα θεά, φιλοπάννυχε, σεμνή,
νυκτερία ζεύκτειρα, δολοπλόκε μῆτερ Ἀνάγκης·
πάντα γὰρ ἐκ σέθεν ἐστίν, ὑπεζεύξω δέ ⟨τε⟩ κόσμον
καὶ κρατέεις τρισσῶν μοιρῶν, γεννᾷς δὲ τὰ πάντα,   5
ὅσσα τ' ἐν οὐρανῶι ἐστι καὶ ἐν γαίηι πολυκάρπωι
ἐν πόντου τε βυθῶι {τε}, σεμνὴ Βάκχοιο πάρεδρε,
τερπομένη θαλίαισι, γαμοστόλε μῆτερ Ἐρώτων,
Πειθοῖ λεκτροχαρής, κρυφία, χαριδῶτι,
φαινομένη, {τ'} ἀφανής, ἐρατοπλόκαμ', εὐπατέρεια,   10
νυμφιδία σύνδαιτι θεῶν, σκηπτοῦχε, λύκαινα,
γεννοδότειρα, φίλανδρε, ποθεινοτάτη, βιοδῶτι,

Vielrathschlagender, vielaussäender, glänzender Weltsproß.
Sprieße den Völkern Glück, und säe Stralen und sende
Licht auf alle geschlossenen Augenlieder, und sende
Leben hinab, du Zweigestaltiger, Licht und die Liebe.

Johann Gottfried Herder

AN DIE HOREN

Töchter des Königes Zevs und der Themis, Eunomia, Dice
Und Irene, du vielbeglückende, heilige Horen
Frühlinghafte, die Auen liebende, Blumenbekränzte,
Farbengeschmückte, vom Hauch süßduftender Blumen umwehte
Ewigblühende Horen, im Kreise tanzend, das Antlitz
Hold bedeckt mit dem thauigen Schleier lieblicher Blumen,
Ihr der Persephone Mitgespielinnen, wenn diese die Parzen
Und die Grazien wieder ans Licht in kreisenden Tänzen
Führen aus Liebe zu Zevs und der Früchtegeberin Ceres,
Kommt zum geweiheten, kommt zum geheimen, festlichen Opfer
Und führt Zeiten heran, Fruchtreiche, beglückende Zeiten.

Johann Gottfried Herder

AN DIE GÖTTIN DER LIEBE

Lächelnde Afrodite, du Himmlische, Liederbesungne,
Meergeborene, Allerzeugende, Freundinn der Nächte,
Paare knüpfend und Listen flechtend und Mutter des Zwanges;
Denn es ist alles aus dir, und dir gehorchen die Wellen.
Ueber die Parzen herrschest du selbst, und alles gebierst du
Was im Himmel lebt und auf der fruchtbaren Erde,
Und im Abgrund und Meer: du thronest neben dem Bachus.
Freundinn des fröhlichen Mahls und Freundinn der lieblichen
Hochzeit,
Mutter alles Verlangens, und Geberinn mächtiger Reitze,
Ueberredung liebst du und Geheimnis im Bette der Liebe.
Offenbare, Verborgne, mit lieblich wallenden Locken;
Tochter des mächtigen Zeus, du Herrscherinn unter den Göttern
Ewige Jungfrau, schmeichelnder Rede und grimmigen Sinnes:
Geberinn des Geschlechts, ersehnteste Freundinn der Männer,

ἡ ζεύξασα βροτοὺς ἀχαλινώτοισιν ἀνάγκαις
καὶ θηρῶν πολὺ φῦλον ἐρωτομανῶν ὑπὸ φίλτρων·
ἔρχεο, Κυπρογενὲς θεῖον γένος, εἴτ' ἐν Ὀλύμπωι   15
ἐσσί, θεὰ βασίλεια, καλῶι γήθουσα προσώπωι,
εἴτε καὶ εὐλιβάνου Συρίης ἕδος ἀμφιπολεύεις,
εἴτε σύ γ' ἐν πεδίοισι σὺν ἅρμασι χρυσεοτεύκτοις
Αἰγύπτου κατέχεις ἱερῆς γονιμώδεα λουτρά,
ἢ καὶ κυκνείοισιν ὄχοις ἐπὶ πόντιον οἶδμα   20
ἐρχομένη χαίρεις κητῶν κυκλίαισι χορείαις,
ἢ νύμφαις τέρπηι κυανώπισιν ἐν χθονὶ δίηι
†θῖνας ἐπ' αἰγιαλοῖς ψαμμώδεσιν ἅλματι κούφωι·
εἴτ' ἐν Κύπρωι, ἄνασσα, τροφῶι σέο, ἔνθα καλαί σε
παρθένοι ἄδμηται νύμφαι τ' ἀνὰ πάντ' ἐνιαυτὸν   25
ὑμνοῦσιν, σέ, μάκαιρα, καὶ ἄμβροτον ἁγνὸν Ἄδωνιν.
ἐλθέ, μάκαιρα θεὰ μάλ' ἐπήρατον εἶδος ἔχουσα·
ψυχῆι γάρ σε καλῶ σεμνῆι ἁγίοισι λόγοισιν.

ΕΡΩΤΟΣ ΘΥΜΙΑΜΑ ΑΡΩΜΑΤΑ

Κικλήσλκω μέγαν, ἁγνόν, ἐράσμιον, ἡδὺν Ἔρωτα,
τοξαλκῆ, πτερόεντα, πυρίδρομον, εὔδρομον ὁρμῆι,
συμπαίζοντα θεοῖς ἠδὲ θνητοῖς ἀνθρώποις,
εὐπάλαμον, διφυῆ, πάντων κληῖδας ἔχοντα,
αἰθέρος οὐρανίου, πόντου, χθονός, ἠδ' ὅσα θνητοῖς   5
πνεύματα παντογένεθλα θεὰ βόσκει χλοόκαρπος,
ἠδ' ὅσα Τάρταρος εὐρὺς ἔχει πόντος· θ' ἁλίδουπος·
μοῦνος γὰρ τούτων πάντων οἴηκα κρατύνεις.
ἀλλά, μάκαρ, καθαραῖς γνώμαις μύσταισι συνέρχου,
φαύλους δ' ἐκτοπίους θ' ὁρμὰς ἀπὸ τῶνδ' ἀπόπεμπε.   10

ΧΑΡΙΤΩΝ ΘΥΜΙΑΜΑ ΣΤΥΡΑΚΑ

Κλῦτέ μοι, ὦ Χάριτες μεγαλώνυμοι, ἀγλαότιμοι,
θυγατέρες Ζηνός τε καὶ Εὐνομίης βαθυκόλπου,
Ἀγλαΐη Θαλίη τε καὶ Εὐφροσύνη πολύολβε,

Welche die Sterblichen knüpft mit unauflösbaren Banden
Und mit Wuth der Liebe erfüllt die Geschlechter der Thiere:
Komm o Himmelstochter, wo du auch immer izt sein magst,
Ob im hohen Olymp mit hellem herrschendem Antlitz,
Oder wenn du umschwebst den duftenden Syrischen Tempel,
Oder im göldnen Wagen durchfährst die Felder Aegiptens,
Seine geburtertheilenden, reichen Wasser besuchend;
Oder wenn du nahe dem Ufer auf bräunlichen Fluthen
Dich erfreuest, die cirkelnden Tänze der Menschen zu sehen;
Oder dich auf der Erde mit deinen Nymfen ergötzest,
Hüpfend mit leichtem Fuß am sandigten Ufer des Meeres,
Oder wenn du in Cypros, der Mutterinsel, verweilest,
Wo dich jegliches Jahr die noch unvermähleten Mädchen
Preisen mit ihrem Gesange, dich und den schönen Adonis:
Komm o selige Göttin, mit schönem reitzendem Antlitz.
Reinen Herzens ruf ich dich an, und mit heiligen Worten.

Georg Christoph Tobler

An die Liebe

Gott der Liebe, du großer, keuscher, lieblicher, süßer
Gott mit dem Bogen und Pfeil, geflügelt, feuriges Laufes,
Schnellen Anfalls, der mit Göttern und Menschen sein Spiel hat,
Wohlgerüsteter, doppeltgestaltiger, der du den Schlüssel
Trägst zu Allem, zum himmlischen Aether, dem Meer und der Erde,
Und wo sterblichen Menschen die Allgebährende Mutter
Leben und Geist giebt, was der weite Tartarus inn' hat,
Und das salzige Meer: von Allem bist du der König.
Komm, ich ruffe dich, Seliger, komm zu deinen Geweihten
Die dich reines Sinnes verehren, und treibe das Böse,
Treib' entehrende Regung und jed' unsittige Lust fern.

Johann Gottfried Herder

An die Huldgöttinnen

Höret mich Huldgöttinnen, in grossem Namen Verehrte,
Töchter Zevs und der schönen Eunomia, glänzend an Ansehn,
Du Aglaja, Thalia, Euphrosyne, Fröhliche, Holde,

χαρμοσύνης γενέτειραι, ἐράσμιαι, εὔφρονες, ἀγναί,
αἰολόμορφοι, ἀειθαλέες, θνητοῖσι ποθειναί . . .   5
εὐκταῖαι, κυκλάδες, καλυκώπιδες, ἱμερόεσσαι·   (10)
ἔλθοιτ' ὀλβοδότειραι, ἀεὶ μύσταισι προσηνεῖς.

ΝΕΜΕΣΕΩΣ ΥΜΝΟΣ

Ὦ Νέμεσι, κλήιζω σε, θεά, βασίλεια μεγίστη,
πανδερκής, ἐσορῶσα βίον θνητῶν πολυφύλων·
ἀιδία, πολύσεμνε, μόνη χαίρουσα δικαίοις,
ἀλλάσσουσα λόγον πολυποίκιλον, ἄστατον αἰεί,
ἣν πάντες δεδίασι βροτοὶ ζυγὸν αὐχένι θέντες·   5
σοὶ γὰρ ἀεὶ γνώμη πάντων μέλει, οὐδέ σε λήθει
ψυχὴ ὑπερφρονέουσα λόγων ἀδιακρίτωι ὁρμῆι.
πάντ' ἐσορᾶις καὶ πάντ' ἐπακούεις, {καὶ} πάντα βραβεύεις·
ἐν σοὶ δ' εἰσὶ δίκαι θνητῶν, πανυπέρτατε δαῖμον.
ἐλθέ, μάκαιρ', ἀγνή, μύσταις ἐπιτάρροθος αἰεί·   10
δὸς δ' ἀγαθὴν διάνοιαν ἔχειν, παύουσα πανεχθεῖς
γνώμας οὐχ ὁσίας, πανυπέρφρονας, ἀλλοπροσάλλας.

ΥΠΝΟΥ ΘΥΜΙΑΜΑ ΜΕΤΑ ΜΗΚΩΝΟΣ

Ὕπνε, ἄναξ μακάρων πάντων θνητῶν τ' ἀνθρώπων
καὶ πάντων ζώιων, ὁπόσα τρέφει εὐρεῖα χθών·
πάντων γὰρ κρατέεις μοῦνος καὶ πᾶσι προσέρχηι
σώματα δεσμεύων ἐν ἀχαλκεύτοισι πέδηισι,
λυσιμέριμνε, κόπων ἡδεῖαν ἔχων ἀνάπαυσιν   5
καὶ πάσης λύπης ἱερὸν παραμύθιον ἔρδων·
καὶ θανάτου μελέτην ἐπάγεις ψυχὰς διασώζων·
αὐτοκασίγνητος γὰρ ἔφυς Λήθης Θανάτου τε.
ἀλλά, μάκαρ, λίτομαί σε κεκραμένον ἡδὺν ἱκάνειν
σώζοντ' εὐμενέως μύστας θείοισιν ἐπ' ἔργοις.   10

Freudegewährerinnen, ihr Liebenswürdige, Reine,
Immerblühende, Vielgestaltige, schwebend in Tänzen;
Stets den Menschen erwünscht und erfleht, Anmuthige, Süße,
Kommt, Glückbringerinnen, und seid den Geweiheten günstig.

Johann Gottfried Herder

An die Nemesis

Nemesis, größte Göttin, du Königin, hör', ich ruffe
Dich, die alles schauet, die aller Sterblichen Leben
Durchblickt, Vielverehrte, du Ewige, die der Gerechten
Sich erfreuet allein und immer die Regel verändert,
Immer ändert das Maas, das das Glück der Sterblichen abmißt.
Mächtige, deren Zaume die Lebenden alle den Nacken
Fürchtend beugen, sie alle, die dein entscheidender Spruch trift:
Denn du kennest Alles, und hörest Alles und theilest
Recht und Schicksal; auch ist dir keine der Seelen verborgen,
Die verachtend die Regel des Rechts, muthwillig hinausstürmt.
Komm o du hocherhabne, Du reine, selige Göttin,
Komm, den Geweiheten hold, daß richtige Sinne sie haben.
Und beruhig' in ihnen feindselige, stolze Gedanken,
Ungerechte Begierden, die fern der Regel des Glücks sind.

Johann Gottfried Herder

An den Schlaf

Schlaf, du König der seligen Götter und sterblichen Menschen,
Und der Lebenden aller, die nährt die unendliche Erde:
Du hast Macht über alle allein und nahest dich allen;
Bindest die Leiber fest mit sanftumschlingenden Banden;
Sorgentilger, du giebst nach der Arbeit seliges Labsal,
Und gewährest heiligen Trost in jeder Betrübnis.
Ebenbild bist du des Todes; allein du rettest das Leben.
Der Vergessenheit Bruder bist du und Bruder des Todes:
Nahe dich Seliger mir, mit deiner süßen Erquikung,
Und erhalte zu göttlichen Werken die Göttergeweihten.

Georg Christoph Tobler

ΛΟΥΚΙΑΝΟΣ

'Ως τεθνηξόμενος τῶν σῶν ἀγαθῶν ἀπόλαυε,
  ὡς δὲ βιωσόμενος φείδεο σῶν κτεάνων . . .

ΔΙΟΓΕΝΗΣ ΛΑΕΡΤΙΟΣ

Φοῖβος ἔφυσε βροτοῖς 'Ασκληπιὸν ἠδὲ Πλάτωνα,
  τὸν μέν, ἵνα ψυχήν, τὸν δ', ἵνα σῶμα σάοι·
δαισάμενος δὲ γάμον πόλιν, ἤλυθεν ἥν ποθ' ἑαυτῷ
  ἔκτισε καὶ δαπέδῳ Ζηνὸς ἐνιδρύσατο.

ΠΑΛΛΑΔΑΣ

'Ο Ζεὺς ἀντὶ πυρὸς πῦρ ὤπασεν ἄλλο, γυναῖκας·
  εἴθε δὲ μήτε γυνὴ μήτε τὸ πῦρ ἐφάνη.
πῦρ μὲν δὴ ταχέως καὶ σβέννυται· ἡ δὲ γυνὴ πῦρ
  ἄσβεστον, φλογερόν, πάντοτ' ἀναπτόμενον.

*

Εἰ τὸ φέρον σε φέρει, φέρε καὶ φέρου· εἰ δ' ἀγανακτεῖς,
  καὶ σαυτὸν λυπεῖς καὶ τὸ φέρον σε φέρει.

ΝΟΝΝΟΣ

. . . Σιδονίης ποτὲ ταῦρος ἐπ' ᾐόνος ὑψίκερως Ζεὺς
ἱμερόεν μύκημα νόθῳ μιμήσατο λαιμῷ
καὶ γλυκὺν εἶχε μύωπα· μετοχμάζων δὲ γυναῖκα,

LUKIANOS

DIE UNGEWISSHEIT DES LEBENS

Mensch, genieße dein Leben, als müssest morgen du weggehn;
Schone dein Leben, als ob ewig du weiletest hier.

Johann Gottfried Herder

DIOGENES LAËRTIOS

AESKULAP UND PLATO

Zween Aerzte verlieh den kranken Menschen Apollo
Einen dem sterblichen Leib', Einen dem ewigen Geist,
Aeskulap und Plato. Du lebst o Stifter des höchsten
Staates nun in ihm selbst, oben im Reiche des Zevs.

Johann Gottfried Herder

PALLADAS

Jupiter, als Prometheus ihm das Feuer geraubet,
Sandt' zur Strafe das Weib, sandte Pandoren hinab!
Harte Strafe! Das Feuer erlöscht: die Flamme des Weibes
Brennt unlöschbar, sie füllt hassend und liebend die Welt.

Johann Gottfried Herder

DAS SCHICKSAL

Träget das Schicksal dich, so trage du wieder das Schicksal.
Folg ihm willig und froh; willt du nicht folgen, du mußt.

Johann Gottfried Herder

NONNOS

DIE GERAUBTE EUROPA

Iupiter braucht' im gehörnten stier an Sidons gestade
Seine nicht ächte zunge den schmerz der liebe zu brüllen,
Als er die schöne trug, die mit scheuen augen ihn ansah,

κυκλώσας παλάμας περὶ γαστέρα δίζυγι δεσμῷ ...   (49)
δόχμιος ὀκλάζων, κεχαλασμένα νῶτα τιταίνων,   (52) 5
Εὐρώπην ἀνάειρε· διεσσυμένοιο δὲ ταύρου
πλωτὸς ὄνυξ ἐχάραξε βατῆς ἁλὸς ἄψοφον ὕδωρ
ἴχνεσι φειδομένοισιν· ὑπὲρ πόντοιο δὲ κούρη   (55)
δείματι παλλομένη βοέῳ ναυτίλλετο νώτῳ
ἀστεμφὴς ἀδίαντος· ἰδὼν δέ μιν ἢ τάχα φαίης   10
ἢ Θέτιν ἢ Γαλάτειαν ἢ εὐνέτιν Ἐννοσιγαίου
ἢ λοφιῇ Τρίτωνος ἐφεζομένην Ἀφροδίτην.
καὶ πλόον εἰλιπόδην ἐπεθάμβεε Κυανοχαίτης,   (60)
Τρίτων δ' ἠπεροπῆα Διὸς μυκηθμὸν ἀκούων
ἀντίτυπον Κρονίωνι μέλος μυκήσατο κόχλῳ   15
ἀείδων ὑμέναιον· ἀειρομένην δὲ γυναῖκα
θαῦμα φόβῳ κεράσας ἐπεδείκνυε Δωρίδι Νηρεύς,
ζεῖνον ἰδὼν πλωτῆρα κερασφόρον. ἀκροβαφῆ δὲ   (65)
ὁλκάδα ταῦρον ἔχουσα βοοστόλος ἔπλεε νύμφη,
καὶ διερῆς τρομέουσα μετάρσιον ἅλμα πορείης   20
πηδάλιον κέρας εἶχε, καὶ Ἵμερος ἔπλετο ναύτης.
καὶ δολόεις Βορέης γαμίῃ δεδονημένος αὔρῃ
φᾶρος ὅλον κόλπωσε δυσίμερος, ἀμφοτέρῳ δὲ   (70)
ζῆλον ὑποκλέπτων ἐπεσύρισεν ὄμφακι μαζῷ.
ὡς δ' ὅτε Νηρεΐδων τις, ὑπερκύψασα θαλάσσης,   25
ἑζομένη δελφῖνι χυτὴν ἀνέκοπτε γαλήνην,
καί οἱ ἀειρομένης ἐλελίζετο μυδαλέη χείρ,
νηχομένης μίμημα, φέρων δέ μιν ἄβροχον ἅλμης   (75)
ἡμιφανὴς πεφόρητο δι' ὕδατος ὑγρὸς ὁδίτης,
κυρτώσας ἑὰ νῶτα, διερπύζουσα δὲ πόντου   30
δίπτυχος ἄκρα κέλευθα κατέγραφεν ἰχθύος οὐρή·
ὣς ὅγε †ταῦρον ἄειρε. τιταινομένοιο δὲ ταύρου
βουκόλος αὐχένα δοῦλον Ἔρως ἐπεμάστιε κεστῷ   (80)
καὶ νομίην ἅτε ῥάβδον ἐπωμίδι τόξον ἀείρων
Κυπριδίη ποίμαινε καλαύροπι νυμφίον Ἥρης   35
εἰς νομὸν ὑγρὸν ἄγων Ποσιδήιον· αἰδομένη δὲ
παρθενίην πόρφυρε παρηίδα Παλλὰς ἀμήτωρ
ἡνίοχον Κρονίωνος ὀπιπεύουσα γυναῖκα.   (85)

Und mit schenkel und hand an seinen rippen sich fest hielt.
Unter ihr schmiegt' er den rüken und bog sanft tretend die kniee.
Also trug sie der stier. Von seiner sanften bewegung
Zeichnete, da er schwamm, den weg des schweigenden wassers
Mit unhörbaren tritten sein fuß. Das förchtende mädchen
Saß unbeweglich auf seinem rüken, vorm wasser beschirmet.
Wer sie gesehen hätte, der hätte betheuert, daß Thetis
Oder Neptuns Vermählt', oder Galathea da führen,
Oder daß Aphrodit auf Tritons rüken da ritte;
Und Neptunus sah selbst mit wunder die seefahrt des stieres.
Triton, als er im falschen gebrüll den Iovem erkannte,
Brüllt' ihm aus seiner muschel hochzeitliche lieder entgegen.
Nereis sah ihn mit wunder, das unter schreken gemischt war,
Und rief Doris hervor, den gehörnten schiffer zu schauen.
Unterdeß fuhr die Nymphe wol eingeschifft auf dem stiere,
Nicht befreyet von forcht, indem sie die luftige reise
Ueber dem nassen kreis fortsezte, sie hielte das steuer,
Eines der hörner, und da war Amor Pilote, der nordwind
Fühlte den liebesodem vom stier ausdüften und sezte
Schalkhaft sich in den flaternden rok der schönen Europa;
Ueberdies raubt' er küsse von beiden rundenden brüsten.
Wann den himmel zu sehn aus ihrem wassergewölbe
Eine der Nereiden hervorgeht, wie auf dem Delphine
Reitend sie dann die fliessende stille des meeres durchschneidet,
Wie sie die flut mit der hand gleich einer schwimmenden
                                        peitschet;
Da nur die helfte sichtbar ihr träger den rüken ihr bietet,
Und beschirmt vor der flut sie führt, ein nasser begleiter;
Unter der fahrt bezeichnet der zweyfache schwanz des Delphines
Hinten den pfad mit leisem streichen.
Also führte den stier der Gott der lieb' in den wassern.
Oft wenn er allzuheftig sich stemmte, so schlug ihn Cupido
Mit der flachen hand auf den unterthänigen naken;
Nahm von der schulter den bogen und mit dem liebesgewehre
Leitet' er Iunos gemahl, wie mit einem schäfrischen stabe,
In den wassergefilden Neptuns. Die göttliche Pallas,
Die in der schooß des weibs nicht empfangen worden, sah nieder
Und sah Iovem ein mädchen für eine reuterinn dulden,

καὶ Διὸς ὑδατόεντι διεσσυμένου πόρον ὁλκῷ
οὐ πόθον ἔσβεσε πόντος, ὅτι βρυχίην ᾿Αφροδίτην   40
οὐρανίης ὤδινεν ἀπ᾿ αὔλακος ἔγκυον ὕδωρ.
καὶ βοὸς ἀφλοίσβοιο κυβερνήτειρα πορείης
κούρη φόρτος ἔην καὶ ναυτίλος· εἰσορόων δὲ   (90)
μιμηλὴν ταχύγουνον ἐχέφρονα νῆα θαλάσσης
τοῖον ἔπος περίφοιτος ᾿Αχαιικὸς ἴαχε ναύτης·   45

ὀφθαλμοί, τί τὸ θαῦμα; πόθεν ποσὶ κύματα τέμνων
νήχεται ἀτρυγέτοιο δι᾿ ὕδατος ἀγρονόμος βοῦς;
μὴ πλωτὴν Κρονίδης τελέει χθόνα; μὴ διὰ πόντου   (95)
ὑγρὸς ἀλιβρέκτοιο χαράσσεται ὁλκὸς ἀμάξης;
παπταίνω κατὰ κῦμα νόθον πλόον· ἦ ῥα Σελήνη   50
ἄζυγα ταῦρον ἔχουσα μετ᾿ αἰθέρα πόντον ὁδεύει;
ἀλλὰ Θέτις βυθίη διερὸν δρόμον ἡνιοχεύει;
οὐ βοῒ χερσαίῳ τύπον εἴκελον εἰνάλιος βοῦς   (100)
ἔλλαχεν — ἰχθυόεν γὰρ ἔχει δέμας —, ἀντὶ δὲ γυμνῆς
ἀλλοφανὴς ἀχάλινον ἐν ὕδασι πεζὸν ὁδίτην   55
Νηρεῒς ἑλκεσίπεπλος ἀήθεα ταῦρον ἐλαύνει.
εἰ πέλε Δημήτηρ σταχυηκόμος, ὑγροπόρῳ δὲ
γλαυκὰ διασχίζει βοέῳ ποδὶ νῶτα θαλάσσης,   (105)
καὶ σὺ βυθοῦ μετὰ κῦμα, Ποσείδαον, μετανάστης
γαίης δίψια νῶτα μετέρχεο πεζὸς ἀροτρεύς,   60
νηὶ θαλασσαίῃ Δημήτερος αὔλακα τέμνων,
χερσαίοις ἀνέμοισι βατὸν πλόον ἐν χθονὶ τεύχων.
ταῦρε, παρεπλάγχθης μετανάστιος· οὐ πέλε Νηρεὺς   (110)
βουκόλος, οὐ Πρωτεὺς ἀρότης, οὐ Γλαῦκος ἁλωεύς,
οὐχ ἕλος, οὐ λειμῶνες ἐν οἴδμασιν, ἀλλὰ θαλάσσῃ   65
ἀτρυγέτῳ πλώοντες ἀνήροτα ναύλοχον ὕδωρ
πηδαλίῳ τέμνουσι καὶ οὐ σχίζουσι σιδήρῳ·
αὔλακας οὐ σπείρουσιν ὀπάονες ᾿Εννοσιγαίου,   (115)
ἀλλὰ φυτὸν πόντοιο πέλει βρύα καὶ σπόρος ὕδωρ,

Färbte voll scham die wangen mit purpur. Doch alles gewässer,
Das er auf seiner reise befuhr, die weiten bezirke
Löschten nicht seine flamme; wie konnt es seyn, da das meer selbst
Venus gebahr, vom himmelgefallenen samen befruchtet?
Aber die schöne Pilotin der sanften schiffahrt des rindes
War auf einmal der steuermann und die ladung des schiffes.
Auch ein achaischer schiffer, der auf dem meere daherfuhr,
Sahe das nachgeahmete schiff mit füssen des stieres,
Sah es mit wiz begabt und sagte die worte: Was seht ihr
Augen, welch fremdes wunder! Wie! spaltet ein bruder der kuhe
Mit den füssen die flut und schwimmt in den grundlosen wellen?
Sonst gewohnt auf den bergen zu weiden. Zeus hat nicht die erde
Schiffbar gemacht, der wagen mit kaufmannslasten beladen
Zeichnet nicht auf dem meere die nasse strasse: Doch seh ich
Eine verkehrte schiffahrt. Beschifft auf dem zaumlosen rinde
Luna die see, nachdem sie nun lang den Aether befahren?
Aber den lauf des meers regiert die seegöttinn Thetis,
Und der seestier hat nicht die bildung des landstiers bekommen,
Sondern sein leib ist nach der art der fische geschaffen.
Oder jagt auf dem wilden stiere, dem erdebewohner,
Eine der Nereiden, und hat den zügel nicht nöthig?
Fährt sie in fremder bildung und hat für die nakende schönheit
Diesen schleppenden rok um ihre glieder geworfen?
Oder die ährenlokichte Ceres befähret die wasser,
Sie durchschneidet den rüken des meers, die füsse des stieres
Treten die flüßige bahn durch ihren athem beschüzet.
Also magst du Neptun, seeflüchtig, aus deinen gewässern
Auf den dürstenden rüken der erde gehen, ein feldmann,
Der das gefild der Ceres auf einem meerschiffe pflüget,
Magst ein schiffen zu land mit deinen seewinden üben.
Stier, du hast dich sehr weit von deinen matten verlohren;
Nereus und Proteus sind ja nicht hirten und Glaucus kein sämann;
In dem meere sind keine matten und keine gehäge;
Sondern die schiffe, die auf dem fruchtlosen wasserfeld fahren,
Spalten die ungeakerte see mit dem schnabel des kieles,
Und bepflügen sie nicht mit dem eisen. Die diener Neptunens
Säen nicht in die furchen der flut, ihr getreid ist nur schilfrohr,

ναυτίλος άγρονόμος, πλόος αὔλακες, όλκὰς ἐχέτλη.   70
ἀλλὰ πόθεν μεθέπεις τινὰ παρθένον; ἢ ῥα καὶ αὐτοὶ
ταῦροι ἐρωμανέοντες ἀφαρπάζουσι γυναῖκας;
ἢ ῥα Ποσειδάων ἀπατήλιος ἤρπασε κούρην   (120)
ταυρείην κερόεσσαν ἔχων ποταμηΐδα μορφήν;
μὴ δόλον ἄλλον ὕφαινε πάλιν μετὰ δέμνια Τυροῦς,   75
ὡς καὶ χθιζὰ τέλεσσεν, ὅθ' ὑδατόεις παρακοίτης
χεύμασι μιμηλοῖσι νόθος κελάρυζεν Ἐνιπεύς·'

τοῖον ἔπος περόων Ἑλλήνιος ἔννεπε ναύτης   (125)
θαμβαλέος. βοέους δὲ γάμους μαντεύσατο κούρη,
καὶ πλοκάμους τίλλουσα γοήμονα ῥῆξεν ἰωήν·   80

'κωφὸν ὕδωρ, ῥηγμῖνες ἀναυδέες, εἴπατε ταύρῳ,
εἰ βόες εἰσαΐουσιν· ‹ἀμείλιχε, φείδεο κούρης.›
εἴπατέ μοι, ῥηγμῖνες, ἐμῷ φιλόπαιδι τοκῆι   (130)
Εὐρώπην λιπόπατριν ἐφεζομένην τινὶ ταύρῳ
ἅρπαγι καὶ πλωτῆρι καί, ὡς δοκέω, παρακοίτῃ.   85
μητέρι βόστρυχα ταῦτα κομίσσατε, κυκλάδες αὖραι.
ναί, λίτομαι, Βορέης, ὡς ἥρπασας Ἀτθίδα νύμφην,
δέξο με σαῖς πτερύγεσσι μετάρσιον· ἴσχεο, φωνή,   (135)
μὴ Βορέην μετὰ ταῦρον ἐρωμανέοντα νοήσω.'

ὣς φαμένη ῥαχίῃσι βοὸς πορθμεύετο κούρη ...   90

ΠΡΟΚΛΟΣ ΛΥΚΙΟΣ

ΕΙΣ ΑΘΗΝΑΝ ΠΟΛΥΜΗΤΙΝ

Κλῦθί μευ, αἰγιόχοιο Διὸς τέκος, ἢ γενετῆρος
πηγῆς ἐκπροθοροῦσα καὶ ἀκροτάτης ἀπὸ σειρῆς·
ἀρσενόθυμε, φέρασπι, μεγασθενές, ὀβριμοπάτρη,
Παλλάς, Τριτογένεια, δορυσσόε, χρυσεοπήληξ,

Und ihr samen sind tropfen; der schiffer vertritt da den feldmann;
Da ist die schiffahrt der feldbau, die wellen sind da die schollen.
Aber woher hast du die fräulein geraubet? Wie lang ists,
Daß die stiere von lieb' entzündet die mädchen entführen?
Doch vielleicht hat Neptun ein mädchen geraubet, die tochter
Eines flusses, in ihren gehörnten vater verwandelt;
Und nachdem er die lust mit der schönen Tyro gebüsset,
Hat er ein' andre list gebraucht; so hat er noch unlang
Mit nachahmender flut sich in den Enipeus verstellet,
Und, wie er, durch die felder gerauscht, ein rinnender buhler.

Also sagte vorüberschiffend ein griechischer schiffer
Voll erstaunen. Nun schwant allmählich dem lieblichen mädchen
Von dem verbuhlten vorsaz des stiers; sie schlug an den busen;
Stumme fluten, so rief sie mit wehmuth, und treulose küsten,
Saget dem stier, wofern die stier' euch hören, o schone
Unbarmherziger, schone dem mädchen! Verlorne gestade,
Saget meinem, dem besten, dem liebsten, vater, Europa
Fahre fern von dem land auf einem räubrischen stiere,
Bringet der mutter, o sanft umwallende lüfte! die loken,
Die ich mir von dem haupt losreisse. — —
Oder vielmehr, wie du die attische Nymphe geraubt hast,
Nimm mich auf dein gefieder, o Boreas! — — Nein doch, ich nehme
Meine worte zurük; ich müßte förchten, ich würde
Einen wildern verliebten an ihm bekommen. Sie sprach so;
Mit ihr sezte der stier an Cretens ufer hinüber.

Johann Jacob Bodmer

PROKLOS LYKIOS

PALLAS-ATHENE

Höre mich, Tochter Zevs, die aus dem Haupte des Vaters,
Wie aus dem lebenden Quell entsprang, der unendlichen Kette
Höchstes Glied, Du männlich gesinnte, die du den Schild trägst,
Und den Spieß, und den goldenen Helm, des Ewigen Tochter,

κέκλυθι· δέχνυσο δ' ὕμνον ἐΰφρονι, πότνια, θυμῷ,   5
μηδ' αὕτως ἀνέμοισιν ἐμόν ποτε μῦθον ἐάσῃς,
ἡ σοφίης πετάσασα θεοστιβέας πυλεῶνας
καὶ χθονίων δαμάσασα θεημάχα φῦλα Γιγάντων·
ἢ πόθον Ἡφαίστοιο λιλαιομένοιο φυγοῦσα
παρθενίης ἐφύλαξας ἐῆς ἀδάμαντα χαλινόν·   10
ἢ κραδίην ἐσάωσας ἀμιστύλλευτον ἄνακτος
αἰθέρος ἐν γυάλοισι μεριζομένου ποτὲ Βάκχου
Τιτήνων ὑπὸ χερσί, πόρες δέ ἑ πατρὶ φέρουσα,
ὄφρα νέος βουλῇσιν ὑπ' ἀρρήτοισι τοκῆος
ἐκ Σεμέλης περὶ κόσμον ἀνηβήσῃ Διόνυσος·   15
ἧς πέλεκυς, θήρεια ταμὼν προθέλυμνα κάρηνα,
πανδερκοῦς Ἑκάτης παθέων ηὔνησε γενέθλην·
ἢ κράτος ἤραο σεμνὸν ἐγερσιβρότων ἀρετάων·
ἢ βίοτον κόσμησας ὅλον πολυειδέσι τέχναις
δημιοεργείην νοερὴν ψυχαῖσι βαλοῦσα·   20
ἢ λάχες ἀκροπόληα καθ' ὑψιλόφοιο κολώνης,
σύμβολον ἀκροτάτης μεγάλης σέο, πότνια, σειρῆς·
ἢ χθόνα βωτιάνειραν ἐφίλαο, μητέρα βίβλων,
πατροκασιγνήτοιο βιησαμένη πόθον ἱρόν,
οὔνομα δ' ἄστεϊ δῶκας ἔχειν σέο καὶ φρένας ἐσθλάς·   25
ἔνθα μάχης ἀρίδηλον ὑπὸ σφυρὸν οὔρεος ἄκρον
σῆμα καὶ ὀψιγόνοισιν ἀνεβλάστησας ἐλαίην,
εὖτ' ἐπὶ Κεκροπίδῃσι Ποσειδάωνος ἀρωγῇ
μυρίον ἐκ πόντοιο κυκώμενον ἤλυθε κῦμα,
πάντα πολυφλοίσβοισιν ἑοῖς ῥεέθροισιν ἱμάσσον.   30
κλῦθί μευ, ἡ φάος ἁγνὸν ἀπαστράπτουσα προσώπου·
δὸς δέ μοι ὄλβιον ὅρμον ἀλωομένῳ περὶ γαῖαν,
δὸς ψυχῇ φάος ἁγνὸν ἀπ' εὐιέρων σέο μύθων
καὶ σοφίην καὶ ἔρωτα· μένος δ' ἔμπνευσον ἔρωτι
τοσσάτιον καὶ τοῖον, ὅσον χθονίων ἀπὸ κόλπων   35
αὖ ἐρύσῃ πρὸς Ὄλυμπον ἐς ἤθεα πατρὸς ἑῆος.
εἰ δέ τις ἀμπλακίη με κακὴ βιότοιο δαμάζει –
οἶδα γάρ, ὡς πολλοῖσιν ἐρίχθομαι ἄλλοθεν ἄλλαις
πρήξεσιν οὐχ ὁσίαις, τὰς ἤλιτον ἄφρονι θυμῷ –,
ἵλαθι, μειλιχόβουλε, σαόμβροτε, μηδέ μ' ἐάσῃς   40
ῥιγεδαναῖς Ποιναῖσιν ἕλωρ καὶ κύρμα γενέσθαι

Pallas Tritogenia! Nimm an mit holdem Gemüthe
Meinen Gesang und laß mein Wort nicht öd' in die Luft gehn.
Die du der Riesen Geschlecht, die Himmelsstürmer, gebändigt,
Die du, der Brunst Vulkans, des Lüsternen, züchtig entfliehend,
Deiner Jungfräulichkeit Blume mit ehernem Zügel bewahrtest,
Und des Dionysus Herz, als unter der Hand der Titanen
Er in den Lüften zerfleischt ward, unbeschadet erhieltest,
Und es dem Vater brachtest, damit nach heiligem Rathschluß
Uns in Semelens Schooß ein neuer Bacchus entspränge;
Du, die der zaubernden Hekate Hunden die Häupter hinab-
        schlug,
Und die Ungeheuer der thierischen Lüste vertilgend,
Uns der Weisheit Pforten, wo Götter wandeln, eröffnet,
Heiliger Gipfel du der Menschen erweckenden Tugend,
Die, der Erfindung spürenden Sinn mittheilend den Seelen,
Unser Leben mit vielfach-blühenden Künsten geschmückt hat.
Auf dem Gipfel Athens, in Akropolis, stehet dein Tempel,
Sinnbild deiner Höh' in der großen Kette der Wesen.

Liebend das Heldenernährende Land, die Mutter der Schriften,
Widerstandest du kühn Poseidons wildem Verlangen,
Und gabst deinen Namen der Stadt und weise Gemüther.
Dieses Sieges ein herrliches Zeichen den später gebohrnen,
Pflanzetest du hoch auf des Berges Gipfel den Oelbaum;
Indeß tausend Wellen des Meers, von Poseidon erreget,
Aufs Cekropische Land mit wildem Gebrause sich stürzten.
Höre mich, du, deren Antlitz ein reines friedliches Licht strahlt,
Gib der Seele das Licht von deinen heiligen Lehren,
Gib ihr Weisheit und Liebe. Die Liebe stärke mit Kräften,
Daß sie vom Schooß der Erde sich schwinge zum Sitze des Vaters.

Bin ich aber bestrickt auf böser Irre des Lebens:
(Denn ich weiß, wie so viel, aus einer der Thaten die andre,
Mich unheilig bestürmt und mir den besseren Sinn raubt,)
O so verzeih, du Mildgesinnte, der Sterblichen Vormund,
Und laß marternden Strafen mich nicht zur Beute, gequälet,

κείμενον ἐν δαπέδοισιν, ὅτι τεὸς εὔχομαι εἶναι.
δὸς γυίοις μελέων σταθερὴν καὶ ἀπήμον᾽ ὑγείην,
σαρκοτακῶν δ᾽ ἀπέλαυνε πικρῶν ἀγελάσματα νούσων ...   (44)
δὸς βιότῳ πλώοντι γαληνιόωντας ἀήτας,   (47) 45
τέκνα, λέχος, κλέος, ὄλβον, ἐυφροσύνην ἐρατεινήν,
πειθώ, στωμυλίην φιλίης, νόον ἀγκυλομήτην,
κάρτος ἐπ᾽ ἀντιβίοισι, προεδρίην ἐνὶ λαοῖς.   (50)
κέκλυθι, κέκλυθ᾽, ἄνασσα· πολύλλιστος δέ σ᾽ ἱκάνω
χρειοῖ ἀναγκαίῃ· σὺ δὲ μείλιχον οὖας ὑπόσχες.   50

Hingestreckt auf dem Boden, der ich doch dein zu seyn wünsche.
Gib den Gliedern zu stehen Gewalt, und halte mit deiner
Holden ambrosischen Rechte die Schaar der Plagen entfernt mir.
Gib dem Schiffer, das Leben hindurch, sanft tragende Winde,
Kinder und Weib und Güter und Ruhm und heitere Stunden,
Süß überredendes Freundegespräch und kluge Besinnung,
Kraft den Gegnern entgegen und in der Versammlung den Vorsitz.
Höre mich, höre mich, Königin! neig' ein günstiges Ohr mir.

Johann Gottfried Herder

NACHWORT

Bei der Auswahl der vorstehenden Sammlung griechischer
Lyrik sind in der Regel nur rein lyrische Gedichte und Chöre be-
rücksichtigt. Fabeln, Briefe, Sprüche und dergleichen halblyrische
Stücke fehlen bis auf wenige Ausnahmen, die durch den lyrischen
Ton der verwandten Gattung gerechtfertigt erscheinen. Einbezo-
gen sind jedoch die ans Epische grenzenden Hymnen und Idyllen,
falls sie nicht zu umfangreich sind. Als Grundsatz für die Auf-
nahme eines Gedichtes gilt die sprachlich-dichterische
Schönheit der vorhandenen deutschen Übertragungen.
Auch die Bedeutung eines Versuches für die Geschichte der
Übersetzungskunst bestimmte gelegentlich die Auswahl. Von
den Übersetzern sind also im allgemeinen nur Dichter und Schrift-
steller ausgewählt; Philologen, Schulmänner, gewerbsmäßige oder
solche Übersetzer, deren Antrieb nicht in erster Linie sprachlich-
dichterische Absichten umfaßt, sind unberücksichtigt geblieben.
Bestehen mehrere Übertragungen eines Gedichtes, so ist in der
Regel diejenige ausgewählt, die beim engsten Anschluß an den
Wortlaut ein gutes oder vollkommenes Deutsch gibt. (Darum
finden sich beispielsweise nur wenige Übertragungen von A. W.
Schlegel; am häufigsten treten naturgemäß die Namen der Dichter auf, die umfangreiche Übertragungen aus dem Griechischen
vorgenommen haben. Wo zwischen diesen eine Wahl besteht, ist
im allgemeinen der sprachlich klassische Typus dem vorklassi-
schen oder klassizistischen vorgezogen.) Es soll jedoch nicht nur
ein Eindruck von der Schönheit deutscher Übertragungen aus
dem Griechischen, sondern auch von dem Umfang der Übersetzer-
tätigkeit gegeben werden. Aus diesem Grunde sind einige Übertragungen als Kuriosa aufgenommen, die schwer zugänglich sind
und sich gewöhnlich nicht in den Händen der Freunde des Altertums befinden, dafür aber einen lebendigen Eindruck vom Stil-
wandel des Übersetzens geben. Außerdem sind von einigen Parade-
stücken der Übersetzungskunst mehrere Übertragungen nebeneinander gestellt. Paraphrasen und Umdichtungen sind nur in

geringem Umfang aufgenommen, um die Vergleichung mit dem Urtext nicht unmöglich zu machen.

Die Gedichte sind der Zeitfolge nach angeordnet, jedoch so, daß die zusammengehörigen nebeneinander stehen. Die unbekannten und unbestimmten Dichter der »Anthologia Graeca« sind ohne Rücksicht auf die Zeitfolge in der überlieferten Ordnung neben andere Dichter gestellt, von denen wir uns kein deutliches Bild machen können. Die als Motti gedachten Verse späterer Dichter über ihre Vorgänger stehen — ohne Rücksicht auf die Chronologie — vor den Versen der Dichter, denen sie gewidmet sind. Die Zeitbestimmungen sind den bekannten Nachschlagewerken (Real-Encyclopädie, Lexikon der Alten Welt; bei den Übersetzern Goedeke, Allgemeine Deutsche Biographie usw.) entnommen.

Als Grundlage der griechischen Texte gelten in der Regel die heute maßgebenden kritischen und in den nachfolgenden Anmerkungen im einzelnen belegten Ausgaben, gleichgültig ob die Übersetzer die Texte in dieser oder in einer anderen Form gekannt haben. Wesentliche Abweichungen von den Originalen werden in den Anmerkungen besonders vermerkt. Dabei handelt es sich meist nicht um Übersetzungsfehler, sondern um Textvarianten. Der griechische Text ist nur bis zu dem Vers angeführt, bis zu dem er tatsächlich übersetzt worden ist; bedeutendere Auslassungen der Übersetzer inmitten der Gedichte sind in den Anmerkungen gekennzeichnet. Mängel der Überlieferung und zweifelhafte Stellen sind durch eckige oder spitze Klammern kenntlich gemacht. Die Druckanordnung ist vereinheitlicht hinsichtlich der Einrückungen, der Absätze, der Akzente und der Majuskeln; doch sind die Absätze wegen der oft sehr kennzeichnenden Absetzungen durch die Übersetzer in den griechischen und deutschen Texten absichtlich nicht in Einklang gebracht. Das Jota adscriptum bzw. subscriptum ist in der Regel nach dem Gebrauch der kritschen Ausgaben übernommen worden.

Die deutschen Texte sind nach der maßgebenden kritischen oder nach einer zeitgenössischen Ausgabe, die in den Anmerkungen belegt ist, in der ursprünglichen Rechtschreibung und Zeichensetzung sowie mit den von den Übersetzern gewählten Überschriften, Gliederungen, Sperrungen, Abkürzungen usw. wiedergegeben. Ohne weitere Kennzeichnung fehlen lediglich solche Überschriften, die den Dichter, die Stelle, das Versmaß oder die Gattung kennzeichnen. Ebenso sind A. W. Schlegels Längenzeichen und die Strophenangaben bei Pindar unberücksichtigt geblieben. Verbessert sind bei den deutschen Texten an wenigen Stellen allein offensichtliche Druck- oder Zeichenfehler.

Mein Dank gilt denen, die schon die früheren Auflagen dieser Sammlung durch Anregung, Hinweis, Rat und Unterstützung gefördert haben: dem verstorbenen Ernst Heimeran, Bruno Snell und meiner Frau. Bei der Zusammenstellung der Texte und bei der Korrektur des Neudrucks hat mir Rüdiger von Tiedemann unermüdlich geholfen.

NACHWEISE UND ANMERKUNGEN

Alle Jahreszahlen aus der Antike gelten im folgenden als vorchristlich,
wenn nicht das Gegenteil vermerkt ist.

9 ΑΔΕΣΠΟΤΟΝ: Anthologia Graeca, ed. Hermann Beckby,
vol. III, Buch IX—XI, Mch. o. J. (= ²1967), p. 48; IX 65
(= AG III).

9 UNBEKANNTER DICHTER: Johann Gottfried Herder (1744 bis
1803), Sämmtl. Werke, Bd. XXVI, hg. v. Bernhard Suphan,
Bln. 1882, S. 38 (= Herder).

10 ΑΔΕΣΠΟΤΟΝ: AG III p. 114; IX 184.

11 UNBEKANNTER ÜBER DIE GRIECHISCHEN DICHTER: Herder
S. 135. V. 9 H. betont »Alkmans« auf der ersten Silbe.

10 ΑΝΤΙΠΑΤΡΟΣ ΘΕΣΣΑΛΟΝΙΚΕΥΣ (unter Augustus; Kaiser 27 bis
14 n. Chr.): The Greek Anthology — The Garland of Philip...,
ed. A. S. F. Gow, D. L. Page, vol. I, Cambr. 1968, p. 24; XIX
(= GA II).

11 ANTIPATROS VON THESSALONIKE ÜBER DIE GRIECHISCHEN
DICHTERINNEN: Herder S. 135.

12 ΑΔΗΛΟΝ: Anthologia Graeca, ed. Hermann Beckby, vol. IV,
Buch XII—XVI, Mch. o. J. (= ²1967), p. 464; XVI 300,
v. 1—2; p. 466; XVI 302 (= AG IV).

13 UNBESTIMMTER DICHTER ÜBER HOMEROS: Herder S. 38.

12 ΥΜΝΟΣ ΟΜΗΡΙΚΟΣ (wohl 8. bis 6. Jh.): The Homeric Hymns,
ed. T. W. Allen, W. R. Sikes, Ox. ²1936, p. 20ff.; III v. 1—139
(= Hom.).

13 HOMERISCHER HYMNOS: Johann Wolfgang von Goethe (1749 bis
1832), Werke, Bd. IV, hg. im Auftr. der Großherzogin Sophie
von Sachsen, Weimar 1891, S. 321ff. (= Goethe). V. 59 ist verdorben. G. liest etwa δηρὸν ἄνακτ' εἰ βόσκοις, οἵ τε θεοί κέ σ'
ἔχωσι, was unmetrisch ist, oder mit Barnes εἰ βόσκῃς τὸν
ἄνακτα, θεοί κέ σε δηρὸν ἔχωσι. Mehrere Verse hat G. zu-
sammengezogen.

20 ΥΜΝΟΣ ΟΜΗΡΙΚΟΣ: Hom. p. 75; VI.

21 HOMERISCHER HYMNOS: Thassilo von Scheffer (1873—1951),
Die homerischen Götterhymnen, Jena 1927, S. 73 (= Scheffer),
— Mit freundlicher Erlaubnis des Eugen Diederichs Ver-
lages.

22 ΥΜΝΟΣ ΟΜΗΡΙΚΟΣ: Hom. p. 76 ff.; VII.

23 HOMERISCHER HYMNOS: Eduard Mörike (1804—1875). Clas-
sische Blumenlese — Eine Auswahl ... Bd. I [einziger Band],
Stuttg. 1840, S. 13 ff. (= Mörike Blum.).

26 ΥΜΝΟΣ ΟΜΗΡΙΚΟΣ (wohl 6. oder 5. Jh.): Hom. p. 82 ff.; XIX.

27 HOMERISCHER HYMNOS: Scheffer S. 87 f.

28 ΥΜΝΟΣ ΟΜΗΡΙΚΟΣ: Hom. p. 89; XXX.

30 HOMERISCHER HYMNOS: Christian zu Stolberg (1748—1821),
Gedichte aus dem Griechischen übersetzt, Hbg. 1782, S. 106
(= Stolberg). Überschrift: ΕΙΣ ΓΗΝ »An die Erde« hat St.
gelesen als ΕΙΣ ΤΗΝ...

30 ΚΑΛΛΙΝΟΣ (1. Hälfte des 7. Jh.s): Anthologia Lyrica Graeca,
ed. Ernestus Diehl, fasc. 1, Lps. ³1954, p. 1 s.; 1 (= ALG I).

31 KALLINOS: Stolberg S. 288 f. Überschrift: Von St. fälschlich
als »Türtäos viertes Kriegslied« bezeichnet. Nach V. 4 ist
ein Vers ausgefallen.

32 ΤΥΡΤΑΙΟΣ (während des 2. messenischen Krieges 640 bis
612): Tyrtaeus ..., ed. ... Carolus Prato, Romae 1968, p.
27 ss.; 6, 7 (= Tyrt.).

33 TYRTAIOS: Stolberg S. 282 f. V. 11 f. hat St. frei umschrieben,
V. 26 nicht übersetzt.

34 ΤΥΡΤΑΙΟΣ: Tyrt. p. 31 ss.; 8.

35 TYRTAIOS: Stolberg S. 284 f.

36 ΙΟΥΛΙΑΝΟΣ (Mitte des 6. Jh.s n. Chr.): Anthologia Graeca,
ed. Hermann Beckby, vol. II, Buch VII—VIII, Mch. o. J.
(= ²1966), S. 52; VII 70 (= AG II).

37 IULIANOS ÜBER ARCHILOCHOS: Herder S. 111.

36 ΑΡΧΙΛΟΧΟΣ (um 650): Archilochus ..., ed. ... Iohannes
Tarditi, Romae 1968, p. 122; 105.

37 ARCHILOCHOS: Stolberg S. 308. V. 3 ἐνδόκοισιν ist nicht sicher
erklärt; St. versteht offenbar δοκός »Balken« = δόρυ.

38 ΑΛΚΜΑΝ (2. Hälfte des 7. Jh.s): Poetae Melici Graeci, ed.
D. L. Page, Ox. 1962, p. 62; 89 (= PMG).

39 ALKMAN: Horst Rüdiger.

38 ΠΛΑΤΩΝ (427—348/7): ALG I p. 106; 16.

39 PLATON ÜBER SAPPHO: Herder S. 118.

38 ΣΑΠΦΩ (um 600): Poetarum Lesbiorum Fragmenta, ed.
Edgar Lobel, Denys Page, Ox. ²1963, p. 2; 1 (= PLF).

39 SAPPHO: Franz Grillparzer (1791—1872), Werke, Bd. I, hg. v.
August Sauer, Wien u. Lpg. 1909, S. 281 f. Schluß des 1. Auf-
zuges des Trauerspiels »Sappho«. — G. hat die Ode, die an
ein Mädchen gerichtet ist, seinem Drama angepaßt und auf

Phaon, den sagenhaften Geliebten Sapphos, bezogen. V. 10f. G. zieht μελαίνας, wahrscheinlich nach einer alten Lesart (μέλαινα), fälschlich zu πτέρα statt zu γᾶς (»über die schwarze Erde hin«). V. 24 mißverstanden (»auch gegen ihren Willen«).

40 ΣΑΠΦΩ: PLF p. 32; 31.

41 SAPPHO: Wilhelm Heinse (1746—1803), Sämmtl. Werke, Bd. III, 1. Abt., hg. v. Carl Schüddekopf, Lpg. 1906, S. 165 f. Aus dem Roman »Laidion oder die Eleusinischen Geheimnisse«.

42 ΣΑΠΦΩ: PLF p. 14; 16, v. 1—12.

43 SAPPHO: Hans Rupé (1886—1947), Sappho, Bln. o. J. (= 1935), o. S., V. 1—12 (= Rupé). — Mit freundlicher Erlaubnis des Holle et Co Verlages. — R.s Vorlage ist zum Teil anders ergänzt, besonders in den verdorbenen Versen 6 ff.

42 ΣΑΠΦΩ: Anthologia Lyrica Graeca, ed. Ernestus Diehl, vol. I, fasc. 4, Lps. s. a. (= ²1935), p. 57; 94.

43 SAPPHO: August Graf von Platen (1796—1835), Sämtl. Werke..., Bd. VII, hg. v. Max Koch, Erich Petzet, Lpg. 1910, S. 39 (= Platen).

42 ΣΑΠΦΩ: PLF p. 75 s.; 94, v. 1—23.

43 SAPPHO: Rupé o. S. V. 17 R. liest ἀνθέων εἰαρένων. R. übersetzt meist nach Diels' Versuchen, die Papyri zu ergänzen; doch alle Ergänzungen sind problematisch.

44 ΣΑΠΦΩ: PLF p. 78; 96, v. 1—20.

45 SAPPHO: Rupé o. S. V. 19 R. liest νὺξ πολύως (»die vielohrige Nacht«), was sich als falsche Konjektur herausgestellt hat.

44 ΣΑΠΦΩ: PLF p. 84; 102.

45 SAPPHO: Herder, Bd. XXV, Bln. 1885, S. 407.

44 ΣΑΠΦΩ: PLF p. 89; 114.

45 SAPPHO: Herder, Bd. XXV, S. 408.

44 ΣΑΠΦΩ: PLF p. 92; 130; p. 93; 131.

45 SAPPHO: Herder, Bd. XXV, S. 407. V. 3 H. hält Atthis für einen Knaben; es ist ein Mädchen.

46 ΣΑΠΦΩ: PLF p. 94; 137.

47 SAPPHO: Heinse, Iris, Bd. III, Düsseld. 1775, S. 85f. Aus dem Essay »Sappho«. — H. schreibt das Gedicht nach älteren Lesarten Alkaios und Sappho als Wechselgesang zu.

48 ΑΛΚΑΙΟΣ (um 600): PLF p. 265; 326.

49 ALKAIOS: Emanuel Geibel (1815—1884), Klassisches Liederbuch — Griechen und Römer in deutscher Nachbildung, Stuttg. u. Bln. ⁷1906, S. 42 (= Geibel).

48 ΑΛΚΑΙΟΣ: PLF p. 267; 338.

49 ALKAIOS: Geibel S. 43. Die verlorenen V. 3f. hat G. nach

Horaz C. I 9, v. 2f., ergänzt.

48 ΣΟΛΩΝ (um 640—560): ALG I p. 20 ss.; 1, v. 1—16.

49 SOLON: Herder S. 175. V. 11 μετίωσιν Konjektur von Ahrens, τιμῶσιν Hss.; so liest H., der hinter diesem Wort interpungiert.

50 ΣΟΛΩΝ: ALG I p. 31; 4, v. 9—12.

51 SOLON: Geibel S. 12.

50 ΣΟΛΩΝ: ALG I p. 33 s.; 8.

51 SOLON: Geibel S. 9.

50 ΣΟΛΩΝ: ALG I p. 37; 15.

51 SOLON: Stolberg S. 292.

52 ΜΙΜΝΕΡΜΟΣ (2. Hälfte des 7. Jh.s): ALG I p. 48 s.; 1.

53 MIMNERMOS: Herder S. 165f.

52 ΜΙΜΝΕΡΜΟΣ: ALG I p. 52; 10, v. 1—10.

53 MIMNERMOS: Geibel S. 14.

54 ΘΕΟΓΝΙΣ (6./5. Jh.): Theognis ... post Ernestum Diehl ed. Douglas Young, Lps. 1961, p. 1 s., v. 5—10 (= Theog.).

55 THEOGNIS: Geibel S. 16. V. 2 G. zieht ῥαδινός »schlank« nach anderer Lesart zu φοίνικος statt zu χερσίν.

54 ΘΕΟΓΝΙΣ: Theog. p. 2, v. 15—18.

55 THEOGNIS: August Wilhelm von Schlegel (1767—1845), Sämmtl. Werke, Bd. III, hg. v. Eduard Böcking, Lpg. 1846, S. 108 (= Schlegel W.).

54 ΘΕΟΓΝΙΣ: Theog. p. 31, v. 467—474.

55 THEOGNIS: Geibel S. 19.

54 ΘΕΟΓΝΙΣ: Theog. p. 49, v. 783—788.

55 THEOGNIS: Geibel S. 24.

56 ΘΕΟΓΝΙΣ: Theog. p. 54, v. 885 s.

57 THEOGNIS: Mörike Blum. S. 75 nach: Wilhelm Ernst Weber (1790—1850), Die elegischen Dichter der Hellenen, Fkft. 1826, S. 73ff.

56 ΘΕΟΓΝΙΣ: Theog. p. 73, v. 1197—1202.

57 THEOGNIS: Geibel S. 22.

56 ΙΒΥΚΟΣ (2. Hälfte des 6. Jh.s): PMG p. 149; 286.

57 IBYKOS: Geibel S. 46. V. 12 Statt φυλάσσει liest G. τινάσσει.

58 ΣΙΜΩΝΙΔΗΣ (um 556—467/66): PMG p. 272; 521.

59 SIMONIDES: Herder S. 174.

58 ΣΙΜΩΝΙΔΗΣ: PMG p. 284; 543.

59 SIMONIDES: Wilhelm von Humboldt (1767—1835), Gesamm. Schriften, 1. Abt., Bd. VIII, hg. v. der Kgl. Preußischen Akademie der Wissenschaften, Bln. 1909, S. 248f. (= Humboldt).

60 ΣΙΜΩΝΙΔΗΣ: Anthologia Lyrica Graeca, ed. Ernestus Diehl, vol. II, Lps. 1925, p. 92; 88a (= ALG II).

61 SIMONIDES: Geibel S. 56.

60 ΣΙΜΩΝΙΔΗΣ: ALG II p. 94; 92c.

61 SIMONIDES: Herder, Bd. XV, Bln. 1888, S. 356.

60 ΣΙΜΩΝΙΔΗΣ: ALG II p. 94; 92c.

61 SIMONIDES: Stolberg S. 298.

60 ΣΙΜΩΝΙΔΗΣ: ALG II p. 94; 92c.

61 SIMONIDES: Georg Christoph Tobler (1757—1812), Schweitzerisches Museum, März 1785; hier nach: Ernst Beutler, Vom griechischen Epigramm im 18.Jh., Lpg. 1909 (= Probefahrten 15), S. 111.

60 ΣΙΜΩΝΙΔΗΣ: ALG II p. 94; 92c.

61 SIMONIDES: Friedrich von Schiller (1759—1805), Sämtl. Werke, Säk.-Ausg., Bd. I, Stuttg. u. Bln., S. 136. Aus der Elegie »Der Spaziergang«, V. 97f.

60 ΣΙΜΩΝΙΔΣΗ: ALG II p. 94; 92c.

61 SIMONIDES: Geibel S. 56.

62 ΘΕΟΚΡΙΤΟΣ (geb. um 305): Bucolici Graeci, rec. A. S. F. Gow, Ox. 1952, p. 127; epigr. XVII (= Buc.).

63 THEOKRITOS ÜBER ANAKREON: Johann Heinrich Voß (1751 bis 1826), Theokritos Bion und Moschos, Tüb. 1808, S. 304 (= Voß).

62 ΑΝΑΚΡΕΩΝ (um 575—490 [?]): Anacreon, ed. Bruno Gentili, Romae 1958, p. 3; 1 (= Anac.).

63 ANAKREON: Mörike, Anakreon und die sogenannten Anakreontischen Lieder, Stuttg. 1864, S. 29 (= Mörike Anak.). — M. hat nach dem Vorwort S. 3ff. den echten Anakreon und die Epigramme neu übertragen, im übrigen aber eine Revision und Ergänzung der Lpg. 1821 in 2. Auflage erschienenen Anakreon-Übersetzung von Johann Friedrich Degen vorgenommen. Ähnlich ist er auch bei den anderen Übersetzungen verfahren, die mit dem Zusatz »nach älteren Übersetzern« versehen sind.

62 ΑΝΑΚΡΕΩΝ: Anac. p. 13; 14.

63 ANAKREON: Mörike Anak. S. 30.

64 ΑΝΑΚΡΕΩΝ: Anac. p. 14; 15.

65 ANAKREON: A. W. v. Schlegel, Vorlesungen über schöne Litteratur und Kunst II, Heilbr. 1884 (= Dtsch. Litt.-Denkm. des 18. u. 19. Jh.s Nr. 18), S. 255.

64 ΑΝΑΚΡΕΩΝ: Anac. p. 12; 13.

65 ANAKREON: Mörike Anak. S. 32.

64 ΑΝΑΚΡΕΩΝ: Anac. p. 26; 33, v. 1—6.
65 ANAKREON: Mörike Anak. S. 39.
64 ΑΝΑΚΡΕΩΝ: Anac. p. 65; 93.
65 ANAKREON: Mörike Anak. S. 33.
64 ΑΝΑΚΡΕΩΝ: Anac. p. 57; 78.
65 ANAKREON: Mörike Anak. S. 41.
66 ΑΝΑΚΡΕΩΝ: Anac. p. 41; 56.
67 ANAKREON: Mörike Anak. S. 44.
66 ΣΚΟΛΙΑ ΑΤΤΙΚΑ (nach 514): PMG p. 474 s.; 893—895.
67 ATTISCHE TRINKLIEDER: Friedrich Hölderlin (1770—1843), Sämtl. Werke, Große Stuttg. Ausg., Bd. V, hg. v. Friedrich Beißner, Stuttg. 1952, S. 31 (= Hölderlin). — Überschrift: Fälschlich als »Reliquie von Alzäus« bezeichnet. H. faßt die drei Skolien als eines auf. V. 4 da sie Athen gleichrechtig machten, d.h. die Demokratie errichteten.
66 ΑΝΤΙΠΑΤΡΟΣ ΘΕΣΣΑΛΟΝΙΚΕΥΣ: GA II p. 58; LXXV.
67 ANTIPATROS VON THESSALONIKE ÜBER PINDAROS: Herder S. 38.
68 ΠΙΝΔΑΡΟΣ (um 522 oder 518 bis nach 446): Pindari Carmina, vol. I, ed. Bruno Snell, Lps. ⁴1964, p. 2 ss.; Ol. I (= Pind).
69 PINDAROS: Humboldt S. 17ff. V. 28f. θαύματα πολλά (»Wunder sind viel«) ist selbständiger Satz; μῦθοι ist Apposition zu φάτις, wirkt aber auf das Prädikat, so daß dieses im Plural steht. V. 101 ἱππίῳ νόμῳ von H. mißverstanden. Die Wendung bezieht sich auf eine besondere musikalische Weise.
78 ΠΙΝΔΑΡΟΣ: Pind. p. 8 ss.; Ol. II.
79 PINDAROS: Hölderlin S. 45ff. — V. 6 heißt richtig: »der gerecht ist durch die Rücksicht auf die Fremden«. V. 11 μόρσιμος »die jedem sein Teil gibt«. V. 12 »zu gediegenen Tugenden«. V. 14 ἀέθλων »der Kampfspiele«; πόρον »Furt, Pfad«. V. 18f. ἀποίητον οὐδ' ἄν... δύναιτο θέμεν »könnte nicht ungeschehen machen«. V. 25f. »Der Jammer aber fällt in seiner Schwere vor größerem Gut.« V. 30 H. liest folgende Interpunktion: πατὴρ μάλα, φιλεῖ. V. 49 τιμώμενος »geehrt«; H. denkt an lat. timeo. — »der Adrastiden Sproß, eine Stütze dem Haus«. V. 52 ἐγκωμίων ist Adjektiv zu μελέων. H. übersetzt, als stünde τε nicht vor, sondern hinter μελέων. V. 56f. »Das Gelingen aber erlöst den, der den Kampf versucht hat, vom Mißmut.« V. 60 zu lesen wohl ἀβροτέραν »in der Tiefe darbietend eine zartere Hoffnung«. V. 61 ἀρίζηλος »hellstrahlend«. V. 62 ff. »und weiß das Künftige, ... und daß in dieser, in Jupiters Herrschaft ...« V. 65f. »mit feindlichem Zwang den Spruch

fällend« (φράσαις ist nicht 2. Pers. Opt. Aor., sondern Part.).
V. 71 κενεὰν παρὰ δίαιταν »mit der Absicht auf eitlen Brot-
erwerb«. V. 71ff. »sondern bei ehrwürdigen Göttern führen
die, die an Eidestreue ihre Freude hatten, ein tränenloses
Leben«. V. 75f. »welche aber es dreimal über sich gewinnen,
dreimal an beiden Orten (d. h. im Diesseits und im Jenseits)
verweilend«. V. 82 H. liest στεφάνοις. V. 83 »nach dem gerechten Ratschluß des Rhadamanthys«. V. 84 H. liest Κρόνος
statt μέγας. V. 91 Der Aithiope ist Memnon. V. 93 συνετοῖσιν
faßt H. als Form von συνεῖναι; »tönend den Verständigen«. —
ἐς τὸ πᾶν nicht »durchaus«, sondern: »Für die Allgemein-
heit bedürfen sie (meine Worte) der Ausleger.« V. 105 »Aber
gegen das Lob trat Überdruß.« V. 107f. Die Stelle ist verdorben. Wilamowitz liest: τὸ λαλαγῆσαι θέλει κρυφὸν τιθέμεν
ἐσλῶν καλοῖς ἔργοις: »Geübt von sinnlosen Menschen pflegt
das leere Geschwätz die Großtaten der Edlen in den Schatten
zu stellen.«
88 ΠΙΝΔΑΡΟΣ: Pind. p. 18 s.; Ol. V.
89 PINDAROS: Goethe S. 315 ff. — Dieses Gedicht ist das einzige
in der überlieferten Sammlung pindarischer Siegeslieder,
das nicht von Pindar selbst verfaßt ist. Der Dichter, ein
Zeitgenosse Pindars, ist unbekannt. V. 12 ὀχετοί »Kanäle«. —
Hipparis ist Fluß und Flußgott.
92 ΠΙΝΔΑΡΟΣ: Pind. p. 47 s.; Ol. XI.
93 PINDAROS: Herder S. 205f. V. 3 H. interpungiert nicht vor,
sondern hinter ὀμβρίων. V. 4 »Wenn aber jemand mit Arbeit
Erfolg hat, dann werden ihm ...«
94 ΠΙΝΔΑΡΟΣ: Pind. p. 59 ss.; Pyth. I, v. 1—40.
95 PINDAROS: Schlegel W. S. 131 ff. V. 2 σύνδικον »zugehöriges«,
»rechtmäßiges«. V. 5f. »Auch dem Lanzer Blitz löschst du
das ewige Feuer.« V. 8 ἀγκύλῳ κρατί »auf sein gebogenes
Haupt«. V. 12 βαθύκολπος nicht »vollbusig«, sondern »tief-
gegürtet«, d. h. so, daß der Bausch des Gewandes tief her-
unterfällt. V. 40 »Wolle das in deinem Sinn aufnehmen und
das Land wohl bevölkern.« Sch. gibt (wie übrigens öfter
und nicht nur in dieser Pindar-Übersetzung) eine etwas vage
Umschreibung, da ihm der Sinn nicht ganz klar ist.
98 ΠΙΝΔΑΡΟΣ: Pind. p. 106 ss.; Pyth. IX.
99 PINDAROS: Humboldt S. 77ff. V. 5 »des Pelions«. V. 10f.
»Und berührte mit leichter Hand den Götterwagen«. V. 12
ἐρατάν »liebliche«. V. 19 H. liest οἰκουριᾶν (also zu δείπνων
gehörig), nicht οἰκουριᾶν (zu ἑταιρᾶν zu ziehen). V. 21 »er-

schlug«. V. 30 H. läßt aus: »Die heilige Höhle, Phillyride,
verlaß!« V. 39 εὐθύς »sogleich«. V. 63 f. H. setzt andere
Interpunktion. V. 104 ff. Der Text der schwierigen Stelle ist
unsicher; H.s Übersetzung trifft den Sinn wahrscheinlich nicht.

110 ΠΙΝΔΑΡΟΣ: Pind. p. 116 ss.; Pyth. XI.

111 PINDAROS: Herder S. 208 ff. V. 5 »das vor anderen Apollon
geehrt hat«. V. 13 f. »in dem Thrasydaios den Herd der Väter
denkwürdig machte, da er ...« V. 30 »lärmt unbeachtet«.
V. 33 f. »nachdem er Helenas wegen die eingeäscherten Tro-
janer-Häuser von ihrem Prunk gelöst hatte«. V. 40 ἄκατος
»Boot«. V. 54 ff. »Die Neider wehren sich. Wenn aber einer
den Gipfel erreichte, ihn in Ruhe genießen will und ihrer
schrecklichen Hybris entfloh, dürfte er wohl zu schönerer
Grenze des schwarzen Todes schreiten, da er dem süßen
Geschlecht nach ihm das beste Erbe hinterläßt, den Segen
des guten Namens.«

116 ΒΑΚΧΥΛΙΔΗΣ (um 505 bis um 450): Bacchylidis Carmina cum frag-
mentis ... ed. Bruno Snell, Lps. ⁷1958, p. 85 s.; fragm. 4,
v. 61—80 (= Bacchyl.).

117 BAKCHYLIDES: Herder S. 160 f. V. 2 H. liest μεγάλα statt
μεγαλάνορα. V. 6 H. liest εὐτρίχων statt εὐμάλλων. V. 16 ἀῷος
»am Morgen«.

118 ΒΑΚΧΥΛΙΔΗΣ: Bacchyl. p. 95 s.; fragm. 20 B, v. 6—16.

119 BAKCHYLIDES: Goethe, Werke, Bd. LIII, Weim. 1914, S. 358.—
Die Übersetzung ist flüchtig und ungenau und deshalb auch
nicht zur Veröffentlichung bestimmt gewesen. V. 1—5 » ...
⟨wenn⟩ der süße Zwang der kreisenden Becher die Seele
wärmt und Hoffnung der Kypris den Sinn entzündet, mit
des Dionysos Gaben gemischt. Den Männern sendet er die
Gedanken aufwärts ... « V. 11 »So reizt er das Herz des
Trinkenden auf« (d. h. daß sich die in V. 6—10 genannten
Dinge zu erfüllen scheinen).

118 ΔΙΟΣΚΟΡΙΔΗΣ (unter Ptolemaios III., der 222/21 starb):
The Greek Anthology — Hellenistic Epigrams, vol. I, ed.
A. S. F. Gow, D. L. Page, Cambr. 1965, p. 87 f.; XXI (= GA I).

119 DIOSKORIDES ÜBER AISCHYLOS: Herder S. 94 f.

120 ΑΙΣΧΥΛΟΣ (525/24—456/55): Aeschyli ... Tragoediae, rec.
Gilbertus Murray, Ox. ²1955, p. 213 s.; Agam. v. 160—183
(= Aesch.).

121 AISCHYLOS: Karl Vollmoeller (1878—1948), Die Orestie des
Aischylos, Mch. 1919, S. 14 f. (= Vollmoeller). — Mit
freundlicher Erlaubnis des Musarion Verlages.

120 ΑΙΣΧΥΛΟΣ: Aesch. p. 237 s.; Agam. v. 750—762, 773—781.

121 AISCHYLOS: Vollmoeller S. 30 f.

122 ΑΙΣΧΥΛΟΣ: Aesch. p. 301; Choeph. v. 585—601.

123 AISCHYLOS: Vollmoeller S. 90.

122 ΣΙΜΙΑΣ [ΘΗΒΑΙΟΣ] (wahrscheinlich nicht der Mitunterredner der platonischen Dialoge [vgl. RE 2. R., Bd. III, S. 148], sondern der Grammatiker Simias von Rhodos, um 300): GA I p. 178 f.; V.

123 SIMIAS [VON THEBEN] ÜBER SOPHOKLES: Geibel S. 70.

124 ΣΟΦΟΚΛΗΣ (497/96—406/05): Sophoclis Fabulae, rec. ... A. C. Pearson, Ox. ⁸1957, s. p.; Oed. Col. v. 668—693 (= Soph.).

125 SOPHOKLES: Hölderlin S. 32. V. 20 »die Verteilerinnen der Fluten des Kephissos« (d. h. Bewässerungsgräben). V. 26 »mit goldenen Zügeln«.

126 ΣΟΦΟΚΛΗΣ: Soph. s. p.; Oed. Col. v. 1224—48.

127 SOPHOKLES: Platen, Bd. IV, S. 84.

126 ΣΟΦΟΚΛΗΣ: Soph. s. p.; Antig. v. 332—375.

127 SOPHOKLES: Hölderlin S. 219 f. V. 4 »bei winterlichem Süd-wind«. V. 5 f. »hindurchfahrend unter den rings brausenden Wogen«. V. 9 »mit sich wendenden Pflügen«. V. 10 πολεύων »im Kreise herumgehend«. V. 16 κρατεῖ »bezwingt«, d. h. zähmt. V. 22 f. Wörtlich »stadt-gesetzliche Regungen«. V. 23 ff. »und der unwirtlichen Fröste Geschosse im Freien und bei üblem Wetter zu fliehen, der in allem einen Ausweg weiß. Ohne Ausweg (d. h. hilflos) tritt er an nichts Zukünftiges heran.« H. interpungiert vor παντοπόρος und nach ἄπορος, wie z. B. Boeckh vorschlug. V. 27 f. »allein Flucht vor dem Hades wird er sich nicht gewinnen«. V. 29 f. »Aber Flucht vor Krankheiten, bei denen er hilflos war, hat er sich erdacht.« V. 34 ff. »Ehrt er die Gesetze und der Götter beschworenes Recht, so steht er hoch in der Stadt. Un-städtisch ist, wem das Nicht-Schöne sich gesellt der Ver-messenheit wegen.«

130 ΣΟΦΟΚΛΗΣ: Soph. s. p.; Antig. v. 582—625.

131 SOPHOKLES: Herder S. 175 f. V. 21 παντογήρως ist verdorben. V. 26 ff. »Dieses Gesetz gilt für demnächst und für die Zu-kunft und für das Einst. Kein Übermaß kommt zu der Sterb-lichen Leben ohne Verderben.« — H. hat einen anderen Text mit anderer Interpunktion.

132 ΣΟΦΟΚΛΗΣ: Soph. s. p.; Aiax v. 131—133.

133 SOPHOKLES: Herder S. 174.

304

NACHWEISE UND ANMERKUNGEN

132 ΑΔΑΙΟΣ (vor Caligula; Kaiser 37—41 n.Chr.): GA II p. 4; III, v. 5—6.

133 ADAIOS ÜBER EURIPIDES: Geibel S. 70.

132 ΕΥΡΙΠΙΔΗΣ (um 485/84—407/06): Euripidis Fabulae, rec. ... Gilbertus Murray, vol. I, Ox. ⁹1951, s. p.; Alc. v. 234—243.

133 EURIPIDES: Wolfhart Spangenberg (um 1570—1639 [?]). Griechische Dramen in deutschen Bearbeitungen ..., Bd. I, hg. v. Oskar Dähnhardt, Tüb. 1896 (= Bibl. d. Litt. Vereins 211), S. 87.

134 ΕΥΡΙΠΙΔΗΣ: Euripidis Fabulae, rec. Gilbertus Murray, vol. II, Ox. ⁹1955, s. p.; Ion v. 82—93 (= Eurip. II).

135 EURIPIDES: Christoph Martin Wieland (1733—1813), Attisches Museum, Bd. IV 3, hg. v. C. M. Wieland, Lpg. 1803, S. 12 (= Wieland).

134 ΕΥΡΙΠΙΔΗΣ: Eurip. II s. p.; Ion v. 472—491.

135 EURIPIDES: Wieland S. 42. V. 18 Von W. ausgelassen: »Wem solches (d. h. kinderloses Leben) gefällt, den tadle ich.«

136 ΕΥΡΙΠΙΔΗΣ: Euripidis Fabulae, rec. Gilbertus Murray, vol. III, Ox. ¹⁰1960, s. p.; Hel. v. 1137—64.

137 EURIPIDES: Wieland, Neues Attisches Museum, Bd. I 1, hg. v. C. M. Wieland, J. J. Hottinger u. F. Jacobs, Zür. 1805, S. 121 f. V. 17 W. liest ἀπαθῶς, das jedoch nicht »ungestraft« heißt. V. 22 W. liest ἔλιπον statt ἔλαχον. V. 28 Ich gebe den Text, wie W. ihn liest. Überliefert ist am Ende ἰλίνοις, das sinnlos ist; auch das Metrum ist zerstört.

138 ΑΝΤΙΦΑΝΗΣ (407/04 bis um 330): Athenaei Naucratitae Dipnosophistarum l. XV, rec. Georgius Kaibel, vol. II, Lps. 1887, p. 479; 450e—f (= Athen.). Aus der Komödie »Sappho« (vgl. Kock II p. 95).

139 ANTIPHANES: Goethe S. 334. — Die Auflösung des Rätsels: Der Brief. V. 5 »Sie haben eine stumme Hörempfindung.«

138 ΑΛΕΞΙΣ (um 372—270): Athen. p. 477; 449d—e. Aus der Komödie »Hypnos« (vgl. Kock II p. 385).

139 ALEXIS: Goethe S. 334. — Auflösung des Rätsels: Der Schlaf. V. 6 hat G. für das Stammbuch seines Enkels zugedichtet.

140 ΠΛΑΤΩΝ (427—348/47): ALG I p. 106; 15 = AG VI 1.

141 PLATON: Martin Opitz (1597—1639), Teutsche Poemata — Abdruck der Ausgabe von 1624 ..., hg. v. Georg Witkowski, Halle/S. 1902 (= Neudr. dtsch. Litt.-Werke des 16. u. 17. Jh.s., Nr. 189—92), S. 89 (= Opitz Poem.).

140 ΠΛΑΤΩΝ: ALG I p. 103; 4 = AG VII 669.

141 PLATON: Karl Reinhard (1769—1840), Gedichte, Neue Ausgabe, Altona 1819, S. 86 (= Reinhard).

140 ΠΛΑΤΩΝ: ALG I p. 107; 22, v. 1—6 = AG VI 43.

141 PLATON ZUGESCHRIEBEN: J. H. Voß, Sämtliche Gedichte, Bd. VI, Königsbg. 1802, S. 303.

140 ΑΔΗΛΟΝ: AG IV S. 478; XVI 330.

141 UNBESTIMMTER DICHTER ÜBER ARISTOTELES: Herder S. 75.

140 ΑΡΙΣΤΟΤΕΛΗΣ (384—322/21): ALG I p. 117 ss.; 5.

141 ARISTOTELES: Stolberg S. 303 f. V. 9 muß wohl heißen »Kronions«. V. 13 Nicht Teiresias, sondern Hermeias aus Atarneus ist gemeint, der eben gestorben war; er war ein kleinasiatischer Herrscher, mit Aristoteles befreundet. V. 14 »werden geben«.

142 ΑΡΙΦΡΩΝ (5./4. Jh.): PMG p. 422; 813.

143 ARIPHRON: Herder S. 159.

144 ΚΛΕΑΝΘΗΣ (um 331/30—230): Collectanea Alexandrina ..., ed. Iohannes U. Powell, Ox. 1925, p. 227 s.; I (= Coll. Alex.).

145 KLEANTHES: Herder S. 162 f. V. 4 »Denn aus dir sind wir entstanden, Gottes Nachahmung ...«; H. liest ἤχου statt θεοῦ. V. 12 f. »der durch alles hindurchgeht, sich mischend mit dem großen und den kleinen Gestirnen«. In der folgenden Lücke sind wohl die übrigen Teile des Kosmos genannt worden. Der Anfang von V. 14 ist jetzt unverständlich. V. 25 σὺν νῷ ist mit πειθόμενοι, nicht mit dem Folgenden zu verbinden. V. 26 H. scheint ἄνευ καλοῦ zu lesen (κακοῦ die Hss.). V. 30 ist von H. ausgelassen, da er in den Hss. verstümmelt ist. V. 31 »alle mit Eifer bemüht, daß durchaus das Gegenteil eintritt«.

146 ΕΡΜΗΣΙΑΝΑΞ (geboren um 300 [?]): Coll. Alex. p. 98 ss.; 7 Lib. III.

147 HERMESIANAX: Schlegel, Athenaeum — Eine Zeitschrift von August Wilhelm Schlegel und Friedrich Schlegel, Bd. I, Bln. 1798, S. 118 ff. (= Schlegel Ath. I). V. 17 Sch. liest πολυμνήστῃσιν und versteht unter den »Gefeierten« Demeter und Persephone. V. 33 Sch. liest ἔκλαιε δ' Ἰκάρου. V. 43 δαρδανη ist verdorben; Sch. läßt das Wort anscheinend aus. V. 54. Statt δειρῇ ist überliefert δοῦριν; Sch. liest offenbar δούρει κεκλιμένος. V. 59 f. ist verdorben; Sch. ergänzt willkürlich. V. 66 αιγειων ist verdorben; Sch. liest Αἰγινώ. V. 68 Sch. liest ἀμφὶ βίου.

152 ΚΑΛΛΙΜΑΧΟΣ (um 310—240 [?]): Callimachus, ed. Rudolfus Pfeiffer, vol. II, Ox. 1953, p. 86; epigr. XXI (= Call.).

153 KALLIMACHOS: Herder S. 40. — V. 6 H. liest eine zweifelhafte
Ergänzung der verdorbenen Stelle.

152 ΚΑΛΛΙΜΑΧΟΣ: Call. p. 1 ss.; I, v. 1—63.

153 KALLIMACHOS: Humboldt S. 233 ff. V. 8 »‚Die Kreter sind
immer Lügner‘ — sie haben dir ja auch ...« V. 20 H. liest
Ἀρκαδίη. V. 26 hat H. versehentlich siebenhebig gebaut.
V. 44 f. hat H. nicht übersetzt.

156 ΚΑΛΛΙΜΑΧΟΣ: Call. p. 30 ss.; V.

157 KALLIMACHOS: Schlegel Ath. I S. 130 ff. V. 34 Sch. liest
Ἀκεστοριδᾶν. V. 61 Am Anfang ist fälschlich ἢ ’πὶ Κορωνείας
aus V. 63 eingedrungen. V. 73 f. hat Sch. nicht übersetzt,
offenbar ohne zu bemerken, daß durch die leicht variierte
Wiederholung die Mittagsruhe geschildert wird.

164 ΚΑΛΛΙΜΑΧΟΣ: Call. p. 86 s.; epigr. XXIII.

165 KALLIMACHOS: August Oehler (1882—1920), Der Kranz des
Meleagros von Gadara ..., Bln. 1920 (= Klass. des Altert.s
II 15), S. 211 (= Oehler). — Mit freundlicher Erlaubnis des
Propyläen-Verlages.

164 ΚΑΛΛΙΜΑΧΟΣ: Call. p. 92; epigr. XLII.

165 KALLIMACHOS: Oehler S. 219.

164 ΚΑΛΛΙΜΑΧΟΣ: Call. p. 96; epigr. LIII.

165 KALLIMACHOS: Oehler S. 227.

166 ΡΙΑΝΟΣ (um die Mitte des 3. Jh.s): Coll. Alex. p. 9 s.; I.

167 RHIANOS: Herder S. 162.

166 ΦΑΝΟΚΛΗΣ (Zeit unbestimmbar): Coll. Alex. p. 106 s.; I.

167 PHANOKLES: Schlegel Ath. I S. 112 ff.

168 ΘΕΟΚΡΙΤΟΣ (geb. um 305): Buc. p. 9 ss.; II.

169 THEOKRITOS: Mörike und F. Notter, Theokritos, Bion und
Moschos ..., Stuttg. 1855, S. 34 ff. (= Mörike Theokr.). V. 24
καππυρίσασα ist verdorben. V. 28—31 folgen bei M. nach
der früheren Anordnung auf V. 27. V. 59 f. Nach Wilamowitz,
Hermes 63, S. 276: »Nimm die Zauberkräuter und streiche
sie unter seine Schwelle, auf der sie jetzt noch sind«, wohl
um aus dem Zauber, der den Geliebten herzwingt, einen ent-
gegengesetzten zu machen. M. liest ebenfalls νῦν statt νύξ.
V. 61 ist interpoliert. V. 79 M. betont — wie im Original
— »áls du«. V. 120 M. betont »Diony sos«.

180 ΘΕΟΚΡΙΤΟΣ: Buc. p. 44 ss.; XI.

181 THEOKRITOS: Mörike Theokr. S. 70 ff.

184 ΘΕΟΚΡΙΤΟΣ: Buc. p. 47 s.; XII.

185 THEOKRITOS: Opitz, Aristarchus ... und Buch von der
Deutschen Poeterey, hg. v. Georg Witkowski, Lpg. 1888,

S. 173 f. (= Opitz Poet.). — O. ist nicht dem Original gefolgt, sondern der lateinischen oder holländischen Übertragung von Daniel Heinsius in: Emendationes et Notae in Theocriti Idyllia Bucolica, 1603, p. 116, und in: Nederduytsche Poemata, Amst. 1616, S. 38. V. 22 f. Der Text ist verdorben.

188 ΘΕΟΚΡΙΤΟΣ: Buc. p. 55 ss.; XV.

189 THEOKRITOS: Mörike Theokr. S. 81 ff. V. 1 Nicht Eunoa antwortet, sondern Praxinoa selbst. V. 7 M. liest ἔμ' statt αἰέν. V. 14 Das Ende wird von Gorgo gesprochen. V. 15 f. »Ich sage neulich zu ihm: ‚Papa, hol doch …'« M. liest πάντα statt πάππα. V. 38 M. liest ταῦτα καλ' εἶπας oder ähnlich; Gorgo sagt diese Worte. V. 64 wird von Praxinoa gesprochen. V. 89—93 werden von Praxinoa gesprochen. V. 94 Melitodes = Persephone. V. 98 f. M. liest einen anderen Text.

200 [ΘΕΟΚΡΙΤΟΣ:] Buc. p. 75; XIX. Das Gedicht ist Theokrit später zugeschrieben worden.

201 [THEOKRITOS:] Leo von Seckendorf (1775—1809), Blüthen griechischer Dichter, Weim. 1800, S. 174 (= Seckendorf).

200 ΘΕΟΚΡΙΤΟΣ: Buc. p. 115 s.; XXVIII.

201 THEOKRITOS: Schlegel, Athenaeum, Bd. III, Bln. 1800, S. 216 ff. (= Schlegel Ath. III). V. 17 Sch. liest Ἄρχιος.

202 ΘΕΟΚΡΙΤΟΣ: Buc. p. 122 s.; epigr. IV.

203 THEOKRITOS: Voß S. 290 f. V. 14 »Flehe, daß ich die Liebe zu Daphnis loswerde.« V. 15 »doch verweigert er dies …«.

202 ΘΕΟΚΡΙΤΟΣ: Buc. p. 126; epigr. XIII.

203 THEOKRITOS: Friedrich Leopold zu Stolberg (1750—1819) bei Stolberg S. 317.

204 ΜΟΣΧΟΣ (um 150): Buc. p. 132 s.; I.

205 MOSCHOS: Ludwig Christoph Heinrich Hölty (1748—1776), Sämtl. Werke …, Bd. I, hg. v. Wilhelm Michael, Weimar 1914, S. 273 f. (= Hölty). V. 10 »Wie Galle ist sein Sinn.« H. interpungiert anders. V. 14 »Bis zum Hades geht sein Reich.« H. liest βασιλῆα. V. 22 Den Schluß des Verses läßt H. aus.

206 ΜΟΣΧΟΣ: Buc. p. 133 ss.; II.

207 MOSCHOS: Johann Jacob Bodmer (1698—1783), Calliope, Bd. II, Zür. 1767, p. 20 ff. (= Bodmer). V. 15 »des die Aigis haltenden«. V. 31 ἄναυρος hier allgemein: »Wildbach«. V. 32 hat B. ausgelassen. V. 57 κεκασμένος »versehen mit«. V. 62 und V. 114—17 hat B. ausgelassen. V. 139 ποτόν »Trunk «. V. 166 Das Ende des Gedichts ist verloren.

214 ΜΟΣΧΟΣ: Buc. p. 151 s.; aposp. II.

215 MOSCHOS: Herder S. 153.

216 ΜΟΣΧΟΣ: Buc. p. 152; aposp. III.
217 moschos: Herder S. 151f.
216 ΜΟΣΧΟΣ: Buc. p. 152; aposp. IV.
217 moschos: Mörike Blum. S. 165 nach: Voß S. 395.
216 ΒΙΩΝ (um das Ende des 2. Jh.s): Buc. p. 153 ss.; I.
217 bion: Stolberg S. 191 ff. V. 97 St. liest κώμων.
224 ΒΙΩΝ: Buc. p. 157 s.; II. Das Fragment stammt wahrscheinlich nicht von Bion.
225 bion: Schlegel Ath. III S. 225ff. V. 14 Sch. liest φέρων, dann wohl τίσιν, αἰνόν. V. 24 Sch. liest anscheinend σῶμα τὸ καλὸν ἄειρε, τὰ δ' ἄδεα δάκρυ' ἐπέρρει. V. 32 Das Ende ist verloren.
226 ΒΙΩΝ: Buc. p. 160; aposp. V.
227 bion: Voß S. 342.
226 ΒΙΩΝ: Buc. p. 161; aposp. VIII.
227 bion: Herder S. 154.
226 ΒΙΩΝ: Buc. p. 163; aposp. XI.
227 bion: Herder S. 152. V. 8 H. liest συνεράσθαι.
228 ΒΙΩΝ: Buc. p. 163; aposp. XII.
229 bion: Seckendorf S. 45.
228 ΒΙΩΝ: Buc. p. 164; aposp. XIII.
229 bion: Hölty S. 273.
228 ΒΙΩΝ: Buc. p. 164 s.; aposp. XIV.
229 bion: Herder S. 152.
230 ΒΙΩΝ: Buc. p. 159 s.; aposp. II.
231 bion: Herder S. 169.
230 ΑΔΗΛΟΝ: AG II S. 20; VII 12.
231 UNBESTIMMTER DICHTER ÜBER ERINNA: Herder S. 107.
232 ΗΡΙΝΝΑ (Ende des 4. Jh.s[?]): GA I p. 98; II = AG VII 712.
233 erinna: Oehler S. 85.
232 ΑΝΥΤΗ (geb. vor 300): GA I p. 38; XII = AG VII 202.
233 anyte: Oehler S. 113.
234 ΑΝΥΤΗ: GA I p. 39; XV = AG IX 144.
235 anyte: Oehler S. 109.
234 ΑΝΥΤΗ: GA I p. 38; XIV = AG IX 745.
235 anyte: Oehler S. 111.
234 ΑΝΥΤΗ: GA I p. 40; XIX = AG XVI 231.
235 anyte: Oehler S. 111.
234 ΑΣΚΛΗΠΙΑΔΗΣ (Blüte um 320—290): GA I p. 44; I = AG V 169.
235 asklepiades: Oehler S. 147.
236 ΗΔΥΛΟΣ (um 270): GA I p. 100; II = AG V 199.
237 hedylos: Oehler S. 179.
236 ΣΙΜΙΑΣ ΡΟΔΙΟΣ (um 300): GA I p. 178; III = AG VI 113.

237 SIMIAS VON RHODOS: Oehler S. 123. V. 2 Statt ἐπί liest Oehler
   ὅπλον.

238 ΛΕΩΝΙΔΑΣ ΤΑΡΑΝΤΙΝΟΣ (Anfang des 3. Jh.s): GA I p. 107; II
   = AG VI 211.

239 LEONIDAS VON TARENT: Oehler S. 129.

238 ΝΟΣΣΙΣ (um 300): GA I p. 152; V = AG VI 275.

239 NOSSIS: Oehler S. 101.

238 ΠΑΜΦΙΛΟΣ (um 125): GA I p. 154; I = AG VII 201.

239 PAMPHILOS: Oehler S. 295.

240 ΜΕΛΕΑΓΡΟΣ (1. Jh.): GA I p. 228; XLIII = AG V 137.

241 MELEAGROS: Oehler S. 339.

240 ΜΕΛΕΑΓΡΟΣ: GA I p. 228; XLV = AG V 143.

241 MELEAGROS: Herder S. 13.

240 ΜΕΛΕΑΓΡΟΣ: GA I p. 230; LI = AG V 165.

241 MELEAGROS: Oehler S. 339.

240 ΜΕΛΕΑΓΡΟΣ: GA I p. 218; VIII = AG V 180.

241 MELEAGROS: Oehler S. 327.

242 ΜΕΛΕΑΓΡΟΣ: AG III S. 224; IX 363.

243 MELEAGROS: Stolberg S. 301 f.

244 ΑΝΑΚΡΕΟΝΤΕΙΑ (um den Beginn der christlichen Zeit-
   rechnung und später): Carmina Anacreontea ..., post
   Valentinum Rosium tertium ed. Carolus Preisendanz, Lps.
   1912, p. 3 s.; IV (= Anacreontea).

245 ANAKREONTISCHE VERSE: Hölty S. 266. V. 15 bis 19 läßt H.
   aus. V. 20 liest H. καὶ Βάθυλλον. .

244 ΑΝΑΚΡΕΟΝΤΕΙΑ: Anacreontea p. 5 s.; VII.

245 ANAKREONTISCHE VERSE: Gotthold Ephraim Lessing
   (1729—1781), Sämtl. Schriften, Bd. I, hg. v. Karl Lachmann,
   Stuttg. ³1886, S. 96 f.

246 ΑΝΑΚΡΕΟΝΤΕΙΑ: Anacreontea p. 10 ss.; XIV.

247 ANAKREONTISCHE VERSE: Mörike Anak. S. 72 f., nach:
   Johann Friedrich Degen (1752—1836) a. a. O.

248 ΑΝΑΚΡΕΟΝΤΕΙΑ: Anacreontea p. 19; XXI.

249 ANAKREONTISCHE VERSE: Opitz Poet. S. 179.

248 ΑΝΑΚΡΕΟΝΤΕΙΑ: Anacreontea p. 20; XXIII.

249 ANAKREONTISCHE VERSE: Philander von der Linde (Johann
   Burckhardt Mencke, 1674—1732 [Schreibung des Namens und
   Geburtsjahr nach Curt von Faber du Faur, German Baroque
   Literature, vol. I, New Haven 1958, Nr. 1738]), Galante
   Gedichte ..., Lpg. 1705, S. 47.

248 ΑΝΑΚΡΕΟΝΤΕΙΑ: Anacreontea p. 20; XXIII.

249 ANAKREONTISCHE VERSE: Johann Christoph Gottsched

(1700—1766), Beyträge zur Critischen Historie Der Deutschen
Sprache, Poesie und Beredsamkeit, 5. Stück, hg. v. Einigen
Mitgliedern der Deutschen Gesellschaft, Lpg. 1733, S. 160.

250 ANAKPEONTEIA: Anacreontea p. 20; XXIII.

251 ANAKREONTISCHE VERSE: Johann Nikolaus Götz (1721—1781)
und Johann Peter Uz (1720—1796), Die Oden Anakreons in
reimlosen Versen ... (anonym), Fckft. u. Lpg. 1746, S. 1.
Leicht veränderte Fassung in: Die Gedichte Anakreons und
der Sappho Oden ... (anonym), Carlsr. ²1760 (= Dtsch.
Neudrucke, Texte des 18. Jh.s, Stuttg. 1970), S. 3.

250 ANAKPEONTEIA: Anacreontea p. 20; XXIII.

251 ANAKREONTISCHE VERSE: Wilhelm Ludwig Gleim (1719—1803),
Sämmtl. Werke, Bd. II, Carlsr. 1819, S. 117.

252 ANAKPEONTEIA: Anacreontea p. 20; XXIII.

253 ANAKREONTISCHE VERSE: Karl Wilhelm Ramler (1725—1798),
Anakreons auserlesene Oden ..., Bln. 1801, S. 3. — Die
Übersetzung Ramlers gehört zeitlich vor die Seckendorfs,
weil sie nur eine Neubearbeitung der Fassung der Lyrischen
Blumenlese, Buch III, Carlsr. 1780, S. 173, darstellt.

252 ANAKPEONTEIA: Anacreontea p. 20; XXIII.

253 ANAKREONTISCHE VERSE: Seckendorf S. 144.

254 ANAKPEONTEIA: Anacreontea p. 20,; XXIII.

255 ANAKREONTISCHE VERSE: Mörike Anak. S. 67 nach Degen
a. a. O.

254 ANAKPEONTEIA: Anacreontea p. 28; XXXIV.

255 ANAKREONTISCHE VERSE: Herder S. 171 f. V. 7 H. und die
beiden folgenden Übersetzer lesen ὧραι statt ὕλαι.

256 ANAKPEONTEIA: Anacreontea p. 28; XXXIV.

257 ANAKREONTISCHE VERSE: Goethe, Werke, Bd. II, Weimar
1888, S. 110.

256 ANAKPEONTEIA: Anacreontea p. 28; XXXIV.

257 ANAKREONTISCHE VERSE: Mörike Anak. S. 113 nach Degen
a. a. O.

258 ANAKPEONTEIA: Anacreontea p. 29; XXXV.

259 ANAKREONTISCHE VERSE: Hölty S. 265.

260 ΡΟΥΦΙΝΟΣ (um 130 n. Chr.): Anthologia Graeca, ed. Hermann Beckby, Buch I—VI, Mch. ²o. J. (= 1966), S. 266;
V 15 (= AG I).

261 RUPHINOS: Herder S. 34.

260 ΔΙΟΝΥΣΙΟΣ ΣΟΦΙΣΤΗΣ (um 130 n. Chr. [?]; vgl. RE V 1,
Sp. 928, Nr. 104): AG I S. 300; V 81.

261 DIONYSIOS DER SOPHIST: Reinhard S. 160.

260 ΓΛΥΚΩΝ (Zeit nicht bestimmbar): AG III S. 538; X 124.

261 GLYKON: Friedrich Wilhelm Riemer (1774—1845), Briefe von und an Goethe, hg. v. Riemer, Lpg. 1846, S. 380ff., hier nach: Beutler a.a.O. S. 106.

260 ΑΔΕΣΠΟΤΟΝ: AG I S. 286; V 51.

261 UNBEKANNTER DICHTER: Herder S. 33.

260 ΑΔΕΣΠΟΤΟΝ: AG II S. 48; VII 62.

261 UNBEKANNTER DICHTER: Herder S. 18. V. 4 »nur den irdischen Leib«.

262 ΑΔΗΛΟΝ: AG II S. 88; VII 142.

263 UNBESTIMMTER DICHTER: Geibel S. 67.

262 ΑΔΕΣΠΟΤΟΝ: AG II S. 188; VII 321.

263 UNBEKANNTER DICHTER: Herder S. 32.

262 ΑΔΕΣΠΟΤΟΝ: AG III S. 88; IX 138.

263 UNBEKANNTER DICHTER: Georg Rudolf Weckherlin (1584 bis 1653), Gedichte, Bd. II, hg. v. Hermann Fischer, Tüb. 1895 (= Bibl. des Litt. Vereins 200), S. 431.

264 ΑΔΕΣΠΟΤΟΝ: AG III S. 92; IX 146.

265 UNBEKANNTER DICHTER: Herder S. 20.

264 ΑΔΗΛΟΝ: AG IV S. 310; XVI 12.

265 UNBESTIMMTER DICHTER: Herder S. 41.

264 ΑΔΗΛΟΝ: AG IV S. 390, 392; XVI 162, 168.

265 UNBESTIMMTER DICHTER: Herder S. 60.

264 ΑΔΕΣΠΟΤΟΝ: AG IV S. 396; XVI 174.

265 UNBEKANNTER DICHTER: Opitz Poem. S. 118.

266 ΑΛΦΕΙΟΣ ΜΥΤΙΛΗΝΑΙΟΣ (unter Augustus): GA II p. 394; IV = AG IX 110.

267 ALPHEIOS VON MYTILENE: Humboldt S. 236.

266 ΦΙΛΙΠΠΟΣ ΘΕΣΣΑΛΟΝΙΚΕΥΣ (unter Caligula; Kaiser 37—41 n. Chr.): GA II p. 324; XL = AG IX 88.

267 PHILIPPOS VON THESSALONIKE: Herder S. 12.

266 ΛΟΥΚΙΛΛΙΟΣ (unter Nero; Kaiser 54—68 n. Chr.): AG III S. 674; XI 266.

267 LUKILLIOS: Opitz Poem. S. 100.

266 ΣΤΡΑΤΩΝ (unter Hadrian; Kaiser 117—138 n. Chr.): AG IV S. 134; XII 235.

267 STRATON: Opitz Poem. S. 94.

268 ΠΥΘΑΓΟΡΙΚΑ (1. Jh. n. Chr. oder später): Theog. p. 92, v. 49—53.

269 PYTHAGORAS ZUGESCHRIEBEN: Goethe S. 317.

268 ΜΕΣΟΜΗΔΗΣ (unter Hadrian): Ulrich von Wilamowitz-Moellendorf, Griechische Verskunst, Bln. 1921, S. 603 (= Verskunst).

269 MESOMEDES: Herder S. 160. — Von H. fälschlich Dionysios zugeschrieben. V. 5 πρός ist wohl verdorben; Wilamowitz vermutet πρόσσω.

270 ΜΕΣΟΜΗΔΗΣ: Verskunst S. 604.

271 MESOMEDES: Herder S. 173.

272 ΑΝΤΙΠΑΤΡΟΣ ΣΙΔΩΝΙΟΣ (um 170 bis um 100): GA I p. 14f.; X = AG VII 8.

273 ANTIPATROS VON SIDON ÜBER ORPHEUS: Herder S. 56.

272 ΟΡΦΕΩΣ ΥΜΝΟΣ (frühestens 2. Jh. n. Chr.): Orphei Hymni ..., ed. Guilelmus Quandt, Berol. 1955, p. 5; 5 (= Orph.).

273 ORPHISCHER HYMNOS: Herder S. 180. V. 6 hat H. ausgelassen.

272 ΟΡΦΕΩΣ ΥΜΝΟΣ: Orph. p. 6 s.; 6.

273 ORPHISCHER HYMNOS: Herder S. 181. V. 10f. hat H. frei umgedichtet.

274 ΟΡΦΕΩΣ ΥΜΝΟΣ: Orph. p. 33; 43.

275 ORPHISCHER HYMNOS: Herder S. 181.

274 ΟΡΦΕΩΣ ΥΜΝΟΣ: Orph. p. 39 s.; 55.

275 ORPHISCHER HYMNOS: Tobler, Die Hymnen des Orpheus, Zür. 1784, hier nach: Johann Friedrich Degen, Litteratur der deutschen Übersetzungen der Griechen, Bd. II, Altenburg 1798, S. 159f. (= Tobler).

276 ΟΡΦΕΩΣ ΥΜΝΟΣ: Orph. p. 41 s.; 58.

277 ORPHISCHER HYMNOS: Herder S. 181f.

276 ΟΡΦΕΩΣ ΥΜΝΟΣ: Orph. p. 42; 60.

277 ORPHISCHER HYMNOS: Herder S. 182. V. 6—9 hat H. ausgelassen.

278 ΟΡΦΕΩΣ ΥΜΝΟΣ: Orph. p. 42 s.; 61.

279 ORPHISCHER HYMNOS: Herder S. 182f.

278 ΟΡΦΕΩΣ ΥΜΝΟΣ: Orph. p. 56; 85.

279 ORPHISCHER HYMNOS: Tobler S. 163.

280 ΛΟΥΚΙΑΝΟΣ (um 120 bis nach 180 n. Chr., falls der Epigrammatiker mit L. von Samosata identisch ist): AG III S. 490; X 26, v. 1f.

281 LUKIANOS: Herder S. 14. V. 1 H. liest »Zween« zweisilbig.

280 ΔΙΟΓΕΝΗΣ ΛΑΕΡΤΙΟΣ (Wende des 2. und 3. Jh.s n. Chr.): AG II S. 72; VII 109.

281 DIOGENES LAËRTIOS: Herder S. 30.

280 ΠΑΛΛΑΔΑΣ (um 400 n. Chr.): AG III S. 104; IX 167.

281 PALLADAS: Herder S. 123.

280 ΠΑΛΛΑΔΑΣ: AG III S. 514; X 73.

281 PALLADAS: Herder S. 17.

280 ΝΟΝΝΟΣ (2. Hälfte des 5. Jh.s n. Chr. [?]): Nonni Panopolitani Dionysiaca, rec. Rudolfus Keydell, vol. I, Berol. 1959, p. 6 ss.; I, v. 46—137.

281 NONNOS: Bodmer S. 28 ff. V. (50 f.) hat B. ausgelassen.
286 ΠΡΟΚΛΟΣ ΛΥΚΙΟΣ (410—485 n. Chr.): Procli Hymni, ed.
  Ernestus Vogt, Wiesbaden 1957 (= Klass.-philolog. Studien,
  Heft 18), p. 31 ss.; 7.
287 PROKLOS LYKIOS: Herder S. 177 ff. V. (45 f.) und (51 Mitte bis
  52 Mitte) hat H. ausgelassen.

INHALT

TUSCULUM-BÜCHEREI

Zweisprachige Ausgaben poetischer, philosophischer, historischer Texte
der Antike

Stand Frühjahr 1972. Preisänderungen vorbehalten.

AISCHYLOS: Tragödien und Fragmente ed. Oskar Werner. DM 32,—
ALKAIOS: Lieder ed. Max Treu. DM 14,—
ANTHOLOGIA GRAECA ed. Hermann Beckby. 4 Bände zusammen
    DM 195,—
APULEIUS: Der Goldene Esel edd. E. Brandt und W. Ehlers. DM 24,—
ARATOS: Phainomena ed. Manfred Erren. DM 25,—
ARCHILOCHOS: Sämtliche Fragmente ed. Max Treu. DM 14,—
DER ARZT IM ALTERTUM ed. Walter Müri. DM 26,—
AUGUSTINUS: Selbstgespräche ed. Peter Remark. DM 12,—
AUGUSTUS: Meine Taten ed. Ekkehard Weber. DM 14,—
BAKCHYLIDES – SIMONIDES: Chorlyrik ed. Oskar Werner. DM 26,—
CAESAR: Bürgerkrieg ed. Georg Dorminger. DM 20,—
CATULL: Carmina ed. Werner Eisenhut. DM 14,—
CICERO: Brutus ed. Bernhard Kytzler. DM 26,—
CICERO: Cato Maior – De Senectute ed. Max Faltner. DM 12,—
CICERO: Ad Familiares ed. Helmut Kasten. DM 48,—
CICERO: De Fato ed. Karl Bayer. DM 12,—
CICERO: Gespräche in Tusculum ed. Olof Gigon. DM 35,—
CICERO: Laelius ed. Max Faltner. DM 12,—
CICERO: Ad Quintum Fratrem ed. Helmut Kasten. DM 20,—
DÜLL, RUDOLF: Das Zwölftafelgesetz. DM 12,—
EIDENEIER, HANS: Neugriechisch für Humanisten. DM 10,—
EISENHUT, WERNER: Die Lateinische Sprache. Ein Lehrgang für deren
    Liebhaber. DM 14,—
GRIECHISCHE INSCHRIFTEN ed. Gerhard Pfohl. DM 24,—
HERODOT: Historien ed. Josef Feix. 2 Bände zusammen DM 68,—
HOMER: Ilias edd. Rupé-Stegemann-Höhne. DM 35,—

HOMERISCHE HYMNEN ed. Anton Weiher. DM 12,—

HORAZ: Sämtliche Werke edd. Burger–Färber–Schöne. DM 26,—

MENANDER: Dyskolos ed. Max Treu. DM 12,—

MUSAIOS: Hero und Leander ed. Hans Färber. DM 10,—

OVID: Amores edd. Walter Marg und Richard Harder. DM 14,—

OVID: Liebeskunst ed. Franz Burger. DM 10,—

OVID: Metamorphosen ed. Erich Rösch. DM 28,—

PETRON: Satyrica edd. Konrad Müller-Bern und Wilh. Ehlers. DM 34,—

PHILOGELOS (Der Lachfreund) ed. Andreas Thierfelder. DM 26,—

PHILOSTRATOS: Die Bilder ed. Otto Schönberger. DM 35,—

PINDAR: Siegesgesänge und Fragmente ed. Oskar Werner. DM 42,—

PLATON: Briefe edd. W. Neumann und J. Kerschensteiner. DM 16,—

PLATON: Ion ed. Hellmut Flashar. DM 7,—

PLATON: Phaidros ed. Wolfgang Buchwald. DM 14,—

PLATON: Symposion edd. Franz Boll und Wolfg. Buchwald. DM 12,—

PLINIUS SECUNDUS: Briefe ed. Helmut Kasten. DM 42,—

POESCHEL, HANS: Die Griechische Sprache. Geschichte und Einführung. DM 14,—

PROKOP: Werke ed. Otto Veh

      Band 1: Anekdota. DM 22,—

      Band 2: Gotenkriege. DM 65,—

      Band 3: Perserkriege. DM 48,—

      Band 4: Vandalenkriege. DM 48,—

PUBLILIUS SYRUS: Sprüche ed. Hermann Beckby. DM 9,—

REUTERN, GEORG VON: Hellas. Ein Griechenlandführer. DM 14,—

RÖMISCHE GRABINSCHRIFTEN edd. Hieronymus Geist und Gerhard Pfohl. DM 20,—

SALLUST: Werke und Schriften edd. Wilhelm Schöne und Werner Eisenhut. DM 22,—

SAPPHO: Lieder ed. Max Treu. DM 14,—

SNELL, BRUNO: Leben und Meinungen der Sieben Weisen. DM 20,—

SOPHOKLES: Tragödien und Fragmente edd. Wilhelm Willige und Karl Bayer. DM 56,—

TACITUS: Dialogus ed. Hans Volkmer. DM 14,—

TACITUS: Historien edd. Josef und Helmut Borst und H. Hross. DM 28,—

THEOKRIT: Gedichte ed. F. P. Fritz. DM 34,—

TIBULL und sein Kreis ed. Wilhelm Willige. DM 12,—

VERGIL: Aeneis edd. Johannes und Maria Götte. DM 38,—

VERGIL: Landleben und Vergilviten edd. Joh. und Maria Götte und Karl Bayer. DM 48,—

XENOPHON: Erinnerungen an Sokrates ed. Gerhard Jaerisch. DM 25,—

XENOPHON: Hellenika edd. Gisela Strasburger. DM 48,—

TUSCULUM-LEXIKON griechischer und lateinischer Autoren des Altertums und des Mittelalters. Bearbeitet von Wolfgang Buchwald, Armin Hohlweg und Otto Prinz. DM 25,—

Druck: Druckhaus Sellier OHG, Freising
Binden: Heinr. Koch, Tübingen